AF607495

Tratado elemental de ciencia oculta

• Colección Sendero •

Tratado elemental de ciencia oculta

Papus

(Doctor Gérard Encausse)

Explicación completa y sencilla de las teorías y de los símbolos de los antiguos autores esotéricos, los alquimistas, los astrólogos, los cabalistas, etc.

TRATADO ELEMENTAL DE CIENCIA OCULTA

Edita: Olmak Trade S.L.
C/ Roca Plana 1
08110 - Montcada i Reixac
Barcelona (España)

www.olmaktrade.com
info@olmaktrade.com

Impreso en España / Printed in Spain

I.S.B.N: 978-84-10109-90-2
Depósito Legal: B 22587-2024

NOCIONES PRELIMINARES

La Triunidad.- Correlaciones y analogías.- El Astral

La Historia consigna el hecho de que los más grandes pensadores de la antigüedad que vio nacer nuestro Occidente, fueron a perfeccionar su instrucción en los misterios egipcios. La ciencia enseñada por los detentadores de dichos misterios, es conocida por distintos nombres tales como Ciencia oculta, Hermetismo, Magia, Ocultismo, Esoterismo, etcétera.

Siempre idéntico en sus principios, este Código del saber constituye la Ciencia tradicional de los Magos, que ordinariamente designamos con la denominación de *Ocultismo*.

La aludida Ciencia abarca la parte teórica y la práctica de un gran número de fenómenos. Una pequeña porción de ellos solamente, forma en la actualidad el campo del magnetismo y de las evocaciones llamadas espiritualistas. Tales prácticas, comprendidas en el estudio de la Psicurgia, no eran ni representaban más que una pequeña sección, entiéndase bien, de la Ciencia oculta, que abarca tres grandes divisiones: Teurgia, Magia y Alquimia.

El estudio del Ocultismo resulta tener una importancia capital desde dos diferentes puntos de vista. Ilumina el pasado presentándolo bajo un aspecto novísimo y permite al historiador que contemple a la antigüedad en forma hasta hoy poco conocida. Por otra parte, este estudio ofrece al investigador contemporáneo un sistema sintético de afirmaciones, que ha de comprobar la ciencia, y de ideas respecto de energías casi ignoradas, energías pertenecientes a la naturaleza y al hombre, cuyo reconocimiento corresponde a la observación.

El uso de la analogía, método característico del Ocultismo, y su aplicación a las ciencias de nuestra actualidad y a nuestras modernas concepciones del arte y la sociología, consienten la proyección de impensadas claridades sobre los problemas más insolubles en apariencia.

No obstante, el Ocultismo no abriga la pretención de dar la única respuesta posible a las cuestiones que aborda. Sólo pretende ser admitido como un instrumento de trabajo, un medio de los estudios. Unicamente la más indisculpable vanidad podría hacer creer a los adeptos de las verdades esotéricas, que son los poseedores de la verdad absoluta, en la que quiera que fuese. El Ocultismo es un sistema filosófico que contiene la solución de aquellas cuestiones que más frecuentemente preocupan a la humana inteligencia.

Pero ¿será esta solución la respuesta única de la verdad? La observación y los experimentos son los encargados de decirnos la última palabra.

Para eludir toda oportunidad de falsas interpretaciones, el Ocultismo debe dividirse en dos partes principales:

1ª Una que es permanente y constituye la base de la tradición. Se puede hallar en todas las obras de los hermetistas, cualquiera que fuere su época y origen.

2ª Otra de carácter personal y propia del autor, formada por sus comentarios y especiales aplicaciones. Confundiendo deliberadamente una con otra, es como los detractores del Ocultismo buscan apoyo para sus argumentos.

La parte inmutable puede subdividirse en otras tres:

1ª Existencia de la *triunidad* como ley fundamental de acción en todos los planos del Universo.

El hombre no puede concebir la Unidad hasta después de haber analizado los tres planos de manifestación de dicha Unidad. En esto se apoya la idea de la Trinidad celeste de casi todas las cosmogonías, y la de trinidad humana (espíritu-alma-cuerpo) del Hermetismo, trinidades todas que se sintetizan en la concepción unitaria de Dios y el hombre.

2ª Existencia de las *correlaciones* que íntimamente unen todas las partes del universo visible e invisible.

Esto permite que por el empleo de la Analogía el razonamiento pueda elevarse de los fenómenos a sus leyes, y de las leyes a los principios. La doctrina de las correlaciones es inseparable de la de analogía y de la necesidad de su aplicación.

3ª Existencia de un *mundo invisible*, duplicado exacto del visible y perpetuo factor de éste.

Desde el expresado punto de vista se entra en el dominio de las enseñanzas esotéricas respecto del mundo astral, de las fuerzas ocultas de la naturaleza y el hombre, y de los seres invisibles que pueblan los espacios.

La posibilidad dada a cada inteligencia de manifestar sus potencialidades en las aplicaciones de detalle, es la causa eficiente del progreso de los estudios, el origen de las distintas escuelas, y la prueba de la posibilidad que tiene todo autor de conservar íntegra su personalidad, cualquiera que fuese el campo a donde encamine el esfuerzo de su atención e investigaciones.

PRIMERA PARTE

LA TEORIA

Capítulo I

LA CIENCIA DE LOS ANTIGUOS

La ciencia de los antiguos. – Visible manifestación de lo invisible.– Definición de la ciencia oculta.

En la actualidad es probable que se tenga demasiada inclinación a confundir las ciencias con la Ciencia, que no es la misma cosa, pues si ésta es siempre igual, siempre inmutable en sus principios, aquéllas, por el contrario, varían según lo quieren el parecer y los deseos de los hombres. Así, lo que hace un siglo, por ejemplo, era una científica verdad de la Física, hoy está muy cerca de hundirse en las fantásticas regiones de lo fabuloso (recuérdese el caso del flogisto), y débese, como ya lo hemos indicado, a que estas cuestiones relativas a hechos particulares constituyen el dominio propio de las Ciencias, dominio en el cual los señores de él cambian a cada paso.

Nadie ignora que esos hechos particulares son, precisamente, los que atraen la atención de los sabios modernos de modo tan exclusivo que se acaba por adjudicar a la Ciencia todos los progresos reales alcanzados en una multitud de ramas especiales. El defecto de tal manera de proceder surge cuando se trata de reunirlo todo, de constituir realmente la Ciencia condensándola en una síntesis, expresión total de la Verdad eterna.

La idea de crear una sínteses que abrace en pocas e inmutables leyes la enorme masa de los conocimientos de detalle que ha ido acumulándose desde hace dos siglos, resulta a los ojos de los investigadores de nuestra época un algo que se realizará en tiempos futuros aún tan distantes, esperando que sus más lejanos descendientes futuros lleguen a ver alborear ese día en el horizonte de los conocimientos humanos.

Seguramente tenemos una audacia increíble al afirmar que esa síntesis ha existido; que sus leyes son verdaderas hasta el punto que del modo más estricto se acoplan a los descubrimientos modernos, teóricamente hablando, y que los iniciados egipcios de las épocas de Moisés y de Orfeo las conocían del modo más íntegro y definitivo.

Sostener que la Ciencia ya existía en la más remota antigüedad sirve, ante la mayoría de las personas de sano juicio, para granjearse fama de cándido o de embustero. Sin embargo, me propongo llegar a probar esta paradójica pretensión y sólo ruego a mis impugnadores que me concedan aún unos instantes de atención.

Lo primero que se me preguntará, es dónde existen las huellas dejadas por tal sabiduría de los antepasados; qué clase de conocimientos abarcaba; qué descubrimientos de carácter práctico ha producido; cómo podía llegarse a poseer esta pretendida síntesis de los humanos conocimientos.

Considerando el asunto con la debida imparcialidad, se llega a la convicción de que no faltan los materiales necesarios para reconstituir ese arcaico saber. Los restos de antiguas construcciones, los símbolos, los jeroglíficos, los ritos de las iniciaciones, los diversos manuscritos, etc., componen un nutrido conjunto de testimonios que vienen a prestarnos su valiosa ayuda.

Por desgracia, muchos de esos testimonios resultan intraducibles para quienes poseen la clave y poca gente está dispuesta a buscarla. La supuesta gran antigüedad de otros, tales como los ritos y los manuscritos, es cosa que está muy lejos de ser aceptada. Nuestros hombres de ciencia hacen que se remonten, cuando más, a los tiempos de la Escuela de Alejandría.

Necesitamos, pues, descubrir sólidos fundamentos que no admitan discusión y vamos a buscarlos en las obras de los autores que vivieron en época anterior a la de dicha escuela.

Pitágoras, Platón, Aristóteles, Plinio, Tito Livio y otros, nos ofrecen la demandada prueba. Es de creer que nadie se atreverá a negar la vieja fecha de estos testimonios.

Verdaderamente no es nada fácil y sencillo la busca de datos referentes a la Ciencia arcaica, sacando, uno por uno, de la lectura de los viejos escritores, y debemos innegable gratitud a los que se han cuidado de realizar esta labor, llevando a feliz término tan estupenda empresa.

Entre los varios que la han efectuado, no pueden merecer olvido Dutens (*Origine des decouvertes attrib. aux modernes*), Fabre d'Olivet (*Vers dores de Pythagore, Histoire philosophique du genre humaine*) y Saint-Yves d'Alveydre (*Mission des Juifs*).

Abramos el libro de Dutens y veremos los efectos obtenidos por la ciencia antigua, leamos a Fabre d'Olivet y a Saint-Yves d'Alveydre y con ellos penetraremos en los templos donde irradia una civilización cuyas manifestaciones dejan atónitos a los hombres cultos de hoy.

En el presente capítulo sólo me es dado resumir lo que descubren estos autores. A sus obras aconsejo que acudan todos los que quieran comprobar mis afirmaciones, y en ellas encontrarán los necesarios testimonios de su veracidad.

En lo tocante a la astronomía, los antiguos conocieron el giro de la Tierra alrededor del Sol (Dutens, cap. IX), la teoría de la pluralidad de los mundos habitados (Dutens, cap. VII), la atracción universal (Dutens, cap. VI), las mareas originadas por la Luna (Dutens, cap. XV), la composición de la Vía Láctea y particularmente la ley que inmortaliza a Newton. A propósito de este asunto, no resistiré al deseo de copiar dos párrafos de Dutens muy significativos. Uno reproduce lo que acerca de la atracción universal enseña Plutarco, y el otro se refiere a la ley de los cuadrados de Pitágoras.

«Plutarco, que conoció casi todas las más gloriosas verdades de la astronomía, vislumbra la fuerza recíproca que hace gravitar a los planetas los unos hacia los otros, y ansioso de esclarecer la razón que explica por qué los cuerpos tienen infaltable tendencia a caer al suelo, halla el origen en una mutua atracción entre todos, causante de que la Tierra haga que graviten hacia ella los cuerpos terrestres, lo propio que el

Sol y la Luna, hacen gravitar hacia sus masas las partes que les pertenecen, reteniéndolas, en virtud de una atractiva energía, en su esfera particular. En seguida hace aplicación de estos fenómenos especiales a otros más generales, y teniendo en cuenta cómo ocurren las cosas en nuestro globo, deduce, en virtud del mismo principio, cómo han de ocurrir, respectivamente, en cada uno de los cuerpos siderales. Luego los estudia desde el punto de vista de las correlaciones que entre ellos deben existir según el indicado principio. En otro lugar habla también de la fuerza inherente a los cuerpos; es decir, a la tierra y demás planetas, para atraer hacia sí a todos los cuerpos que le están subordinados" (Dutens I, *De facie in orbe lunae*, Plutarco).

«Una cuerda musical –enseña Pitágoras– da los mismos sonidos que otra cuerda, cuya longitud sea el doble, cuando la tensión o la fuerza con que esté tensada esta última es cuatro veces mayor, y la gravedad de un planeta, cuádruple de la gravedad de otro que esté a doble distancia. Por regla general, para que una cuerda sonora pueda vibrar al unísono con otra más corta de la misma especie, su tensión deberá ser aumentada en la misma proporción que el cuadrado de su longitud es mayor, y a fin de que la gravedad de un planeta resulte igual a la de otro planeta más próximo al Sol, deberá ser aumentada a medida que el cuadrado de su distancia al astro solar es más grande. Si suponemos, pues, varias cuerdas musicales tendidas desde el Sol a los planetas, para que vibrasen al unísono de tonalidad sería necesario aumentar o disminuir sus tensiones respectivas en la propia proporción que sería necesaria para hacer iguales las gravedades de los planetas.»

De la equivalencia de tales relaciones Pitágoras dedujo su doctrina acerca de la armonía de las esferas (Dutens, págs 167-168, *Ley del cuadrado de las distancias*, Pitágoras).

En semejantes descubrimientos puede imaginarse que la sola fuerza de la humana razón baste para conquistarlos; pero ¿se hallarán también entre los antiguos los de carácter experimental que constituyen el timbre de gloria del siglo XIX y la prueba de la altura alcanzada por el progreso del saber en nuestros días?

Ya que de Astronomía hablamos, consultad a Aristóteles, Arquímedes, Ovidio y, sobre todo, a Estrabón, citado por Dutens (cap. X), y veréis aparecer el telescopio, los espejos cóncavos (cap. VIII, t. II), los cristales de aumento utilizados como microscopios (cap. IX, t. II), la refracción de la luz, el descubrimiento del isocronismo de las vibraciones del péndulo (cap. VI, t. II), etcétera.

Seguramente que os maravillará ver a estos aparatos (que generalmente se suponen de origen tan moderno), ya conocidos en la antigüedad. No obstante, también llegaréis a concederme que así ocurre. Debo añadir que aún no os he hablado de otros descubrimientos de mayor importancia. ¿Puede admitirse que también poseyera la antigua ciencia los de la electricidad, la fotografía y los de nuestra Química íntegramente?

Veámoslo:

Agatías vivió en el siglo VI y dejó escrita una obra que fue impresa el año 1660 (*De rebus justinés*, París). Pues bien; en las páginas 150 y 151 de este infolio, hallaréis la descripción minuciosa de cómo Artemio de Tralle se sirvió del vapor utilizando su fuerza motriz para levantar todo un tejado. No falta ni un detalle: manera de disponer el agua y de cerrar los escapes para obtener alta presión, modos de gobernar el fuego, etcétera.

Saint-Yves d'Alveydre cita también el caso en una obra (capítulo IV). En ella nos hace ver que en aquellos tiempos la ciencia era cosa bien conocida desde muy anterior antigüedad.

«Nuestros electricistas no harían un papel muy airoso ante los sacerdotes del antiguo Egipto y sus iniciados (romanos y griegos), que sabían manejar el rayo como nosotros manejamos el calor y hacerle caer de las alturas para herir certeramente donde mejor les parecía».

»En la Historia eclesiástica del Sozomene (lib. IX, cap. VI), se puede ver cómo la sacerdotal corporación de los etruscos defendían la villa de Narnia contra Alarico, utilizando los truenos, y consta que no fue tomada» (*Mission des Juifs*, cap.IV).

Tito Livio (lib. I, cap. XXXI) y Plinio (*Hist. nat.*, lib. II, cap. LII y lib. XXVIII, cap. IV), describen la muerte de Tulio Hostilio, quien intentando producir la descarga eléctrica según las fórmulas de un manuscrito de Numa, cayó fulminado al no saber evitar las consecuencias del choque por retroceso.

Consta que entre los sacerdotes del Egipto, la mayoría de los misterios no eran más que la máscara conservadora de las verdades de la Ciencia, y que el hecho de ser iniciado en ellos significaba llegar a estar instruido en el saber que los sacerdotes cultivaban. Por esto se dio a Júpiter la denominación de Elicius, es decir, Júpiter eléctrico, considerándole la personificación del rayo, que se dejaba atraer a la tierra por la virtud de ciertos conjuros y de determinados misteriosos modos de actuar; porque Júpiter Elicius significa pura y sencillamente, Júpiter susceptible de atracción. Elicius proviene de *elicere*, según nos enseñan Ovidio y Varron (Dutens, tomo I).

Eliciunt coelo te Jupiter: unde minores
Nunc quoque te celebrant, Eliciumque vocant.

(Ovidio, *Fausto*, lib. III, v. 327 y 328).

¿No está claro?

En el capitulo IV de la *Mission des Juifs*, se puede leer lo siguiente:

«El manuscrito de Panselene, monje del Athos, revela, según lo que dicen antiguos autores jónicos, la aplicación de la química a la fotografía. Este detalle ha sido evidenciado con ocasión del proceso de Niepce y de Daguerre. La cámara oscura, los aparatos de óptica, la sensibilización de las placas metálicas, todo está allí descrito muy extensamente.»

En cuanto a la química de los antiguos, tengo excelentes razones para opinar, apoyado en lo que sé de cuestiones de alquimia, que era muy superior desde el doble punto de vista de la teoría y la práctica a nuestra química actual. Mas como hay que apoyarse en hechos verídicos y no en meras razones, nos conviene seguir escuchando a Dutens (cap. III, t. II).

Los antiguos egipcios –dice– conocieron el modo de trabajar los metales, el dorado, el tinte de la seda en diversos colores, la vidriería, el modo de hacer salir las crías por incubación artificial de los huevos, la forma de extraer los aceites medicinales de las plantas, y de preparar el opio, la cerveza, el azúcar, que ellos denominaron miel de caña, y muchas clases de ungüentos: sabían destilar y conocían los álcalis y los ácidos.

«En Plutarco (véase *Vida de Alejandro*, cap., XXIX en Herodoto), en Séneca (*Cuestiones naturales*, lib. III, cap. XXV), en Quinto Curcio (lib. X, cap. final), en Plinio (*Historia natural*, lib. XXX, cap. XVI), en Pausanias (*Arcad.* cap. XXV), se pueden recoger noticias de nuestros ácidos, nuestras bases, nuestras sales, nuestro alcohol y nuestro éter; en resumen, los verídicos y elocuentes indicios de una química inorgánica y orgánica, de los cual los autores no podían o no querían transmitir la clave reveladora.»

Igual opina Saint-Yves, viniendo a robustecer lo que dice Dutens.

Pero aún queda algo por decir: nos referimos a los cañones y a la pólvora.

«Porfirio, en su obra sobre la *Administración del Imperio*, describe la artillería de Constantino Porfironegte.

Valeriano, en su *Vida de Alejandro*, nos habla de los cañones de bronce que usaban los indios indostánicos.

En Ctesias se hallarán informes referentes al fuego griego, obtenido por la mezcla de salitre, azufre y de un hidrocarburo, empleado mucho antes de Mino, en Caldea, en Irán y en las Indias, donde se le conoció con el nombre de *fuego de Bharawa*. Este nombre alude al sacerdocio de la raza roja y recuerda al primer legislador de los negros indostánicos lo que de por sí indica una inmensa antigüedad.

Herodoto, Justino, Pausanias, hablan de minas torpederas que devoraron bajo una lluvia de pedernales y de proyectiles rodeados de llamas, las huestes de los persas y los galos, invasores de Delfos.

Servio, Valerio Flaco, Julio el Africano y Marco Graco describen la pólvora de acuerdo con lo que enseñan antiguas tradiciones. El últimamente citado llega a dar las mismas proporciones que tiene la fabricada actualmente (Saint-Yves d'Alveydre).»

En otro orden de los conocimientos, observamos que las pretendidas revelaciones medicinales modernas, como por ejemplo, la circulación de la sangre y la antropología, y la biología en general, fueron acabadamente conocidas en la antigüedad, sobre todo por Hipócrates (Dutens I. II, cap. I.; Saint -Yves, cap. IV).

En rigor de verdad se podría admitir lo que aquí se dice –me objetaréis– porque frente a cada descubrimiento de ahora, siempre se puede hallar alguien que demuestre a propósito de todo, que este o aquel viejo autor de hace siglos, habla del asunto más o menos claramente; pero, ¿existe alguna experimentación de los hombres de la antigüedad que nosotros ignoremos, algún fenómeno físico o químico que nos sea imposible reproducir?

Mucho podríamos decir contestando, sin agotar el tema; mas deseosos de no fatigar demasiadó la atención de los lectores, me limitaré a recordar a Demócrito y sus descubrimientos perdidos para el saber actual, entre los que figuran la producción artifical de las piedras preciosas, el modo de hacer el vidrio maleable, el arte de conservar las momias, de pintar de forma que la pintura resulte inalterable, mojando una tela untada con varios barnices en una única disolución de la que sale cubierta de varios colores; todo esto sin hablar de los productos que usaban los romanos para su arquitectura.

¿Por qué tales cosas son aún hoy tan poco conocidas?

Quizá reconozca por origen la costumbre de los clásicos autores de la historia, de copiarse entre sí recíprocamente, sin preocuparse de lo que digan los historiadores ajenos respecto de los asuntos que les interesa conocer; quizá también por el hábito de las gentes que sólo prestan crédito a sus periódicos, a determinadas enciclopedias redactadas Dios sabe de qué forma; quizá... pero no perdamos el tiempo buscando razones cuya posesión para nada práctico nos puede servir. El hecho es real y positivo y esto basta. La ciencia antigua ha dado múltiples pruebas de su veracidad, así que será preciso, creer, o negar para siempre, el testimonio de los hombres.

Y como quiera que necesitamos saber dónde y cómo se enseñaba esta ciencia, la *Mission de Juifs* nos va a decir algo a modo de contestación.

«La educación e instrucción elementales eran dadas por la familia, después de la calipedia.

»Estaba religiosamente constituida según los ritos del culto de los antepasados y de los sexos en el hogar, y por otras ciencias que es inútil que recordemos aquí.

"La educación e instrucción profesionales, eran dadas por lo que los antiguos italianos denominaban la *gens* y los chinos la *jin*; en una palabra, por la tribu, concediendo a esta palabra su antigua y muy poco conocida significación.

"Los estudios más completos, semejantes a los de nuestra segunda enseñanza, correspondían al adulto, siendo labor de los templos y se llamaban Misterios menores.

"Las personas que habían logrado tener, a costa, a veces, de largos años, los conocimientos naturales y humanos de los Misterios menores, recibían el título de Hijos de la Mujer, de Héroes, de Hijos del Hombre, y adquirían determinados poderes sociales, tales como la Terapéutica en todas sus ramas, la Mediación cerca de los gobiernos, la Magistratura arbitral, etcétera.

"Los Misterios mayores completaban estas enseñanzas con otra serie de ciencias y de artes, cuya posesión concedía al iniciado los títulos de Hijo de los Dioses e Hijo de Dios, según que el templo fuera o no metropolitano, y, además, ciertos poderes sociales, denominados sacerdotales y reales.»

Es, pues, en el santuario donde estaba escondido el saber, cuya existencia real hemos buscado y seguiremos persiguiendo cada vez más ceñidamente. Henos ya a la puerta de estos Misterios, de los cuales todos hablan, aunque sean tan contados los que pueden decir, en verdad, que los conocen.

Mas, para ser admitido a sufrir la iniciación en ellos, ¿sería indispensable pertenecer a alguna categoría especial, resultando que una parte de la nación vivía en el seno de las tinieblas de la ignorancia, explotada por los iniciados que salían de una casta superior?

En manera alguna: cualquier hombre, fuere cual fuere su condición social, podía pedir la iniciación, y por si se duda de mis palabras, a los que desconfíen les remitiré a la obra de Saint-Yves, para el desarrollo del tema en general y recordaré a un autor muy instruido en tales cuestiones para esclarecer nuestro particular punto de vista. Aludo a Fabre d'Olivet, cuyas afirmaciones son las que siguen:»

"Las antiguas religiones, y muy especialmente la de los egipcios, estaban llenas de misterios. Una multitud de imágenes y de símbolos componían la trama (muy admirable, por cierto), sagrada obra de una no interrumpida serie de hombres divinos, quienes leyendo alternadamente en el libro de la

Naturaleza y en el de Dios, traducían al lenguaje humano lo que ambos textos expresan en el inefable idioma.

»Aquellos cuya estúpida mirada, al fijarse en esas imágenes y símbolos, en esas santas alegorías, no veían cosa alguna más allá, estaban sumidos en la ignorancia, es cierto; pero su ignorancia era voluntaria. Desde el instante mismo en que quisieran librarse de ella, no había más que hablar; abiertos tenían todos los santuarios y si contaban con la fuerza de voluntad precisa, con la constancia y virtud necesarias, nada les impedía que avanzasen de conocimiento en conocimiento, de revelación en revelación, hasta llegar a los más sublimes descubrimientos. Podían, sin dejar de estar vivos y sanos, y según la entereza y energía de alma que tuviesen, descender a las regiones de los muertos y subir a las de los Dioses, y penetrar en el seno de la naturaleza elementaria. Porque todas estas cosas eran dominadas por la religión y nada de cuando se refiriera a la religión permanecía desconocido para el Soberano Pontífice. El de la famosa Tebas egipcia, por ejemplo, no podía llegar a tal culminación de la doctrina sagrada, sin haber recorrido todos los grados inferiores, agotando en cada uno la cantidad de saber correspondiente a los mismos y demostrándose capaz de ascender al superior (...)

»Los Misterios no se prodigaban, porque constituían un algo de positivo valor. No se profanaba el conocimiento de la Divinidad, porque ese conocimiento no era cosa ilusoria, y para conservar la verdad a varios, no se concedía vanamente a todo el mundo» (Fabre d'Olivert, *La langue Hebraique restituèe*).

¿Qué antigüedad tenían los Misterios?

¿Cuál fue su origen?

Se les encuentra en el fondo de todas las antiguas civilizaciones de mayor esplendor, sea cual fuere la raza a que pertenecieran. Respecto del Egipto, en cuyas iniciaciones se formaron los más grandes talentos hebreos, griegos y latinos, podemos remontarnos a más de diez mil años, detalle que evidencia hasta qué punto son inciertas las clásicas cronologías.

Véanse las pruebas.

«Platón, iniciado en los Misterios, no tiene inconveniente en afirmar que diez mil años antes de Menes existía una civilización completa, de la que tuvo a la vista valederos testimonios.

»Herodoto declara lo mismo, añadiendo que en lo tocante a Osiris (Dios de la antigua Síntesis y de la antigua Alianza universal), terribles juramentos sellan sus labios y le hace temblar la idea de que se le escapara algún indicio.

»Diodoro certifica que según le enseñaron los sacerdotes de Egipto, desde mucho antes de Menes se guardan las pruebas de la existencia de un estado social perfecto que hasta Horus tuvo dieciocho mil años de duración.

»Manetón, sacerdote egipcio, establece, a partir de Menes, una minuciosa cronología que se remonta a seis mil ochocientos y tres años, y consigna el dato que con anterioridad a dicho soberano virrey indio, varios ciclos inmensos de civilización contaba la tierra y aun el propio Egipcio.

»Todos estos augustos testimonios a los que se pueden sumar lo de Beroso y los de todas las bibliotecas de la India, del Tibet y de la China, resultan nulos y como no existentes, para el deplorable criterio de secta y de oscurantismo que se esconde bajo la máscara de la Teología». (Saint-Yves d'Alveydre,*Mission des Juifs*).

Llegados a este punto de nuestras investigaciones, echaremos un vistazo al conjunto de las cuestiones abordadas para puntualizar las conclusiones que nos permiten establecer.

Primeramente hemos evidenciado la existencia en lo antiguo de una cultura científica, tan poderosa como la nuestra actual, en lo tocante a sus efectos. También queda declarado que la ignorancia de las gentes de ahora, relativa a dicho asunto, proviene de la indolencia con que acogen el estudio de la antigüedad.

Luego hemos visto que el indicado saber estaba encerrado en el interior de los templos, los cuales eran entonces el foco de la más alta instrucción y civilización.

Por último, hemos demostrado que nadie estaba excluido de la iniciación, cuyos orígenes se pierden en las sombras de los ciclos primitivos.

Tres clases de pruebas estaban colocadas al comienzo de toda instrucción. Las físicas, las morales y las intelectuales.

Jámblico, Porfirio y Apuleyo, entre los antiguos; Lenoir (*La Franc-Maçonnerie rendue a sa veritable origene*), Christian (*Histoire de la Magie*) y Deleage (*La science du vrai*), entre los modernos, describen extensamente estas pruebas, respecto de las cuales creo inútil insistir más. Lo que sobresale en todo esto, es el dato de que, ante todo, la ciencia era ciencia oculta.

El estudio, siquiera sea superficial, de los textos científicos que nos han legado los hombres de la antigüedad, permite descubrir que si con sus conocimientos adquiridos obtenían los propios efectos que obtienen los nuestros, en cambio diferían mucho con relación al método y a la teoría.

Para saber lo que se enseñaba en los templos, será preciso, primeramente, que busquemos los indicios de tales enseñanzas en los materiales que poseamos, materiales que en su mayor proporción nos han sido conservados por los alquimistas. No ha de preocuparnos el origen más o menos apócrifo (según los labios de hoy), de estos escritos. Existen y esto no debe bastar. Si llegamos a descubrir un método que esclarezca el lenguaje simbólico de los alquimistas, y al propio tiempo las metafóricas historias antiguas del Toisón de Oro, la guerra de Troya, la Esfinge, etc., podremos afirmar sin escrúpulos ni dudas que hemos conquistado una interesante porción de la antigua sabiduría.

Pero veamos la forma con que los modernos describen un fenómeno natural, para mejor conocer, por oposición, el método antiguo.

¿Qué pensaríais de la persona que describiera así un libro?

«El que me habéis dado para estudiarle, está en la chimenea, a dos metros cuarenta y nueve centímetros de la mesa donde trabajo. Pesa quinientos cuarenta y cinco gramos y ocho decigramos. Le componen trescientas cuarenta y dos hojas de papel impreso, que contienen doscientos dieciocho mil ciento ochenta caracteres de imprenta, y se han empleado en la tirada ciento noventa gramos de tinta negra.»

Aquí tenéis la descripción experimental del fenómeno.

Si el ejemplo os sorprende, abrid los libros de ciencia modernos y ved si no corresponde exactamente a la descripción del Sol o de Saturno, hecha por el astrónomo que detalla el lugar, el peso, el volumen y la densidad de los astros, o la del espectro solar del físico que cuenta el número de rayas que le cruzan.

Pero lo que os interesa de un libro no es su estructura material, su aspecto físico, si no lo que el autor quiso decir por medio de esos caracteres de imprenta lo que hay detrás de sus formas; en una palabra, el lado metafísico de la obra.

Lo expuesto basta para evidenciar la diferencia que existe entre los métodos antiguos y los modernos. En el estudio del fenómeno, los primeros se ocupan siempre del aspecto general de la cuestión; los segundos, *a priori*, permanecen encastillados en el dominio de los hechos.

Para probar que tal es efectivamente el espíritu del método de la antigüedad, reproduzco a continuación un párrafo muy significativo de Fabre d'Olivet, acerca de las maneras que existen de escribir historia.

Ante todo, ruego al lector que me perdone el crecido número de citas con que recargo este volumen. Mas procedo así creyéndome obligado a buscar a cada instante la firmeza de fundamentos. Lo que afirmo resulta tan inadmisible a muchas personas, e ignoro por qué, que la multitud de testimonios aportados no será caso suficiente para combatir su sistemática incredulidad.

«Es necesario acordarse de que la historia alegórica de los tiempos pasados, escrita con un espíritu muy distante del de la historia positiva que le sucedió, no se le asemeja de ningún modo, y precisamente por haberlas confundido es por lo que hubo de incurrirse en graves errores. Hay aquí una observación de importancia que formularé de nuevo. La historia confiada al recuerdo de los hombres, o conservada en los archivos sacerdotales de los templos y contenida en fragmentos de poesías, no consideraba los sucesos más que desde el punto de vista moral, no se ocupaba nunca de los individuos y hacía actuar a las masas, es decir, a los pueblos, las corporaciones, las sectas, las doctrinas, las artes y las ciencias, como si fueran otras tantas personalidades que se designan con un nombre genérico.

»No quiere esto decir que esas masas no tuvieran un jefe que dirigiese sus movimientos. Mas este jefe, considerado como instrumento de un espíritu cualquiera, era preferido por la historia, que siempre se atenía al espíritu del suceso. Un jefe sucedía a otro jefe sin que la historia alegórica hiciera de ello la más insignificante mención. Las aventuras de todos se condensaban acumulándolas en la figura de uno solo. Era la cuestión moral lo que constituía el tema de estudio. Se examinaba su marcha, se describía su nacimiento, sus progresos y su decadencia. La sucesión de cosas reemplazaba a la de individuos. La historia positiva, que ha llegado a ser la nuestra, sigue una dirección enteramente contraria. Los individuos son el todo para ella: conserva con escrupulosa exactitud las fechas y los hechos que la otra historia olvida. Los modernos se burlarán de este criterio alegórico de los antiguos, en el caso de que le crean posible, de igual forma que supongo que los antepasados se burlarían del método de los hombres actuales si hubiesen podido conocerlo.

»¿Cómo podrá aprobarse lo que no se conoce? Nunca se aprueba más que lo que se ama, y siempre se cree conocer todo lo que debe amarse» (Fabre d'Olivet, *Vers dorés de Pithagore*).

Volvamos al libro impreso del ejemplo que nos ha servido para establecer nuestra primera comparación, advirtiendo bien que hay dos manera de considerarle.

Lo que vemos; los caracteres, el papel, la tinta, es decir, los signos materiales, que no son más que la representación de algo superior, de algo que no podemos ver físicamente, y lo que no vemos: las ideas del que escribe.

Lo visible es la manifestación de lo invisible. Este principio, innegable para el caso particular a que nos referimos, lo es igualmente para todos los demás de la naturaleza, como vamos a verlo en lo que sigue.

Diferenciamos aún más claramente la disparidad entre la ciencia de los antiguos y la de los modernos.

La primera se ocupa únicamente de lo visible, como adecuado modo de llegar a descubrir lo invisible que detrás se oculta.

La segunda trata del fenómeno consagrándole exclusiva atención, sin preocuparse de sus metafísicas correlaciones.

La ciencia de los antiguos es la ciencia de lo oculto, de lo esotérico.

La ciencia de los modernos es la ciencia de lo visible, de lo esotérico.

Apliquemos estos datos a la intencionada oscuridad con que los antiguos cubrieron sus científicas alegorías, y se podrá establecer una aceptable definición de la ciencia arcaica en la siguiente forma:

Ciencia oculta – *Scientia occulta.*

Ciencia de lo oculto – *Scientia occultati.*

Ciencia que oculta lo que ha descubierto – *Scientia occultans.*

Tal es la triple definición de la CIENCIA OCULTA.

Capítulo II

EL METODO EN LA CIENCIA ANTIGUA

El método en la ciencia antigua. – La analogía. – Los tres mundos. – El ternario. – Las operaciones teosóficas. – Las leyes cíclicas.

Después de haber evidenciado la existencia en lo antiguo de una Ciencia primitiva, sus formas de transmisión y asuntos generales de que se ocupaba preferentemente, tratemos de llevar adelante nuestro estudio, determinando los métodos empleados por esta especie de saber que es, como hemos visto, la llamada CIENCIA OCULTA (*Scientia occulta*).

El objeto perseguido era, ya se sabe, la investigación de lo invisible por medio de lo visible, del noúmeno por el fenómeno, de la idea por la forma.

El primer problema que tendremos que resolver, es averiguar si la relación de lo invisible con lo visible, es un hecho real, y si semejante idea no podrá ser la expresión de un puro misticismo.

Creo haber establecido de manera perfectamente comprensible, valiéndome del anterior ejemplo del libro, lo que significa el estudio de lo visible, del fenómeno, comparado con el estudio del noúmeno, de lo invisible.

¿Cómo podremos averiguar lo que el autor quiso decir, observando los signos de que se sirvió para expresar sus ideas?

Ya sabemos que existe una relación constante entre el signo y la idea que simboliza, es decir, entre lo visible y lo invisible.

De igual forma que viendo el signo podemos deducir al instante la idea, viendo lo visible podemos deducir inmediatamente lo invisible.

Mas, para descubrir lo que está oculto en los caracteres tipográficos, ha sido necesario que aprendiésemos a leer; o lo que es lo mismo, a emplear un método adecuado. Para desentrañar lo invisible, lo oculto de un fenómeno, también es necesario saber leer según un método especial.

El de más importancia en la Ciencia oculta es la Analogía. Por ella se conocen las correlaciones que enlazan a los fenómenos.

Si se trata, por ejemplo, de estudiar al hombre, tres métodos principales pueden conducir a conseguirlo.

Podrá estudiársele en su órganos, en sus fisiológicos funcionamientos. Este es el estudio de lo visible; el estudio por inducción.

Podrá estudiársele en su vida mental, en su inteligencia, en lo que se nombra su alma. Este es el estudio de lo invisible; el estudio por deducción.

Podrá estudiársele, finalmente, reuniendo ambos métodos para investigar las relaciones existentes entre los órganos y las funciones o entre dos funciones o entre dos órganos. Este es el estudio por analogía.

Así, si tratamos del pulmón, la ciencia de detalle nos enseñará que este órgano recibe el aire exterior, el cual experimenta allí adentro determinadas transformaciones.

Si analizamos el estómago, esa ciencia nos dirá que está encargado de transformar los alimentos que recibe del exterior; pero la ciencia del fenómeno aquí se detiene, y en verdad no puede trasponer los límites que le traza su misión de comprobar EL HECHO.

La Analogía, en cambio, se apodera de dichos detalles y les aplica el procedimiento de la *generalización*; es decir, el método contrario al del detalle, procediendo de esta manera:

El pulmón recibe de fuera algo que en su interior transforma.

El estómago recibe de fuera, también, algo que ha de transformar.

Luego el pulmón y el estómago, efectuando análogas funciones, resultan ser análogos entre sí.

Tales conclusiones han de resultar más que estupendas para el criterio de los hombres que se consagran al estudio del detalle; pero que recuerden lo enseñado en esa nueva rama de la automía que se llama Anatomía filosófica, y que no olviden la analogía rigurosamente establecida entre el brazo y la pierna, entre la mano y el pie, y verán que el método que me ha llevado a estas conclusiones, no es otra cosa que la extensión del que dio origen al nacimiento de la anatomía filosófica.

Si he escogido como caso la analogía entre el pulmón y el estómago, es para prevenir a los lectores contra un error en que frecuentemente se incurre, y que impide inexorablemente la comprensión de los textos herméticos. Consiste en suponer que dos cosas análogas han de ser *semejantes*.

Nada más incierto. Dos cosas que sean análogas entre sí no guardan mayor y recíproca semejanza que la que tienen el pulmón y el estómago, y la mano y el pie. Insisto en decir que esta observación tiene capitalísima importancia en el estudio de las Ciencias ocultas.

El método analógico no es, pues, ni la deducción ni la inducción, pero sí el uso de la claridad resultante de la reunión de ambos métodos.

Si queréis conocer un monumento arquitectónico, de dos maneras podréis lograrlo:

1ª Dando vueltas, o mejor escalando el contorno del monumento (Véase lo que dice E.A. Poe en "*Eureka*") para estudiarle hasta en sus menores detalles. Así llegaréis a conocer la composición de sus más insignificantes porciones, la relación que las enlaza, etc., etc.; no tendréis ninguna idea del conjunto que ofrece el edificio. Este es el procedimiento de la inducción.

2ª Si subimos a cualquier punto bastante elevado, desde él podremos abarcar la totalidad de la construcción y contemplarla con todo el detenimiento que sea posible. De esta suerte adquiriréis una idea general del conjunto, pero desprovista de todo lo que se refiera a la cuestión de detalles. He aquí el procedimiento usado por el método de la deducción.

El punto débil de ambos sistemas salta a la vista y no ha de ser necesario que le dediquemos extensas consideraciones. A cada uno le falta lo que posee el otro, reunidles y la realidad resplandecerá en los resultados. Estudiemos, sí, los detalles, mas subamos después a la altura para proseguir la observación del conjunto, y así conoceremos exactamente todo el edificio. Unid el método de lo físico al de la metafísica, y habréis creado el método analógico, verdadera expresión de la antigua síntesis.

El caso de tener en cuenta únicamente el modo de razonar de la metafísica, como hacen los teólogos, es tan inexacto como el de ceñirse sistemáticamente al criterio de los físicos: edificad el noúmeno sobre el fenómeno y la verdad aparece en toda su pureza.

¿Qué deduciremos de todo esto?

Es necesario admitir que el libro de Kant, en su parte crítica, demuestra irrefutablemente la vacuidad de los métodos filosóficos, en lo que se relaciona con la explicación de los fenómenos de alta física, y deja ver la necesidad que existe *de hacer que unidas siempre marchen de frente la abstracción y la observación de los fenómenos*, condenando sin escrúpulos y por anticipado, todo cuanto se encastille en el fenomenalismo o en el racionalismo puros (Louis Lucas, *Chimie nouvelle*).

Acabamos de subir otro escalón en el estudio de la ciencia antigua al conocer la existencia de este método, absolutamente especial; pero no es bastante esto. No hay que olvidar, efectivamente, que el fin que perseguimos es la explicación, aunque fuere muy rudimentaria, de todos aquellos símbolos y de todas aquellas narraciones alegóricas, que se suponen tan rodeadas de misterio.

Cuando al hablar de la analogía existente entre el pulmón y el estómago se han generalizado los hechos que descubrió la ciencia experimental o inductiva, hemos conseguido que esos hechos den un paso más hacia adelante.

¿Pero es que existen graduaciones, se preguntará, entre los fenómenos y los noúmenos?

Poca observación es necesaria para advertir que una gran cantidad de hechos está gobernada por un pequeño número de leyes. Y al estudio de estas leyes que son las *causas segundas*, se encaminan los trabajos y las investigaciones de las ciencias.

Pero dichas causas son gobernadas, a su vez, por un muy reducido número de *causas primeras*. El estudio de éstas resulta ser cosa desdeñada por las ciencias actuales, que circunscriptas al dominio de las *verdades sensibles*, abandonan aquella investigación a los soñadores de toda doctrina y de toda creencia religiosa, y sin embargo, en esa parte despreciada del saber en donde reside la Ciencia.

Por el momento no hemos de dedicarnos a dilucidar quién tiene razón y quién no la tiene. Ahora nos basta con admitir la existencia de la triple graduación siguiente:

1º Dominio infinito de los HECHOS.

2º Dominio más estrecho de las LEYES, o sea de las *causas segundas*.

3º Dominio más pequeño todavía, de los PRINCIPIOS o *causas primeras*.

Resumamos lo expuesto en la siguiente figura (sacada de la *Mission des Juifs*).

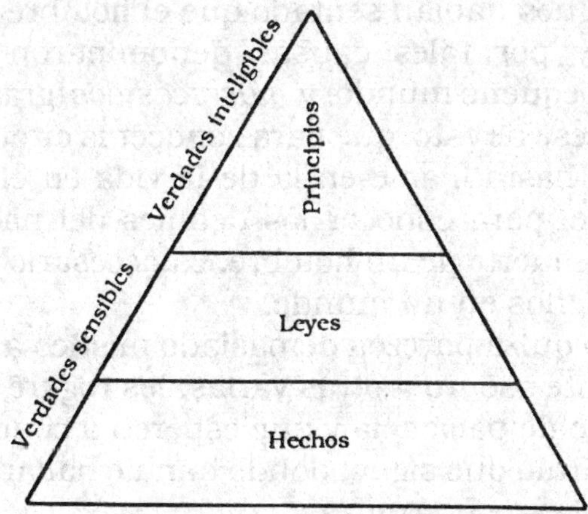

Esta graduación, basada en el número Tres, desempeña un papel considerable en la ciencia arcaica. En gran parte sobre ella está fundado el dominio de la Analogía. Por tal razón debemos seguir atentamente sus deducciones.

Sus tres términos aparecen también en el hombre, conjunto de cuerpo, vida y voluntad.

Una parte cualquiera del organismo humano, un dedo, por

ejemplo, puede sustraerse a la influencia de la voluntad sin que cese de vivir (caso de la parálisis radial o cubital); lo mismo puede sustraerse, por efecto de la gangrena,al influjo de la vida sin que cese su movimiento.

He aquí tres esferas diferentes: la del cuerpo, la de la vida, que ejerce su acción por medio de una serie de conductores especiales (el gran simpático y los nervios vasomotores) y está localizada en el glóbulo sanguíneo; y la de la voluntad que actúa por la especial intervención de los nervios voluntarios, careciendo de dominio sobre los órganos esenciales para el sostenimiento de la vida.

Antes de pasar adelante, podremos apreciar las ventajas del método analógico para esclarecer ciertas oscuras cuestiones; ved cómo:

Si una cosa cualquiera es análoga a otra, todas las partes de que se compone la primera son análogas a las que integran a la segunda.

Así los antiguos habían sentado que el hombre era análogo al Universo, y por tales causas denominaron al hombre *microcosmos* (pequeño mundo) y *macrocosmos* (gran mundo) al Universo. Síguese de esto, que para conocer la circulación de la vida universal basta fijarse en la de la vida en el hombre, y, recíprocamente, para conocer los detalles del nacimiento, el desarrollo y la muerte de un hombre, es necesario estudiar los mismos fenómenos en un mundo.

Lo expuesto quizá parezca demasiado místico a ciertas personas y bastante oscuro a otras varias, les rogaré a todas que tengan un poco de paciencia y que esperen a conocer lo detallado en el capítulo que sigue, donde han de hallar las explicaciones necesarias y suficientes.

Sin embargo, teniendo en cuenta que es preciso probar lo que se afirma, particularmente en esta clase de cuestiones, es útil prestar atención a las dos citas que a continuación reproduzco: una, acerca de las tres jerarquías (HECHOS-LEYES-PRINCIPIOS) que los antiguos designaban nombrándolas LOS TRES MUNDOS, y la otra, respecto del *microcosmos* y el *macrocosmos*. Están sacadas de la doctrina de Pitágoras, según la expone Fabre d'Olivet.

«La aplicación (del número 12) al Universo, no fue una invención caprichosa del filósofo, era común a los caldeos y a los egipcios de quien la había recibido, y también a los principales pueblos diseminados por la superficie del planeta. Dio lugar a la creación del Zodíaco, cuya división en doce casillas se encuentra en todas partes desde tiempo inmemorial.

»La distinción de tres mundos, y de su desarrollo, en una serie, mayor o menor, de esferas concéntricas, habitadas por inteligencias de un grado de pureza diferente, fue también cosa conocida antes de Pitágoras, que en esto no hizo más que difundir las doctrinas que recibiera en Tiro, en Menfis y en Babilonia. Esa doctrina también era la profesada por los indostánicos.

»Pitágoras consideraba al hombre sujeto a tres modificaciones principales, como ocurre en el Universo; por tal motivo daba al ser humano el nombre de microcosmos, o mundo en pequeño.

»Nada era más común en los países de la antigüedad que el caso de asemejar al Universo con un hombre de magnas dimensiones, y al hombre como un pequeño Universo.

»Considerando al Universo como un Gran todo, viviente y compuesto de inteligencia, alma y cuerpo, se le denomina Pan o Phanes. El hombre, o microcosmos, tenía igual composición, pero en forma contraria, constituida por el cuerpo, el alma y la inteligencia. Cada una de estas tres partes era, a su vez, determinada por tres modificaciones, de suerte que el ternario reina en todo el conjunto y también en cada una de sus partes. Cada ternario, desde el que abarca a la inmensidad hasta el que constituye el más insignificante individuo, según Pitágoras estaba incluido en una unidad absoluta o relativa y forma así el cuaternario, o sea la tétrada sagrada de los pitagóricos. Dicho cuaternario puede ser universal y particular.

»Por otra parte, hay que convenir en que dicho filósofo no fue el inventor de su doctrina; puede hallarla el investigador en todos sitios, desde la China hasta lo más profundo de los pueblos de Escandinavia. También se la encuentra pulcramente expresada en los oráculos de Zoroastro.

»El ternario brilla en el Universo por doquier.

»Y la Monada es su principio» (Fabre D'Olivet, *Vers dorés...*).

Según este criterio, el hombre, considerado como una Unidad relativa integrada en la Unidad absoluta del Gran Todo, se ofrece, lo propio que el Ternario universal, bajo la clasificación de tres principales modificaciones, que son: alma, espíritu e inteligencia. Considerada el alma como asiento de las pasiones, preséntase a su vez, bajo el triple aspecto de alma razonadora, irascible y de apetitos. Según Pitágoras, los vicios de la facultad última eran la intemperancia y la avaricia; el de la segunda era la cobardía, y el de la facultad razonadora, la locura. El vicio que se infunde en los dominios de las tres facultades, es de la injusticia. Para evitar estos vicios, el filósofo recomendaba cuatro virtudes principales: la templanza contra el desorden de los deseos; el valor contra la irascibilidad; la prudencia contra los malos razonamientos, y en conjunto contra todos los vicios de las tres facultades, la virtud de la justicia, que Pitágoras supone ser la más perfecta virtud del alma. Digo del alma, porque el cuerpo y la inteligencia, desarrollándose igualmente por medio de tres facultades instintivas o espirituales, son susceptibles, lo mismo que el alma, del vicio y de las virtudes que les son propias.

Nuevas dificultades nos salen aquí al paso. Apenas si hemos penetrado en las regiones de la Analogía, y ya se nos impone el estudio de los tres mundos. Ahora es la cuestión de los números la que reclama una muy clara explicación.

¿De dónde proviene esta predilección por el Tres, tan reiterada en todos los tiempos de la antigüedad?

¿De dónde esta costumbre que abarcaba desde el sentido de sus escritos, hasta el criterio de su metafísica, el cual, trasponiendo los siglos, viene a refugiarse en las páginas de uno de nuestros más célebres escritores, Honoré de Balzac?

Los sacerdotes egipcios tenían tres modos de expresar sus pensamientos. El primero, era sencillo y transparente; el segundo, simbólico y figurado, y el tercero, sagrado y jeroglífico. Servíanse al efecto de tres especies de caracteres; pero no de tres dialectos, como pudiera alguien suponer (Fabre d'Olivet, *La langue Hébraique restituèe)*.

Habiendo visto los antiguos Magos que el equilibrio es en Física la ley universal y que resulta de la aparente oposición de dos energías, trascendiendo del equilibrio físico al metafísico, declararon que en Dios, es decir, en la Causa primera, viviente y activa, debían reconocerse dos propiedades necesarias una a otra, la estabilidad y el movimiento, equilibrados por la Corona, la Fuerza Suprema (Eliphas Lévi, *Dogma y Ritual de la Alta Magia*).

El expresado criterio arcaico se basa en el uso de una lengua especial, que se ha perdido enteramente para la ciencia de nuestros días: ese idioma es el lenguaje de los números.

«Platón, que veía en la música algo muy distinto de lo que puedan ver en ella los músicos actuales, descubría también en los números una interpretación que nuestros matemáticos desconocen: la que recogió de boca de Pitágoras en las enseñanzas de los egipcios. Mas no eran éstos los únicos que daban a los números un misterioso significado. Basta abrir cualquier libro de la antigüedad para ver cómo desde los límites orientales del Asia hasta el extremo occidental de Europa, una misma idea dominaba en todas partes» (Fabre d'Olivet, *La langue Hébraique restituèe)*.

Posiblemente no podremos reconstruir íntegramente este lenguaje de los números; pero sí podemos conocer algo de él lo que nos ha de servir de mucho para interpretar debidamente lo que sigue.

Estudiemos, primeramente, cualquier fenómeno de la Naturaleza en el cual aparezca el número tres, para descubrir su significación. Después trataremos de las operaciones, que ignoran las gentes de hoy en día y que practicaban con las cifras numéricas los hombres de la antigüedad. Por último, procuremos ver si nos es posible descubrir alguna cosa referente a su generación.

Veamos si la fórmula de los alquimistas de entonces (ςντοπαν) TODO ESTA EN TODO, resulta verdadera en sus aplicaciones.

Fijémonos en el primer fenómeno que se nos presenta; la luz del día, por ejemplo, y tratemos de inquirir la existencia de leyes generales que puedan aplicarse a otros fenómenos de clase enteramente distinta.

El día se opone a la noche para constituir el doble período de actividad y reposo, que hallamos en toda la naturaleza. Lo más saliente en el fenómeno indicado es la oposición entre la Luz y la Sombra que en él se manifiesta.

Pero ¿esta oposición es realmente tan absoluta como parece serlo?

Observemos el caso más de cerca. Se advertirá que entre la Luz y la Sombra, que aparecían irreconciliablemente separadas, existe algo que no es ni lo uno ni lo otro; algo que en Física recibe el nombre de penumbra y que participa de la condición de ambas.

Cuando la luz disminuye, la Sombra aumenta. La Sombra, pues, depende de la mayor o menor cantidad de Luz que haya: la Sombra es una modificación de la Luz.

Tales son los HECHOS que podemos comprobar. Resumamos.

La Luz y la Sombra no están completamente separadas entre sí. Tienen un elemento intermediario y es la Penumbra que participa de la condición de ambas.

La Sombra sólo es Luz de menos.

Para descubrir las LEYES ocultas bajos estos HECHOS es necesario apartarse de lo particular y atender a lo general: necesitamos *generalizar* los términos que aquí están *particularizados*. Para ello empleamos una de las voces del idioma que están vulgarizadas: la palabra «cosa» y digamos:

Dos cosas opuestas en apariencia tienen siempre un punto común intermediario. Este punto intermediario resulta de la acción recíproca de las cosas opuestas, y participa de las condiciones de ambas.

Dos cosas opuestas en apariencia, no son más que grados distintos de una sola y misma cosa.

Si las LEYES son positivamente generales, deben aplicarse a muchos fenómenos: ya hemos visto que, precisamente, lo que caracteriza a una ley es que pueda explicar una numerosa colección de HECHOS.

Tomemos dos opuestos de condición distinta, y veamos si pueden aplicárseles las leyes que conocemos.

En la cuestión de los sexos hay dos diametrales y bien caracterizados: el macho y la hembra.

En el orden físico, podríamos señalar los opuestos en la esfera de las fuerzas (caliente, frío, positivo, negativo, etc.); pero como quiera que es una energía la que nos ha servido de ejemplo, consideramos los dos estados opuestos de la materia; el sólido y el gaseoso.

LEY

Dos opuestos tienen entre sí otro intermediario, que es la resultante de los dos primeros.

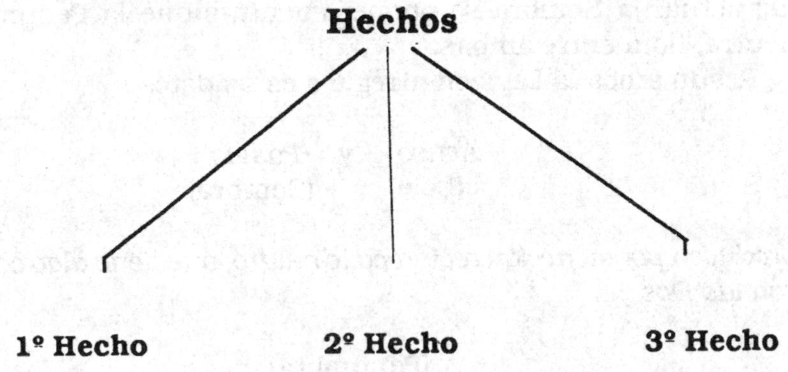

He añadido un fenómeno de orden intelectual; la concepción de Dios, según los cristianos, para evidenciar la aplicación de la ley a estas esferas de mayor amplitud.

OTRA LEY

Los opuestos no son más que el distinto grado de una sola y misma cosa.

HECHOS

Macho Hembra Hijo	Concepción en diverso grado: La Familia	Sólido Gas Líquido
La Materia	Padre Hijo Espíritu Santo	Dios

Si tomando de nuevo el caso de la Luz y la sombra, investigamos la cuestión más profundamente, podremos ver que en la luz actual la Sombra se opone, mientras que la Penumbra, neutra, flota entre ambas.

Resumamos la Ley con arreglo a estos datos:

Activo y *Pasivo*
(Luz) (Sombra)

producen por su acción recíproca lo neutro, que tiene algo común con las Dos.

(Penumbra)

Para presentar en un conjunto comprensible, los tres HECHOS enunciados antes, diremos:

	PRODUCEN POOR RECIPROCA ACCION
ACTIVO —PASIVO	LO NEUTRO
Macho – Hembra	Hijo
Estado gaseoso – Id. sólido	Estado líquido
PADRE — HIJO........................	ESPIRITU SANTO
Luz – Sombra..........................	Penumbra
Calor – Frío............................	Lo Tibio
Positivo – Negativo	Lo Neutro
Atracción – Repulsión.............	Equilibrio
Acido – Base..........................	Sal

He prolongado la lista, incorporándole NUEVOS HECHOS, para hacer evidente la verdad de la LEY.

Esta ley forma el nombre de Ley de la Serie, la base de los trabajos de Louis Lucas, quien la aplica a casi todos los fenómenos químicos, físicos y aun biológicos, de la ciencia contemporánea.

No acabaríamos nunca si quisiéramos nombrar a todos los autores antiguos y modernos que han hablado de los *Tres* términos que la constituyen.

LEY DEL TERNARIO

Basta recordar los ejemplos citados para ver que los tres términos que le constituyen son:

1º Un término activo.

2º Un término pasivo.

3º Un término neutro, resultante de la recíproca acción de los dos primeros.

Como quiera que esta Ley debe aplicarse a todo, busquemos los números que actuando entre sí producen el 3.

Estos números son el 1 y el 2 porque 1 + 2 = 3.

A la vez podremos adquirir la noción del significado que tienen estas tres primeras cifras numéricas.

El 1 representa el Activo.

El 2 " el Pasivo.

El 3 " La reacción
del Activo
sobre el Pasivo.

Podéis sustituir el término ACTIVO por cualquier otro que más os convenga de los que figuran en los cuadros anteriores bajo dicha palabra, y veréis en seguida que, según el método analógico, la cifra 1 representa todas las ideas gobernadas por ese principio Activo, es decir, el Hombre, el Padre Divino, la Luz, el Calor, etc., según se le considere en tal o cual de los tres mundos.

Mundo material. – La luz, el estado gaseoso.

Mundo moral o natural. – El Hombre.

Mundo metafísico o arquetípico. – Dios Padre.

Lo propio acontece con las expresiones PASIVO, que podréis reemplazar por 2, y NEUTRO por 3.

Veréis que los cálculos aplicados a las cifras se adaptan matemáticamente a las ideas en la ciencia antigua, cosa que hace que estos métodos resulten tan generales, y, por lo mismo, tan diferentes de los métodos modernos.

Lo que acabo de decir contiene los elementos precisos para la explicación de la ROTA de Guillaume Postel. Para adquirir exacta noción del significado de dicha palabra, conviene leer lo que dicen en sus obras Postel, Christian y, especialmente, Eliphas Lévi.

Pero de lo que ahora se trata es de saber si en realidad lo dicho acerca de los números fue positivamente aplicado en épocas remotas, no siendo, por tanto, un mero producto de la fantasía del que esto escribe.

En efecto, fácil es encontrar tales aplicaciones en un libro hebreo, cuya antigüedad el propio Franck (*La Kabbale*) no pone en duda; quiero referirme al *Sepher Jesirah*, cuya primera versión al francés he publicado ya. Pero como quiera que ese texto es de estructura casi totalmente cabalística, me parece mejor reproducir algunos párrafos de antiguos filósofos.

«Siendo inaccesible para los sentidos la esencia divina, empleamos con el propósito de caracterizarla, no el lenguaje de los sentidos sino el del espíritu. Damos a la inteligencia o principio *activo* del Universo, el nombre de mónada o unidad, porque siempre es el mismo; a la materia o principio *pasivo*, el de tríada o multiplicidad, porque está supeditado a toda especie de variaciones; y en fin, al mundo, el de tríada, porque es el producto de la inteligencia y la materia» (*Doctrine des Pythagoritiens. – Voyage de Anarcharsis*, t. III, p. 181, edición francesa de 1809).

«Me bastará decir que como quiera que Pitágoras designaba a Dios por el número 1 y a la materia por el 2, el símbolo numérico del Universo es el 12, que resulta de la unión de los dos primeros números» (Fabre d'Olivet, *Vers dorés de Pythagore*).

Se ha visto antes que, en muchos casos, la doctrina de Pitágoras resume la de los egipcios, sus maestros, la de los hebreos y la de los indios, y todas las de la antigüedad, por consecuencia.

Por tales motivos acudo con preferencia a este pensador, siempre que se trata de estudiar cualquier tema de la Ciencia arcaica.

Ya conocemos el significado que los antiguos daban a los números 1, 2 y 3: estudiemos ahora algunos otros.

Como puede verse en la nota de Fabre d'Olivet respecto del Microcosmos y el Macrocosmos, el cuaternario refunde en la unidad a las tres primeras cifras numerales. Para que se comprenda bien lo que expongo, lo aclararé valiéndome de un ejemplo.

El Padre, la Madre y el Hijo constituyen tres términos en los cuales el Padre es activo y corresponde al número 1; la Madre, pasiva, al número 2, y el Hijo, sin sexo, neutro, a 1 más 2; es decir, al número 3.

¿Qué clase de Unidad es la que abarca a dichos tres términos?

Esa unidad es la familia, compuesta así:

$$\left.\begin{array}{l}\text{Padre}\\ \text{Madre}\\ \text{Hijo}\end{array}\right\}\text{Familia}$$

Véase cómo se forma el Cuaternario; un ternario y la unidad que le contiene.

Cuando decimos una Familia, en una sola palabra, enunciamos los tres términos que la integran. Por eso la Familia vuelve el 3 al 1, o sea, empleando la forma de expresar de la ciencia oculta, *vuelve el Ternario a la Unidad*.

La explicación dada creo que resulta fácilmente comprensible. Sin embargo, son muy numerosas las personas que sin mi aclaratorio ejemplo no habrían desentrañado nunca lo que encierra la siguiente frase de un viejo libro hermético: «... al efecto de reducir el Ternario por medio del Cuaternario a la sencillez de la Unidad» (R.P. Esprit Sabathier, *L'Ombre idéale de la sagesse universelle*).

Si se ha comprendido bien lo que antecede, se verá que el 4 es una repetición de la unidad y que debe producir los resultados propios de ella.

Así en la formación de 3 hecha por 1 más 2, ¿cómo resulta el 2?.

Por la unidad oponiéndose así misma: véase 1/1 = 2.

En la progresión 1. 2. 3. 4. tenemos:
Primero, la unidad 1.

Luego, una oposición 1/1 = 2.

Después el efecto de esta oposición sobre la unidad

$$1 + 2 = 3$$

Y por último, la vuelta a una unidad de orden diferente, de otra *octava*, digámoslo así:

Me parece que todo esto será comprensible; no obstante teniendo en cuenta que el conocimiento de esta progresión constituye uno de los más oscuros puntos de la Ciencia oculta, voy a repetir el ejemplo de la familia.

El primer principio que en ella aparece es el Padre, la unidad activa = 1

El segundo principio es la Madre, que representa la unidad pasiva = 2

La acción recíproca, la oposición, produce el tercer término, o sea el Hijo = 3

Finalmente, todo se reintegra a una unidad activa, de orden, superior la Familia = 4

Esta nueva unidad, la familia, va a actuar como actúa un padre, un principio activo, sobre otra familia, no para dar nacimiento a un hijo, sino para dar origen a la casta, de donde ha de salir la tribu, otra unidad de superior categoría.

La génesis de los números se reducirá, pues, a estas cuatro condiciones, y como quiera que, según el método analógico, los números expresan exactamente determinadas ideas, tal ley es aplicable a las mismas.

Véase cuáles son los cuatro términos aludidos:

Unidad o vuelta a la unidad	Oposición Antagonismo	Acción de oposición sobre la unidad
1	2	3
4	—	—
—	5	6
7	8	9
10	11	12
—	—	—
(1)	(2)	(3), etc.

Separo la primera serie de las otras para evidenciar que está completa en cuatro términos, y que todos los siguientes no hacen más que repetir, en *distinta octava*, la propia ley.

Como en ella vamos a encontrar una de las más poderosas claves para llegar al fondo de los antiguos misterios, voy a insistir en su explicación adaptándola a un caso concreto cualquiera: el desarrollo social del hombre *verbi-gratia.*

Unidad o vuelta ala unidad	Oposición Antagonismo	Resultado de esta oposición Distinción
1.—Primera molécula social: El Hombre.	2.—Oposición a esta molécula: La Mujer.	3.—Resultado: El Hijo.
4.—Unidad de orden superior. La Familia que resume los términos precedentes.	5.—Oposición entre las familias. Rivalidades de las familias.	6.—Distinción entre las familias: Castas.
7.—Unidad de orden superior. La tribu que resume los tres términos precedentes.	8.—Oposición entre las tribus.	9.—Distinción entre tribus: Nacionalidad es.
$\frac{10}{1}$.—La Nación		

La analizada ley que expreso en cifras, es decir, en fórmula general, puede aplicarse a una multitud de casos particulares. El capítulo que sigue lo demostrará satisfactoriamente.

Pero ¿no es cierto que se nota algo especial en estas cifras?

¿Qué pueden significar los signos $\frac{1}{10}\frac{2}{11}\frac{3}{12}$ colocados a la conclusión de mi primer ejemplo?

Para comprenderlo, es indispensable que demos alguna idea de las operaciones que nuestros antepasados realizaban con las cifras. En dichas formas de operar es imprescindible que se conozca el manejo de dos; a saber:

1º *La Reducción teosófica.*
2º *La Adición teosófica.*

1º La Reducción teosófica consiste en la simplificación de los números formados por dos o más cifras, para que tengan por equivalentes otros de una sola, lo que se consigue sumando las cifras que los componen hasta que sólo quede un solo guarismo por final expresión de todas ellas.

Así:

$$10 = 1 + 0 = 1$$
$$11 = 1 + 1 = 2$$
$$12 = 1 + 2 = 3$$

y para los números más elevados, por ejemplo 3.221, se obtendrá:

$$3 + 2 + 2 + 1 = 8$$

Otro caso. El número 666.

$$6 + 6 + 6 = 18 \text{ y como}$$
$$18 = 1 + 8 = 9,$$

el número propuesto es igual a 9.

De esto se deduce una conclusión de mucha importancia. Todos los números imaginables no vienen a ser más que la representación de las nueve primeras cifras. Y como estas 9 cifras son únicamente, como ya hemos visto, la representación de las cuatro primeras, resulta que todos los números están representados por los cuatro primeros.

Pero estas cuatro primeras cifras, son, sencillamente, estados distintos de la unidad y por consecuencia, todos los números, sean lo que fueren, sólo son diversas manifestaciones del *Uno*.

2º *Adición teosófica.* Para conocer el valor teosófico de un número, se adicionan aritméticamente todas las cifras que existen en la serie, desde la unidad hasta el número designado. Por ejemplo, el número 4 se adiciona teosóficamente sumando

$$1 + 2 + 3 + 4 = 10$$

La cifra 7 es igual a

$$1 + 2 + 3 + 4 + 5 + 6 + 7 = 23$$

y 28 se reduce sumando

$$2 + 8 = 10$$

Si queréis llenar de asombro a un matemático, basta con que le presentéis la siguiente operación teosófica:

$$4 = 10$$
$$7 = 10$$

Luego resultará que

$$4 = 7$$

Las dos operaciones son fáciles de comprender y resultan absolutamente indispensables para poder descifrar los escritos herméticos. Según los más célebres esoteristas, representan el camino que sigue la naturaleza para llevar a buen término sus producciones.

Realicemos matemáticamente la frase de un libro hermético copiada antes.

Reducción del ternario por medio del cuaternario a la sencillez de la unidad.

Ternario = 3 Cuaternario = 4

$$3 + 4 = 7$$

por reducción teosófica.

$$7 = 1 + 2 + 3 + 4 + 5 + 6 + 7 = 28 = 10$$

Por adición y reducción del total

Por último:

$$10 = 1 + 0 = 1.$$

La operación se escribirá así:

$$4 + 3 = 7 = 28 = 10 = 1$$
$$4 + 3 = 1.$$

Volvamos al ejemplo en cifras que dimos primeramente:

1.	2.	3.
4.	5.	6.
7.	8.	9.
10.	11.	12.
(1)	(2)	(3)

Y hagamos acerca de él algunas observaciones sirviéndonos de los cálculos teosóficos.

Notemos, ante todo, que la unidad reaparece, es decir, que recomienza el ciclo, después de tres progresiones: $\frac{10}{1}$ — $\frac{11}{2}$; 10, 11, 12, etc., las cuales reducidas teosóficamente, dan origen de nuevo a 1, 2, 3, etc. (Interesa ver la aplicación de esta ley en el texto de Moisés, expuesta por Fabre d'Olivet en su *Langue Hébraique restituèe)*.

Las copiadas tres progresiones, representan los TRES MUNDOS, en los cuales todo está contenido.

Seguidamente observamos que la primera línea vertical 1. 4. 7. 10. que he considerado la representación de la unidad en diversas octavas, lo demuestra, porque:

$$1 = 1$$
$$4 = 1 + 2 + 3 + 4 = 10 = 1$$
$$7 = 1 + 2 + 3 + 4 + 5 + 6 + 7 = 28 = 10 = 1$$
$$10 = 1$$
$$13 = 4 = 10 = 1$$
$$16 = 7 = 28 = 10 = 1$$

Se puede continuar la progresión hasta lo infinito y comprobar estas famosas leyes matemáticas, que no faltará quien califique de místicas, por no haber llegado a comprender su gran importancia y alcance.

A todos los que opinen que éstas no son más que fantasías y el brumoso resultado de una ideación de ensueño, le aconsejaré el estudio de las obras de Louis Lucas, relativas a la Física y la Química, donde hallarán la ley precedente, designada allí con el nombre de *serie* y aplicada a las demostraciones experimentales de Química y Biología.

También les recomiendo, si es que la Física y la Química no les parecen que sean ciencias bastante positivas, que hojeen los libros matemáticos de Wronski, respecto de los cuales el Instituto informó de modo muy faborable, cuyos principios casi en su totalidad fueron sacados de la Ciencia arcaica y Ciencia oculta.

Véase un cuadro de la *generación de los números* que puede ser perfectamente aplicado por el sistema de Wronski.

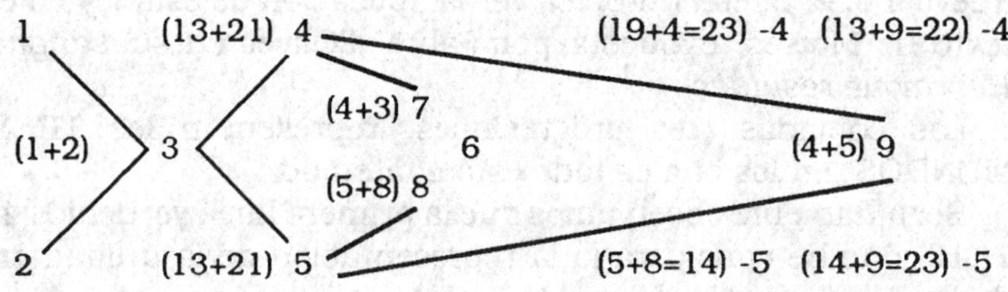

En este cuadro se ve la aplicación de la ley cifrada 1. 2. 3. 4: etcétera, de la que he hablado antes.

El *uno* y el *dos* dan origen al *tres*, y de estos tres números salen todos los sucesivos hasta el 9 inclusive, con arreglo a los indicados principios. A partir del 9, los números sean lo que fuesen, se simplifican por medio de la reducción teosófica, para volver a la expresión de una sola cifra.

Por lo demás, los números quedan distribuidos en columnas, que constan de tres principales y dos secundarios.

Columna principal ......1 - 4 - (13) 4 - (22) 4 - (31) 4
+
Columna secundaria ...7 (16) = 7 (25) = 7 (34) = 7
Columna pral. 3 ——— 6 ——— 9
∞
Columna secundaria ....8 (17) = 8 (26) = – 8 (35) = 8
Columna pral. 2 – 5 – (14) = 5 – (23) = 5 – (32) = 5

Prosiguiendo y extendiendo considerablemente el estudio que aquí esbozamos, nuestro amigo y maestro F. Ch. Barlet, ha conseguido formar el siguiente cuadro, que puede considerarse como una *clave definitiva* del sistema numérico.

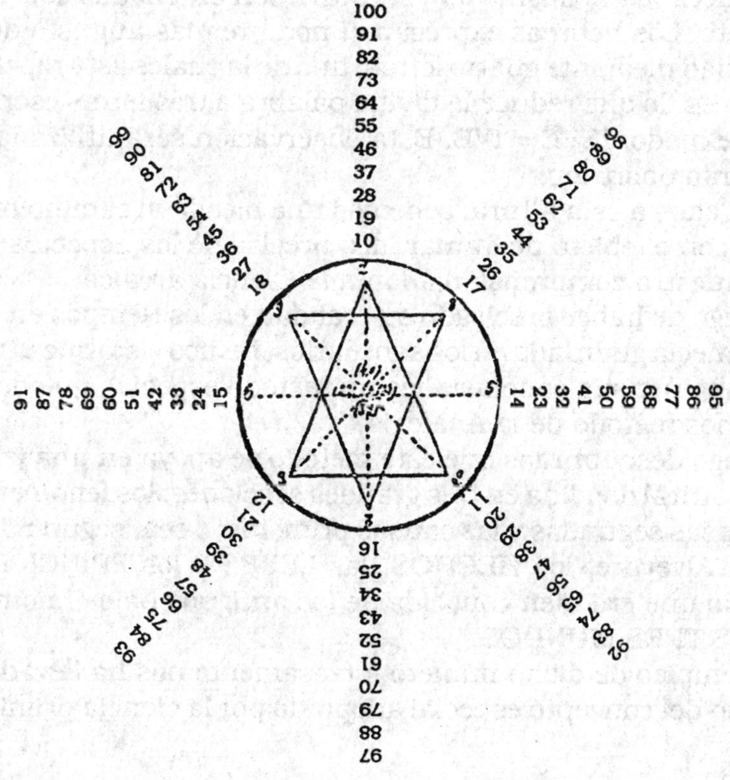

De todas maneras, la comprensión de estos cuadros no tiene capital importancia para conocer debidamente lo que sigue, así, pues, advierto a todos lo que se asusten ver tal conjunto de cifras numéricas, que no hay necesidad de pararse aquí: nada se opone a que continúen adelante.

Antes de terminar el Capítulo, que ya va teniendo desmedida extensión, debo indicaros una cosa de suma importancia para comprender el tetragrama sagrado de los hebreos, del que nos hemos de ocupar más adelante.

La progresión

1. 2. 3.
4. 5. 6.
7. etc., etc..

está constituida por cuatro cifras, dispuestas solamente en tres columnas, porque la cuarta cifra no es más que la repetición de la primera. Es lo mismo que si estuviesen ordenadas así: 1. 2. 3. 1. etc. Los hebreos expresan el nombre más augusto de la Divinidad mediante cuatro letras, una de la cuales está repetida dos veces, lo que reduce la divina palabra a tres letras escritas de este modo: IEVE = IVE. Esta observación será utilizada en momento oportuno.

Llegados a esta altura, echemos una ojeada al camino recorrido, con el objeto de formar idea precisa de los aspectos que ante nuestra comprensión adopta la Ciencia arcaica.

Luego de haber precisado su realidad en los tiempos en que permanecía guardada en los santuarios, hemos visto que utiliza para obtener sus conclusiones un método especial, que denominamos método de la Analogía.

Luego descubrimos que este método se apoya en una jerarquía natural dividida en tres grandes secciones: los fenómenos, las causas segundas y las causas primeras; o sea, según Saint-Yves d'Alveydre, los HECHOS, las LEYES y los PRINCIPIOS, división que era bien conocida de los antiguos bajo el nombre de LOS TRES MUNDOS.

El empleo de dicho número forzosamente nos ha llevado al estudio del concepto especial adoptado por la ciencia primitiva para considedar el valor de las cifras numéricas, y en vista de cómo se forma el Ternario, hemos descubierto una Ley cíclica que preside a la evolución de las cantidades, y por tanto, a la naturaleza en pleno.

El análisis de dicha Ley nos ha llevado a estudiar dos procedimientos de cálculo, desconocidos para los modernos matemáticos y, no obstante, muy usados en la antigüedad, desde Homero hasta los alquimistas, pasando por Moisés, Pitágoras y la Escuela de Alejandría: quiero referirme a la reducción y adición teosóficas.

En tanto, ya está adquirida la posesión de métodos que, posiblemente, nos permitirán ir más lejos. Así, no vacilemos al penetrar con su ayuda en las regiones de los antiguos misterios, para apoderarnos del gran secreto que los iniciados mantenían celosamente escondido bajo una triple envoltura.

Capítulo III

LA VIDA UNIVERSAL

La vida universal. – El gran secreto del santuario. – La luz astral (fuerza universal). – Involución y evolución. – El hombre según Pitágoras.

En último análisis, el cuerpo humano se reduce a la célula, la humanidad a la molécula social, o sea el hombre, el Mundo al astro y el Universo al Mundo.

Pero, célula, humanidad, astro, mundo y Universo, no son más que *octavas* de la Unidad, que es siempre una misma.

¿No vemos cómo las células se agrupan para constituir un órgano, los órganos cómo se agrupan jerárquicamente para formar los aparatos y éstos cómo se reúnen para construir al individuo?

Célula.

Organo.

Aparato.

Individuo.

Tal es la progresión que crea el hombre desde el punto de vista físico o material.

Pero, ¿no es el individuo una célula social?

La ley seguida por la naturaleza es tan positiva que en todas partes la veremos siempre idéntica, sea cual fuere la extensión de los objetos considerados.

El hombre se agrupa para constituir la familia; la familia se agrupa para formar la tribu; las tribus establecen la agrupación jerárquica para constituir la nación, que es un reflejo de la Humanidad.

Hombre.

Familia.

Tribu.

Nación-Humanidad.

Y la humanidad, ¿no es una célula de la animalidad? La animalidad no es tampoco otra cosa más que uno de los grados de los reinos naturales que existen en el planeta.

Ved cómo en torno de los mundos planetarios se reúnen los satélites y los planetas alrededor de los soles para constituir los Mundos. Los Mundos son igualmente meros elementos celulares del Universo que trazan en el infinito, con ígneos caracteres, las leyes eternas del Cosmos.

En todas partes se destaca esta misteriosa progresión, este ordenamiento de las unidades inferiores ante la Unidad superior, esta serialización universal que parte del átomo para ascender de astro en Mundo, hasta llegar a esa PRIMERA UNIDAD a cuyo alrededor gravitan los Universos.

Todo es análogo: la propia ley que gobierna a los Mundos gobierna la vida del insecto.

Estudiar de qué forma las células se agrupan para construir un órgano, equivale a estudiar el modo en que se agrupan los reinos naturales para formar la Tierra, este órgano de nuestro Mundo; a estudiar la manera en que los individuos se agrupan para constituir una familia, este órgano de la Humanidad.

Conocer la formación de un aparato integrado por sus órganos, equivale a conocer la formación de un mundo integrado por los planetas y de la nación que componen las familias.

Por último; conocer la constitución de un hombre que forman los aparatos, es conocer la constitución del Universo creada por los Mundos y de la Humanidad constituida por las Naciones.

Todo resulta análogo. Poseer el secreto de la célula equivale a estar en posesión del secreto de Dios.

El absoluto está en todas partes y todo está en todo.

El método analógico así se evidencia descubriéndonos su capital importancia.

¿Por qué si el hombre es una célula de la humanidad, la humanidad no podría ser el aparato superior de un ser animado que se llama la Tierra?

¿Por qué la Tierra no podría ser un órgano de un ser más elevado, el Mundo, de quien el Sol fuese el cerebro?

¿Por qué este Mundo, a su vez, no podría constituir la serie inferior del Ser de los Seres, del macrocosmos, de quien los Universos serían sus aparatos?

Tales son las preguntas que como gigantescas esfinges se levantan frente a las investigaciones científicas de toda la antigüedad. Y cuando el pensador carecía de los necesarios conocimientos para llegar con toda la fuerza de su intuición al centro de los centros de Universo; cuando no acertaba a saber seguir este consejo de Pitágoras.

«A fin de que elevándote en el éter radiante
En el seno de los Inmortales tú mismo seas un Dios.»

Entonces acudía a valerse del único instrumento firme de que le era dable disponer, y apoyándose en su método, se lanzaba al estudio del infinito.

La vida, ciertamente, circula en la célula y circula en el hombre; pero ¿de dónde proviene?

La célula humana está inmovilizada en el órgano y la corriente vital que va en la sangre, rápidamente pasa y de ella extrae cuanto necesita para ejecutar sus funciones. La oleada de vida es una e idéntica; pero cada célula la transforma diversamente.

Unas veces es el elemento celular de una glándula que extrae su fuerza de la corriente de vida que la sangre le aporta, para que se realice la secreción del jugo gástrico o de la bilis, por ejemplo.

Otra, es la célula muscular, que va a apoderarse de las energías necesarias para poder contraerse, realizando las funciones que le son propias. Otra, finalmente, es la célula nerviosa que ha de transformar en inteligencia al mismo agente productor de fenómenos tan distintos.

¿Será posible que una sola fuerza, la vida, quede transformada en energías de tan diversos órdenes, todo ello por causa de la variada estructura de los órganos?

Ante tal pregunta, el egipcio acude a encerrarse en el laboratorio del templo y observa cómo un haz de luz blanca viene a dar en un prisma transformándose en una faja de varios colores.

Los colores dependen del grosor del prisma que atraviesa el rayo de luz. El ensayo satisface al criterio de la investigación. El experimentador se da cabal idea de lo que ocurre.

La vida, siempre una, que circula en el interior del organismo humano, puede ser comparada a la luz blanca, y cada uno de los órganos a un fragmento distinto del prisma. La corriente de luz pasa y cada órgano actúa en ella. Aquí es uno, compuesto de materia tosca: equivale a la base del prisma; los colores más bajos van a aparecer, o como si dijéramos, las secreciones más groseras. Allá es otro cuya materia ha llegado al máximun de perfección: equivale al vértice del prisma; los colores superiores se forman; la inteligencia va a nacer.

Tales son las bases de la Medicina oculta; pero ¿de dónde proviene esa corriente vital?

Del aire, donde el glóbulo sanguíneo va a buscarla para conducirla por todo el interior del organismo.

La Unidad admirable de las producciones de Osiris-Isis, surge cada vez más deslumbradora.

Una misma corriente vital circula por el planeta y por los individuos que pueblan su superficie.

El hombre aspira y transforma la Vida terrestre en Vida humana, lo propio que en él el cerebro transforma esta Vida humana en Vida cerebral, el hígado en Vida hepática, etcétera.

El Animal transforma la Vida terrestre en suya propia, según cada especie.

El Vegetal recoge su vida especial, extrayéndola de la que anima a la madre común, la Tierra.

El Mineral y todos los seres transforman y convierten en fuerza individual esa vitalidad terrestre.

En todo esto impera una analogía, matemáticamente exacta, que lo relaciona con la luz solar y el prisma, en el que cada ser corresponde a una porción coloreada.

Pero ¿no extrae la Tierra su vida y, por ende, la de todo lo que en ella está, en esa corriente luminosa y vital donde se sumerge?

El Sol lanza a oleadas su vida solar sobre los planetas que en torno de él giran, y cada uno de ellos transforma esa Vida en la suya propia, haciendo la Tierra la Vida terrestre; Saturno, la Vida saturnina, fría y triste; Júpiter, su Vida propia, y así los demás planetas y satélites que del astro solar la reciben.

Y el Sol: ¿no toma su propia Vida, esa su luz-calor-electricidad, que a raudales derrama el Universo al cual pertenece?

Llegando a esta alta reflexión el sacerdote egipcio, abarca en su mente el augusto conjunto de la Síntesis de la vida, y entonces comprende, se arrodilla y adora.

Sí; adora la Vida que está en él, esa Vida que de la Tierra ha tomado, esa Vida que el Sol dio a los mundos y que él extrae del Universo, como el Universo la toma del centro misterioso e inefable, donde el ser de los seres, el Universo de los Universos, la UNIDAD VIDA, OSIRIS-ISIS, reside en su eterna unión.

Se arrodilla y adora a DIOS que está en él, a DIOS que está en el mundo, a DIOS en el Universo, y a DIOS en DIOS MISMO.

La vida que en todas las cosas se nos revela, ¿podrá escapar al dominio de las leyes comunes?

El fenómeno, sea cual fuere, revela en todo momento y circunstancias su origen ternario. Las series, por muy dilatadas que nos parezcan, todas se coordinan sujetándose a la misteriosa ley:

Activo	Pasivo	Neutro
Pasivo	Negativo	Equilibrado
+	—	∞

El hombre que manda como soberano en la familia, donde representa el principio positivo, doblega su frente ante la ley de la tribu, transformándose entonces en elemento negativo.

La Tierra que atrae así, y reúne en absorbente unidad, todos los seres y cosas que pueblan su superficie, actúa entonces como principio activo; mas a la vez se supedita *pasivamente* a la atracción de su superior, el astro solar.

Observemos cómo se verifica en todo la absorción de los seres inferiores, bajo la influencia de los superiores, y de éstos ante otros de más elevada jerarquía, formando el conjunto una cadena de alternadas condiciones que se pierde en lo infinito. (Luis Lucas, 3ª ley del *Movimiento.*)

El calor se demuestra como positivo en lo Cálido, y como negativo en lo Frío, y se equilibra en lo Tibio.

La Luz resulta positiva en la Claridad, negativa en la Sombra, y equilibrada en la Penumbra.

La electricidad aparece como positiva en el Positivo, negativa en el Negativo, y equilibrada en el Neutro.

Mas el Calor, la Luz y la Electricidad: ¿no vienen a ser tres fases, tres aspectos de algo más elevado que las unifica?

Dice Louis Lucas: «En la naturaleza la electricidad no es más que un detalle, como en el espectro solar, el rojo, por ejemplo, no es más que una tonalidad, entre otras que en él se observan. Electricidad, Calor y Luz, son tres fases generales del movimiento, cuyas intermediarias modalidades son infinitas.»

Ese algo más elevado del cual el Calor representa lo positivo, la Luz, el equilibrio y la Electricidad lo negativo, es la Fuerza de nuestro Mundo.

Remontémonos experimentalmente siguiendo la cadena de los fenómenos de la Física, pasemos a la Química, y estudiemos lo que sucede en un experimento muy repetido. El oxígeno se dirige al polo del Movimiento, el hidrógeno al de la Resistencia y el ázoe, tan pronto al uno como al otro polo, según fuere el papel que desempeña en las combinaciones. Observemos que cosa igual en absoluto pasa con otros cuerpos metálicos y metaloides. Siempre hallamos el movimiento acidificante, el reposo alcalizador, y este estado intermedio de equilibrio que representa el ázoe y sus variaciones. (Louis Lucas, *Chimie nouvelle.*)

Cuando de progresión en progresión, de Universo en Universo, nos hayamos elevado a las más altas abstracciones, veremos una fuerza, oponiéndose a sí misma para crear, en actividad, el Movimiento, en su pasividad, la Materia y en su equilibrio todo lo que está abarcado entre la divisibilidad y la unidad, o sean los escalones innumerables por donde la fuerza asciende desde el estado sólido hasta las formas más culminantes de la inteligencia, del genio, en suma, hasta su origen en Dios, cuya actividad se denomina el Padre u Osiris, la pasividad el Hijo o Isis, y el equilibrio, causa de todo, la imagen de la TRI-UNIDAD que él constituye y que es el Espíritu Santo u Oro. [1]

Sin embargo, es evidente que nos hemos apoderado de uno de los mayores secretos del Santuario, la clave de todos los milagros pasados, presentes y futuros, el conocimiento de ese agente, siempre el mismo y siempre muy diversamente designado: el Telesma de Hermes, la Serpiente de Moisés y de los indostánicos, el Azoth de los alquimistas, la luz astral de los martinistas y de Eliphas Lévi. Por último, el magnetismo de Mesmer y el movimiento de Lucas, descubridor de las tres leyes que le dirigen, que ha demostrado cómo deben aplicarse a las ciencias positivas contemporáneas.

Ya conocemos las varias modificaciones, a consecuencia de las cuales este agente universal se transforma en la vida de cada ser. Estudiemos ahora su evolución.

Dicha emanción seguirá universalmente tres fases de desarrollo:

En la primera lo pasivo sobrepuja a lo activo, y el resultado ha de ser una pasividad, una materialización, un alejamiento de la Unidad hacia la Multiplicidad.

(Véase"Eureka", de E.A. Poe y *Chimie Nouvelle*, de L. Lucas.)

En la segunda, lo activo y lo pasivo se equilibran: la jerarquía, la serie, surgirá, y los inferiores gravitarán alrededor del término superior.

En la tercera, lo activo aventaja a lo pasivo y la evolución de la Multiplicidad sobre la Unidad se efectuará.

Involución o Materialización progresiva.

1 La materia ofrece una resistencia; una resistencia equivale a una fuerza, puesto que sólo las fuerzas son capaces de ofrecer resistencia y por esta consideración la materia descubre su origen UNITARIO, idéntico al del movimiento inicial y elemental. La palabra Materia significa la pasividad del movimiento; lo propio que con la voz fuerza se señala a la actividad.

La materia descubre su origen en estas tres principales graduaciones: Materia positiva, o estado gaseoso; Materia negativa, o estado sólido; Materia equilibrada o estado líquido.

Véase lo que dicen en sus interesantes obras los escritores esotéricos Christian, Eliphas Lévi y, muy especialmente, Lacuria.

Equilibrio.

Evolución o espiritualización progresiva.

He aquí las tres leyes del Movimiento.

Desde el centro misterioso en el cual radica el inefable, el incognocible EN SUPH ARABRAHM, una fuerza emana y se proyecta en lo Infinito.

Esta fuerza que es Activa-pasiva, como lo es lo que le da origen, produce un resultado diferente, según domine en su acción lo Activo o lo Pasivo.

La fuerza se aparta de la Unidad para unirse en la Multiplicidad, en la División. El creador de lo Múltiple, o sea lo Pasivo, domina entonces, y por eso la producción es fundamentalmente pasiva y material; la fuerza se materializa.

La inteligencia se cubre poco a poco; se reviste de envoltorios o espesores, que al principio tienen la contextura de la materia más próxima a las esencias: la materia radiante.

En este momento una masa de colosales dimensiones para la comprensión humana, pero de ínfima magnitud desde el punto de vista de lo Infinito, atraviesa el Espacio. Sobre los mundos inferiores cuya región atraviesa en velocísimo vuelo, los aparatos de astronomía enfocan las estelares regiones, y desde los observatorios los mortales anuncian que un cometa cruza la celeste inmensidad.

En tanto, en los mundos superiores, los inmortales se arrodillan y adoran religiosamente la divina luz que efectúa el sacrificio de donde ha de surgir un retorno a la Unidad, exclamando con solemne emoción: ¡El Espíritu Creador pasa sobre nuestro Mundo!

Cuanto más se aleja la masa de la Unidad, más se acentúa su materialización. Aparece la materia en estado gaseiforme, llenando una gran parte de la masa que aminora su carrera en un lugar del espacio. Los sabios que lo presencian, señalan a los mortales el lugar ocupado por una nebulosa, por el Nacimiento de un sistema planetario; el Inmortal comprende que allí se verifica el Nacimiento de un Dios.

Llega el instante en que se inicia el estado más pasivo; las aglomeraciones de sólidos aparecen, pero, al propio tiempo, la fuerza activa se desembaraza de obstáculos poco a poco, hasta que llega a poder equilibrar a la fuerza pasiva. La vida se concentra en un Sol, en el centro del sistema, y los planetas reciben tanta mayor cantidad de sus radiaciones, cuanto mayor en su proximidad y menor su grado de material condensación, de la misma manera que el Sol recibe un influjo tanto más activo cuanto más cerca se halle de la VIDA-PRINCIPIO, de donde ha emanado.

Entonces, cuando definitivamente la fuerza activa sobrepuja a la fuerza, los planetas se agrupan alrededor del centro preponderante. El ser viviente que se llama Mundo ha nacido, está ya organizado, y lentamente evoluciona hacia la Unidad de que proviene.

En cada uno de los planetas se repite idéntica la ley que dio origen al Mundo. El Sol actúa respecto de ellos como la *Unidad*-VIDA actuó respecto del Sol y el planeta será tanto más material cuanto más alejado esté de él.

Al principio en estado de ignición, después en forma gaseiforme, luego líquida, aparecen por fin sobre las aguas algunas porciones sólidas, iniciando así el comienzo de los continentes. Después se inicia la marcha evolutiva del planeta hacia un Sol y la vida planetaria se constituye. La fuerza activa sigue dominando a la fuerza material pasiva.

Las producciones que van a aparecer en la superficie de dicho mundo, seguirán las propias fases recorridas por el planeta con relación al Sol.

Solidificándose los continentes, condensan en su seno la fuerza en ignición que formó primordialmente el planeta. Esta fuerza vital terrestre, que no es más que una emanación de la fuerza vital solar, actúa sobre la Tierra y los elementos vitales se desarrollan originando los metales más inferiores. Aquí es donde comienza la evolución estudiada por los modernos hombres de ciencia y que desconocen el lado o rama ascendente de la misma, lado que conocían muy bien los sabios de la antigüedad.

Lo mismo que este Mundo evoluciona hacia la Vida de su Universo creándose un alma, conjunto de todas las almas planetarias contenidas en él, lo mismo cada planeta evoluciona hacia el alma de un mundo, creando su alma planetaria, conjunto de las almas que dicho planeta contiene y lo mismo el metal, primer término de la vida sobre el planeta en el transcurso de las diferentes edades, evoluciona un alma hacia el alma de la tierra. Ese metal, primeramente inferior, se perfecciona progresivamente, llega a ser capaz de fijar más fuerza activa, y al cabo de algunos siglos, la vida que antes circulaba en el plomo circula ahora en una masa de oro, este Sol de los metales que actúa con referencia a ellos, como actúa el astro solar respecto de la Tierra. He aquí el fundamento de la doctrina alquímica. A propósito de la idea de la evolución de una sola vida en organismos cada vez más perfectos, recuérdese la ley india del *Karma*.

La vida progresa en igual forma en el desarrollo de los vegetales, y después de algunos millares de años, aparece la producción más elevada de las tierras; me refiero al hombre, que viene a ser el Sol de la animalidad, como el oro lo es en la esfera del reino mineral.

La ley progresiva volverá a mostrarse en el ser humano, como se muestra en todas las demás creaciones de la naturaleza. Pero al llegar a este punto, es indispensable que hagamos algunas consideraciones respecto de la semejanza de las progresiones.

Recordando lo antes indicado, observemos que cuando nace un Mundo, otros existían ya que en diverso grado habían cumplido su evolución hacia la Unidad, de suerte que entonces ya había Mundos más o menos viejos.

Lo propio que hay planetas de diferentes edades, en cada planeta hay continentes más o menos antiguos, y en cada planeta culmina una raza de hombres, lo propio que cada mundo está culminado por un Sol.

Como la progresión existe también en las razas humanas, se deduce que en el momento en que la segunda aparece en el segundo continente del planeta, la primera evolucionada sobre el anterior, está en pleno desarrollo intelectual y la última aparecida, en oscuro estado de salvajismo.

Véase lo que dice *La Mission des Juifs* y lo que enseñan las doctrinas filosóficas de la Ciencia esotérica.

Idénticos hechos nos ofrecen deslumbrantes de claridad las condiciones de existencia de la familia, donde vemos al fundador, al más anciano, lleno de experiencia, pero abatido por la vejez, mientras que, el último nacido resulta tan ignorante como lleno de vigor y juveniles energías.

Entre estos dos extremos existen todas las gradaciones, y el padre representa la virilidad en completo desarrollo, mientras que el abuelo viene a ser la transición entre la ancianidad del fundador y la plenitud de vida del padre.

HIJO
PADRE
ABUELO
BISABUELO

señalan en las familias los grados de esa evolución que hallamos en todas las manifestaciones de la naturaleza.

Todos los seres, sean los que fuesen en último análisis, están constituidos por tres elementos o partes, que son:

CUERPO
VIDA O ESPIRITU
ALMA

La evolución de un cuerpo produce la vida; la evolución de la vida produce un alma.

Comprobemos estos detalles aplicándolos al hombre.

Cada continente se corona con una raza diferente de hombres, que son los representantes del término superior de la evolución material en el planeta.

En cada hombre se destacan tres partes: el vientre, el pecho y la cabeza. A cada una de estas partes le corresponden sus miembros respectivos. El vientre, que sirve para fabricar el cuerpo; el pecho, que sirve para fabricar la vida; la cabeza, que sirve para fabricar el alma.

La finalidad de cada ser que crea la naturaleza, es la de dar origen a una energía de orden superior a la que él recoge. El mineral recibe la vida terrestre y debe transformarla por su evolución en vida vegetal. El vegetal debe preparar el nacimiento de la vida animal, y el animal, la de la vida humana.

La vida queda otorgada al hombre para que éste la convierta en una fuerza superior; es decir, el alma. El alma es, pues, una resultante.[2]

La finalidad del hombre es, ante todo, la de desarrollar en sí este alma que sólo está allí en germen, y si para conseguirlo no basta una vida, varias resultarán indispensables.[3]

La indicada idea que siempre estuvo oculta a los profanos en el seno de las iniciaciones, se halla en todos los autores que penetran profundamente en el conocimiento de las leyes de la naturaleza. Es una de las principales que ha divulgado el estudio del budismo esotérico en la época presente. Pero, tanto la antigüedad como algunos escritores de los países occidentales, jamás ignoraron que existía.

En efecto, es así como Dios mismo, por el conocimiento íntimo del absoluto, que es su esencia, identifica perpetuamente con su saber al ser que le corresponde en su esencia absoluta, y es así manifiestamente como Dios opera sin cesar su propia creación o su inmortalidad. Y, por consiguiente, puesto que el hombre ha sido creado a imagen de Dios, por idéntico medio, debe conquistar su inmortalidad, operando su creación propia por el descubrimiento de la esencia de lo absoluto, es decir, de las condiciones mismas de la verdad» (Wronsky, *Lettre au Pape*).

Fabre d'Olivet, en el admirable resumen que ha hecho de la

2 El alma es una creación original que nos pertenece privativamente, presentando a la eternidad el flanco de su responsabilidad (L.Lucas, *Medecine Nouvelle*).

El sonido representando la fuerza vital, produce otra cosa en su diversidad extrema: produce la TONALIDAD, de donde nace el efecto general o alma, con su valor especial y relativo. Una orquesta es un órgano material con todas sus partes o mecanismos compuestos: los sonidos, sus ARMONIAS, sus combinaciones inmensas; es el juego de las fuerzas vitales; en los tejidos del cuerpo, es donde el alma se cre y se eleva, como de la Tonalidad se crea un sentimiento general, definitivo y resustancial. Así la tonalidad GENERAL, es extraña al instrumento inerte por sí mismo y a las armonías entrecruzadas que están en juego. (*Idem, id.*)

3 Leyendo distintos autores, que tratan del alma, es necesario percatarse bien del sentido que dan a la palabra. Unos denominan alma a lo que yo aquí llamo *vida* y *espíritu*; y *espíritu* al tercer elemento o término que yo denomino alma. La idea es la misma siempre, y la diferencia observable y observada, no es más que una diferencia y variación de modos de decir, de palabras.

doctrina de Pitágoras, en pocas líneas nos traza la condensación de lo contenido en la psicología arcaica. Basta leerle comparándole con las opiniones del budismo esotérico para llegar a descubrir uno de los principales secretos ocultos en los santuarios.

He aquí el resumen:

«Pitágoras admitía dos móviles en las acciones humanas: el poder de la Voluntad y la necesidad del Destino; sometía el uno y el otro a una ley fundamental denominada Providencia, de la que igualmente emanaban. El primero de estos móviles, era libre y el segundo condicionado, de suerte que el hombre se encontraba situado entre dos opuestas naturalezas, pero no contrarias, indiferentemente buenas o malas, según el uso que él sabía hacer de ellas. El poder de la Voluntad influía sobre las cosas que se hiciesen y sobre el porvenir; la necesidad del destino sobre las cosas ya hechas y sobre el pasado; la una alimentaba sin cesar a la otra, trabajando sobre los materiales que recíprocamente se suministraban.

»Porque según este admirable filósofo, del pasado nace el porvenir y del porvenir se forma el pasado, y de la reunión de uno y otro se engendra el presente, siempre existente, del cual y de la misma manera sacan su origen, profunda idea que los estoicos habían adoptado. Así, según esta doctrina, la Libertad reina en el futuro, la Necesidad en el pasado y la Providencia en el presente. Nada de cuanto existe, existe por casualidad, sino por la unión de la ley fundamental y providencial con la voluntad humana, que la sigue o la violenta operando sobre la Necesidad.

»El acuerdo entre la Voluntad y la Providencia constituye el bien: el mal nace de su oposición. El hombre, para proceder en la senda que recorre en este mundo, ha recibido tres fuerzas apropiadas a cada una de las tres modificaciones de su ser, estando las tres sujetas a su voluntad.

»La primera, pertinente al cuerpo, es el instinto; la segunda, consagrada al alma, es la virtud, y la tercera, que corresponde a la inteligencia, es la ciencia o la sabiduría. Estas tres fuerzas, indiferentes por sí mismas, no toman este nombre más que por el buen uso que la voluntad hace de ellas, porque en el malo degeneran, al embrutecerse, en vicio e ignorancia. El instinto distingue el bien y el mal físicos que resultan de la sensación; la virtud aprecia el bien y el mal morales existentes en el sentimiento, y la ciencia juzga el bien y el mal inteligibles que nacen del asentimiento. En la sensación, el bien y el mal se denominan placer y dolor; en el sentimiento, amor u odio, y en el asentimiento, verdad o error.

»La sensación, el sentimiento que radica en el cuerpo, en el alma y en el espíritu, constituyen un ternario que se desarrolla a favor de una unidad relativa, y constituye el cuaternario humano, o sea el Hombre considerado abstractamente.

»Las tres afecciones que forman este ternario, reobran las unas sobre las otras, y se iluminan, o se oscurecen, recíprocamente. La unidad que las enlaza, es decir, el Hombre, se perfecciona o se deprava, según tienda a confundirse con la Unidad universal o a diferenciarse de ella.

»El modo de que dispone para identificarse o para hacer su separación, para proximarse o para alejarse, reside por entero en su voluntad, quien por el uso que hace de los instrumentos que le suministran el cuerpo, el alma y el espíritu, se *instintifica* o se embrutece, se acerca a la virtud o al vicio, a la sabiduría o a la ignorancia, y se pone en estado de distinguir con mayor o menor energía, y de conocer y juzgar, con más o menos rectitud, lo que haya de bueno, de bello y de justo en la sensación, el sentimiento y el asentimiento; de diferenciar, con mayor o menor energía y luminosidad, lo bueno de lo malo y de no engañarse, por último, en lo que realmente sea o no sea placer y dolor, amor y odio, verdad y mentira.

»El Hombre, tal cual yo acabo de describirle, según la idea que Pitágoras había concebido, situado bajo la dominación en la Providencia, entre el pasado y el futuro, provisto de una voluntad libre por su esencia e inclinándose a la virtud o al vicio, por propio movimiento; el Hombre, repetiré, imaginado así, debe conocer el origen de las desgracias que necesariamente sufra y lejos de acusar a esa Providencia dispensadora de dones y castigos, según los méritos que cada cual contraiga por sus acciones anteriores, busca la culpa en sí mismo ya que sufre las consecuencias inevitables de sus faltas en otros tiempos, pues

Pitágoras afirmaba la realidad de varias existencias sucesivas, y sostenía que el presente que nos atormenta y el porvenir que nos amenaza, no son más que la expresión del pasado, producto de nuestra labor en las épocas anteriores. El filósofo afirmaba que la mayor parte de los hombres pierden, al volver a la vida, el recuerdo de sus pretéritas existencias; pero con relación a él, por favor especial de los dioses, le estaba concedido poder conservar la memoria de su pasado.

»Así, según sus enseñanzas, esa necesidad fatal que el hombre nunca cesa de quejarse, es el mismo quien la ha engendrado por el mal uso de su criterio. A medida que avanza en el tiempo, recorre la senda que él mismo se ha trazado antes, y conforme la modifique en buen o mal sentido, que siempre, por decirlo así, virtudes o imperfecciones hallará, y más suave o más agresiva su ruta cuando le llegue el instante de recorrerla de nuevo» (*Vers dorés*).

Me permitiré unir a esta explicación un gráfico que servirá para apreciar claramente dicho sistema en su conjunto. He procurado, hasta donde me ha sido posible, que resulte bien clara la demostración. Si, no obstante, se advirtiera que cualquier error se nos hubiese deslizado, fácil será deshacerlo, acudiendo a lo que detallan las copiadas frases de Fabre d'Olivet.

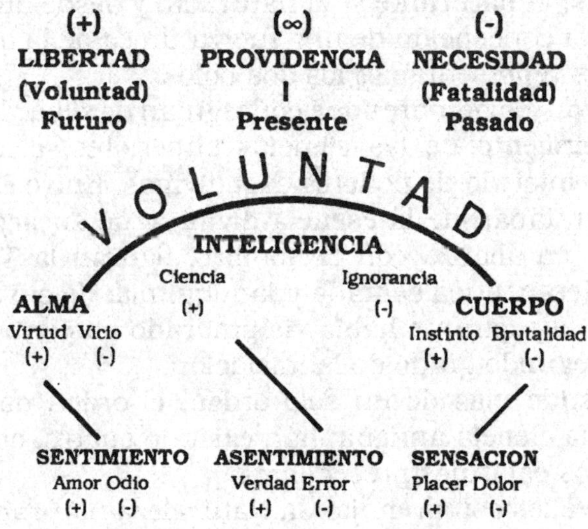

La porción izquierda del cuadro representa los principios positivos que marca el sigo +. La parte derecha contiene los principios negativos que tienen el signo – .Y, por último, la porción central abarca los signos equilibrados o superiores que distingue la expresión matemática del infinito ∞.

En la parte inferior, y a la izquierda del gráfico, se ve el resumen del ternario humano: ALMA, INTELIGENCIA, CUERPO, que indican los signos correspondientes.

Las enseñanzas del Templo se reducían exclusivamente al estudio de la fuerza universal en sus diversas manifestaciones.

Estudiando lo primero la Naturaleza naturada, la de los fenómenos, la de los efectos, el aspirante a la iniciación aprendía las ciencias físicas y naturales. Cuando se había cerciorado que todos ellos dependen de una misma serie de causas; cuando había reducido la multiplicidad de los hechos a la unidad de las leyes, la iniciación le franqueaba el paso al Mundo de las Causas. Entonces acometía el estudio de la Naturaleza naturante para sondear las Leyes de la Vida, que es siempre una a través de sus diversas manifestaciones. El conocimiento de la Vida de los Mundos y de los Universos, le entregaba las claves de la Astrología, y el de la Vida terrestre, las de la Alquimia.

Pasando a un grado superior de la escala de las iniciaciones, el aspirante reconocía en el hombre la existencia de dos naturalezas, la naturante y la naturada, y desde allí ya podía elevarse a la concepción de una fuerza única de la que ambas naturalezas representaban los dos polos.

Pocos eran los hombres que conseguían dominar la práctica y el conocimiento de las ciencias superiores, ciencias que dotaban al iniciado de poderes casi divinos. Entre estas ciencias, que trataban de la esencia divina y de su acción en la Naturaleza en alianza con el hombre, figuran la Teúrgia, la Magia, la Terapéutica sagrada y la Alquimia, de cuya realidad portentosa el aspirante había vislumbrado misteriosos destellos en el segundo grado de la iniciación.

«Ha existido más de un solo orden, el orden natural que estudiaba la ciencia antigua; han existido cuatro, como dicho queda en los capítulos precedentes.

»Tres de ellos comprendían la Naturaleza naturante, la Naturaleza naturada y, por último, la Naturaleza humana, que les sirve de enlace a los otros dos. Su hierograma era EVE, la Vida.

»El cuarto que se representa en la tradición mosaica con la primera letra del nombre de IEVE, corresponde a otra jerarquía de conocimientos, señalada con el número diez». (*Saint -Yves*).

«Es un hecho averiguado que este ciclo de la civilización, la Unidad del Género humano en el Universo, la Unidad del Universo en Dios y la Unidad de Dios en sí mismo, se enseñaban entonces, no como una superstición remota, oscura y oscurantista, sino como el coronamiento luminoso, resplandeciente, de una cuádruple jerarquía de ciencias, animando a un culto biológico, del cual el sabéismo era la forma.

»El nombre del Dios supremo de este ciclo, Iswara, esposo de la Sabiduría viviente, de la Naturaleza naturante, Prakriti, es el mismo que Moisés saca, cerca de cincuenta siglos después de la Tradición Caldea de los Abrámidas y de los santuarios de Tebas, para constituir el símbolo cíclico de su movimiento: Iswara, El, o por contracción Israel, Inteligencia o Espíritu real de Dios» (*Saint -Yves d'Alveydre*).

De acuerdo con lo que antecede, se ve que la enseñanza antigua se condensaba en los cuatro grados siguientes:

1º Estudio de la fuerza universal en sus manifestaciones vitales.	Ciencias Fisiogónicas π
2º Estudio de esta fuerza en sus manifestaciones humanas.	Ciencias androgónicas τ
3º Estudio de esta fuerza en sus manifestaciones astrales.	Ciencias cosmogónicas π
4º Estudio de esta fuerza en su esencia y realización práctica de los principios descubiertos.	Ciencias teogónicas τ

SEGUNDA PARTE

REALIZACION

Capítulo IV

LA EXPRESION DE LAS IDEAS

La expresión de las ideas.– Los signos.– Origen del lenguaje.– Las historias simbólicas y su interpretación. – La tabla de esmeralda de Hermes y su explicación.– Telesmo.– La alquimia.– Explicación de los textos herméticos.– La geometría cualitativa.– Los nombres propios y su utilidad.

Prosiguiendo hasta llegar a lo más profundo del santuario nuestra investigación acerca de la ciencia antigua, sucesivamente hemos abordado las ideas generales que contenía.

Pero no puede detenerse aquí nuestra labor.

La idea, en tanto que permanece sumida en el cerebro de un creador, es invisible para todo el mundo.

Los hombres, generalmente, sólo pueden comunicarse entre sí por medio de los sentidos corporales y no percibirán la idea expresada hasta tanto que no esté sensibilizada.

La idea es lo invisible. Para que dicho invisible se haga visible, necesario es valerse de algún signo, y doy este nombre a todo medio exterior de que el hombre se valga para manifestar sus pensamientos.

Los factores del signo son: la voz, el gesto y los caracteres escritos. Sus materiales: el sonido, el movimiento y la luz.

Para mayor esclarecimiento de lo manifestado conviene ver lo que dicen Fabre d'Olivet, *La langue Hébraique restituèe*, y Claude de Saint Martin, *Cocodrile*.

El estudio de los signos que no es indispensable acometer, con el propósito de averiguar la manera que tenía el sacerdote egipcio para expresar las ideas que había recibido en la iniciación.

¿Qué tema podría aventajar en interés, frente al pensador, al muy curioso del origen de las lenguas humanas?

Es digno de observar cómo dos hombres de una penetración y erudición positivamente notables, Claude de Saint Martin, el filósofo desconocido, y Fabre d'Olivet, llegan, por distintas vías, a ciertas conclusiones casi idénticas respecto de esta importante cuestión.

Ambos se revuelven airados contra el criterio de los sensualistas, que recogen en nuestros días los admiradores del positivismo, criterio que proclama que las lenguas son el arbitrario producto del humano capricho. Ambos autores fueron guiados en sus labores de filológica investigación por sus profundos conocimientos del idioma hebreo.

¿A quién habrá que creer? ¿A los que apenas conocen una o dos lenguas modernas, ignorando sus orígenes, o a los que han cultivado el estudio de los antiguos idiomas para llegar al de las tres lenguas madres, el chino, el sánscrito y el hebreo, proclamando la existencia de una RAZON elevada desde el comienzo de la humana especie?

«De cualquier modo que se opine respecto del origen del género humano, hay que convenir en que el germen radical del pensamiento no pudo ser trasmitido más que por un signo y este signo presupone una idea madre» (Saint-Martin, *Los signos y las ideas,Cocodrile*).

«Si no estoy extraviado por la imperfección y debilidad de mi criterio, creo que llegaré a demostrar cómo las palabras que componen los idiomas en general, y particularmente los de la lengua hebrea, lejos de ser creadas a la casualidad y estar constituidas por el impulso de un arbitrario capricho, como se ha supuesto, son efecto y producto de una razón profunda; probaré que no existe ni una sola que no se pueda volver mediante un preciso análisis gramatical, a elemento fijos, de una naturaleza inmutable en el fondo aunque susceptibles en la forma de tener innúmeras variaciones.

»Estos elementos, tal cual nosotros podemos observarlos, constituyen aquella parte del discurso a la que he dado el nombre de *Signo*. Comprenden, como he dicho, la voz, el gesto y los caracteres de la escritura» (Fabre d'Olivet, *La langue Hébraique restituèe*.)

«Ascendamos aún a mayores alturas para conocer el origen de estos Signos:

»He indicado como elementos de la Palabra, la voz, el gesto y los caracteres escritos; como medios, el sonido, el movimiento y la luz; pero estos elementos y medios existirían vanamente, si no existiera, al propio tiempo, un poder creador, independiente de ellos, que desea dominarlos y que es capaz de ponerlos en acción. Este poder es la Voluntad.

»Me abstendré de ocuparme de su principio, pues además de que resultaría difícilmente comprensible, no es esta la ocasión propicia para hablar del asunto. Pero la existencia de la voluntad no puede ser puesta en duda, ni aun por el escéptico más irreductible, dado que no podría negarla *sin querer hacerlo* y, por consiguiente, sin ofrecer la mejor prueba de que también para él existe.

»Pero la voz articulada y el gesto afirmativo o negativo, ni son ni pueden ser más que la expresión de la voluntad. Voluntad es la que apoderándose del sonido y del movimiento, les obliga a convertirse en intérpretes suyos y a reflejar en lo exterior sus internas afecciones.

»No obstante, si la Voluntad es una, unas serán sus afecciones, aunque resulten diferentes; es decir que, respectivamente, serán las mismas para todos los individuos que las experimenten. Así, el hombre que quiere algo, y que afirma su voluntad mediante el gesto, o valiéndose de las inflexiones de la voz no experimenta una afección distinta de la de todo ser que quiera y afirme la propia cosa. El gesto y el sonido de la voz que acompañan a la afirmación, no están destinados a significar la negación. No existe un solo hombre en la tierra a quien sea imposible comunicarle por el gesto o por la inflexiones de la voz, que se le ama o que se le odia, que se le admite o que se le rechaza, cualquier cosa que ofrezca. En esto no existe nada que sea convencional. Se trata de un poder idéntico, que se manifiesta espontáneamente y que, irradiando de un foco volitivo, va a reflejarse en otro foco. Bien quisiera que fuese igualmente fácil de demostrar, como también sin que exista nada convencional y sólo por efecto de fuerza volitiva, el gesto y las inflexiones vocales relativos a la afirmación y a la negación, se transforman en diversas palabras. Y como ocurre, por ejemplo, que las voces *sí* y *no*, teniendo el propio sentido, la propia inflexión y el propio gesto, no tienen, sin embargo, el mismo sonido. Pero si fuera igualmente fácil de demostrar que lo es el origen de la palabra. ¿hubiera permanecido ignorado hasta el presente este punto?

»¿Cómo se podría explicar que tantos y tantos hombres de ciencia, provistos alternativamente de los medios de que les dota el análisis y la síntesis, no hayan resuelto una cuestión de tanta importancia para los humanos? Nada existe de convencional en la palabra. Tengo la esperanza de hacerlo ver a los lectores que quieran concederme sostenida atención. Pero no pretenderé evidenciar una verdad de esta índole según el modo que emplean los geómetras en sus demostraciones. Su posesión tiene demasiada transcendencia para que pueda encerrarla en una ecuación algebraica.

»Volvamos a nuestro tema. El sonido y el movimiento, puestos al arbitrio de la Voluntad, son modificados por ella. Es decir, que merced a la eficacia de ciertos órganos apropiados el sonido se articula y transforma en voz y el movimiento se determina y convierte en gesto.

»Pero la voz y el gesto no tiene más que una duración instantánea, fugitiva. Si interesa a la voluntad del hombre conseguir que el recuerdo de las afecciones se manifieste en lo externo y sobreviva a las propias afecciones, y eso le interesa casi siempre, no hallando ninguna forma para fijar y reproducir el sonido, se apodera del movimiento y con ayuda de la mano, su órgano más expresivo, encuentra, a costa de esfuerzo, el modo de dibujar en la corteza de los árboles o de grabar en la piedra, el gesto que ha ideado.

»He aquí el origen de los caracteres escritos, que como imágenes del gesto y símbolos de la inflexión vocal, se transforman en uno de los elementos más fecundos del lenguaje, extienden rápidamente su dominio y ofrecen al hombre un inagotable medio de combinación. No tienen nada de convencional en su principio, porque *no* es siempre no y *sí* es siempre sí; un hombre es un hombre. Mas como una forma depende en mucha parte del dibujante, que es el primero en experimentar el deseo de pintar sus afecciones, puede deslizarse en la realizada obra bastante cantidad de elementos arbtitarios, y puede variar lo suficiente para que sea preciso establecer un acuerdo que garantice la autenticidad y autorice debidamente el uso. Así ocurre, que sólo en el seno de una sociedad suficientemente avanzada en el camino de la civilización y sometida a las leyes de un gobierno regular, se halla el uso de cualquier escritura.

»Se puede asegurar que donde se hallen caracteres escritos, se hallarán también definidas formas de la vida civil.

»Todos los hombres hablan y se comunican sus ideas, por muy salvajes que a nuestra consideración resulten (al fin son seres humanos); pero no todos necesitan saber escribir, puesto que no existe la necesidad de establecer ningún acuerdo para crear un lenguaje, y si es preciso, siempre, para implantar una forma de escritura.

»De todas maneras, aunque los caracteres escritos presupongan un acuerdo, algo convencional como acabo de decir, es necesario no olvidarse de que esos caracteres son el símbolo de dos cosas que no requieren ningún previo convenio, la reflexión vocal y el gesto y ambas surgen de la acción espontánea de la Voluntad. Los otros actos son fruto de la reflexión (Fabre d'Olivet,*La langue hébraique.*

Estando el iniciado en posesión de signos capaces de poder expresar la idea, otra consideración tenía que preocuparle, y es la elección de su lector futuro. Era, pues, indispensable crear un idioma que por anticipado se adaptara a la inteligencia del que había de escuchar, idioma éste de tal clase, que cualquier palabra sólo fuese para el vulgo un conjunto de signos raros, y para el vidente una luminosa revelación.

La idea de encerrar determinados conocimientos en un círculo especial es de tal suerte común a todas las épocas que aun en este siglo de divulgación y de difusión sin tasa, vemos las ciencias ordinarias, matemáticas, historia natural, medicina, etc., rodearse de un baluarte de términos especiales. ¿Por qué, pues, ha de maravillar que exista igual costumbre en los tiempos que pasaron?

Recordemos el triángulo de los tres mundos

Hechos – Leyes – Principios

y veamos cómo el iniciado estaba en posesión de tres medios diferentes para expresar una idea en *sentido positivo*, en *sentido comparativo* y *en sentido superlativo*.

1º El iniciado puede servirse de palabras que todos comprenden, cambiando sencillamente el valor de los vocablos, según la clase de las inteligencias sobre las que haya de actuar.

Pongamos un ejemplo fácil, tal como el de la idea siguiente:

El hijo necesita tener un padre y una madre

Dirigiéndose a todos sin distinción alguna de clase, el redactor hablará en sentido positivo, diciendo:

«El hijo necesita tener un padre y una madre.»

Pero si quiere sustraer de la comprensión de esta idea las gentes de inteligencia material, las que se designa con el término colectivo de «vulgo» se podrá expresar en forma comparativa, pasando de campo de los HECHOS al de las LEYES para decir:

El neutro necesita un positivo y un negativo.
El Equilibrio requiere un activo y un pasivo.

Las personas versadas en el estudio de las leyes de la naturaleza, los que se denominan entre nosotros, por regla general, hombres sabios, pueden comprender perfectamente el sentido de estas Leyes, incomprensibles para el rústico y el ignorante.

Pero si es preciso sustraer el conocimiento de cualquier verdad a estos sabios que se convirtieron en teólogos y perseguidores, el escritor sube otro peldaño para penetrar en las regiones de lo simbólico, que son las del MUNDO de los PRINCIPIOS, y entonces dice:

La Corona necesita la Sabiduría y la Inteligencia.

Acostumbrado el sabio a resolver los problemas que se le cometen, se da cuenta en este caso de lo que significa cada una de las palabras, pero no puede sorprender la relación que tienen unas con otras. Podrá buscar una significación a la frase, pero carece de sólido fundamento para establecerla, así que no puede estar seguro de la interpretación que le da. Entonces se encoge de hombros, y lo propio hace cuando encuentra frases parecidas en los libros herméticos, que cierra de golpe exclamando: ¡Superchería y Misticismo!

Precisamente eso es lo que quería que esto pensase el redactor del enigma.

2º El iniciado puede valerse de signos diversos, según fueren las personas a quienes se dirija.

Ese era el arbitrio que preferentemente empleaban los sacerdotes egipcios cuando escribían sus jeroglíficos o cuando se valían de la lengua fonética o de la ideográfica, de acuerdo con las circunstancias de cada caso.

Haremos ver lo que antecede con nuevas demostraciones, y para mayor claridad, nos valdremos de la misma idea presentada antes.

El hijo necesita un padre y una madre.

Al dirigirse a las muchedumbres, el sacerdote diseñará sencillamente un niño colocado entre su padre y su madre o dirá la frase textualmente.

Si desea restringir el número de sus lectores, aborda el Mundo de las Leyes y los signos algebraicos que sólo el hombre de ciencia comprende.

Sea el signo ∞ que indica lo neutro, la representación del hijo, y tendremos

$$\infty \text{ NECESITA } + \text{ y } -$$

y también (+) + (−) = (∞)

Y si aún quiere reducir a menor número el de las personas que pueden entenderle, se valdrá de los signos ideográficos correspondientes a los principios, y escribirá astrológicamente y geométricamente:

☉ + ☽ = ☿

| + − = X

Pronto veremos que estos caracteres, que tienen el privilegio de exasperar a los curiosos, no dependen de una elección arbitraria, sino que, por el contrario, un profundo motivo presida a su elección.

3º El uso de la geometría cualitativa permite disponer de otro método, y consiste en la adopción de un único signo que puede ser interpretado de diferentes formas, según fuere la cultura y alcance de la inteligencia del interpretador.

Así el ideograma

no representará para el hombre ignorante más que un redondel con un punto en el centro.

El sabio verá que el signo es una circunferencia y su punto central, que astrónomicante figura al Sol y por extensión interpretativa, a la verdad. Es raro que el hombre culto pase a mayores profundidades de la idea. El iniciado verá en esta figura el Principio y su desarrollo. La Idea en su causa, Dios en la Eternidad. Prontamente llegaremos al estudio del origen de estas interpretaciones.

Los métodos que acabo de describir han servido para referirse a los temas más ocultos de la iniciación. También se usan en los libros herméticos y en los rituales de Magia. Pero, además, existe otro arbitrio, empleado por toda la antigüedad, para transmitir las verdades descubiertas en los santurarios. Quiero referirme a las historias simbólicas.

¿Cuál otro sería mejor, para perpetuar una cosa digna de saberse, que el de interesar a la imaginación antes que a la memoria?

Referid una leyenda a un campesino, y es seguro que la recuerde y que pasando de velada en velada, llegan a la posteridad las aventuras de Venus y Vulcano. ¿Pasaría lo mismo si se tratase de las leyes de Kepler?

No puedo acostumbrarme a suponer que se diese el caso de un lugareño enumerando al amor de la lumbre las leyes de la Astronomía. pero hay que advertir que también los relatos simbólicos contienen, en su fondo, verdades no menos valiosas.

El hombre sencillo no verá en ellos más que un agradable producto de la fantasía; el sabio descubrirá, con asombro, las leyes de los movimientos solares, y el iniciado, al descomponer los nombres propios, desentraña la clave de la «obra magna» y se apodera de los tres sentidos que la narración contiene. [1]

He puesto cuidado en tratar de todos estos métodos, presentándoles en claro y ordenado conjunto, para que el lector pueda reconocerlos en cualquiera ocasión, al primer golpe de vista.

Es conveniente que volvamos a ocuparnos de ello fijando la atención, otra vez, en cada uno, dándoles determinados desenvolvimientos, que permitan ver, de manera precisa, el modo de emplearlos.

1—La tradición alquímica demanda que el iniciador hable siempre empleando fábulas alegóricas; pero no fábulas caprichosamente ideadas. En la gran obra no hay más que un hecho mayor: la transmutación que se efectúa siguiendo el orden de las fases admitidas; pero ya se comprende que la descripción de estas fases será presentada bajo diferentes aspectos, por tales o cuales autores. Notad que el último tendrá a gala demostrar más imaginación que sus anteriores. Los indostánicos refieren la encarnación de Vishnú, los egipcios, los viajes de Osiris, los griegos, la expedición de Jasón, los druidas, los misterior de Thot, los cristianos, según John Dee, la pasión de Jesucristo, los árabes, las peripecias de Aladino y la lámpara maravillosa (Louis Lucas, *Roman alchimique*).

I

Al primer método corresponde un admirable resumen, teórico y práctico de la Ciencia oculta; una luminosa síntesis, ante la cual respetuosamente se descubren los iniciado de todos los tiempos. Aludo a la *Tabla de Esmeralda*, cuya redacción se atribuye a Hermes Trismegisto.

Analicemos su contenido y hallaremos las mismas ideas explicadas en las páginas precedentes.

Dice así:

TABLA DE ESMERALDA DE HERMES

«Es verdad, sin mentira, muy verdadero.

»Lo que está abajo es como lo que está arriba, y lo que está arriba es como lo que está abajo, para hacer los milagros de un sola cosa.

»Y como todas las cosas han procedido y proceden de Uno, así todas las cosas han nacido en esta cosa única, por adaptación.

»El sol es el padre, la luna es la madre, el viento la llevó en su vientre, la tierra la ha criado; el padre de todo, el Theleme de todo el mundo aquí está; su fuerza está entera si se ha convertido en tierra.

»Tú separarás la tierra del fuego, lo sutil de lo espeso, dulcemente, con gran industria.

»Sube de la tierra al cielo y rectamente desciende a tierra, y recibe la fuerza de las cosas superiores e inferiores. Tú tendrás, por este medio, toda la gloria del mundo y toda oscuridad se alejará de ti.

»Este es la fuerza fuerte de toda fuerza, porque ella vencerá toda cosa sutil y penetrará toda cosa sólida.

»Así fue creado el mundo.

»De esto serán y saldrán numerosas adaptaciones, de las que el medio está aquí.

»Por eso yo he sido denominado Hermes Trismegisto, poseedor de las tres partes de la filosofía del mundo.

»Lo que he dicho de la operación del Sol, queda cumplido y terminado.»

Es verdad.
Sin mentira.
Muy verdadero.

La Tabla de Esmeralda comienza con esta trinidad. Hermes afirma así, la primera palabra de la Ley que rige a la Naturaleza entera.

Ya sabemos que el Ternario se reduce una jerarquía designada por el nombre de *Los Tres Mundos*. Es, pues, una misma cosa, considerada bajo tres aspectos diferentes, que someten a nuestra reflexión las copiadas frases.

Esa cosa es la verdad y su triple manifestación en Los Tres Mundos.

Es verdad.

Verdad sensible correspondiente al Mundo físico. Aspecto que estudia la Ciencia contemporánea.

Sin mentira.

Oposición del aspecto precedente. Verdad filosófica, certidumbre correspondiente al Mundo metafísico o moral.

Muy verdadero.

Unión de los dos aspectos precedentes, la tesis y la antítesis, para constituir la síntesis. Verdad inteligible, correspondiente al Mundo divino.

Obsérvese que la explicación que he dado precedentemente acerca del número *Tres*, halla aquí una brillante explicación:

Lo que está arriba es como Lo que está abajo	y	Lo que está abajo es como Lo que está arriba

para hacer los milagros de una sola cosa.

Disponiendo la frase de esta manera, se evidencian, lo primero, dos Ternarios, o mejor dicho, un Ternario, desde el punto de vista de sus dos aspectos: el *positivo* y el *negativo*.

positivo	arriba análogo a abajo.	negativo	abajo análogo a arriba.

Como consecuencia inmediata, hallamos la aplicación del método de la Ciencia oculta, llamado de la Analogía.

Hermes dice que lo positivo (lo de arriba) es *análogo* a lo *negativo* (lo de abajo). Pero se guarda muy bien de afirmar que son semejantes.

Por último, vemos la formación del *cuatro*, por reducción del *tres* a la unidad.

Para hacer los milagros de una sola cosa.

O del *siete* por la reducción del seis (los dos Ternarios) a la unidad.

El cuatro y el siete, expresan la misma cosa y se puede escoger cualquiera de las dos aplicaciones.

Relacionando la explicación de la segunda frase con la explicación de la primera, obtendremos:

Que ante todo es preciso considerar una Verdad en su triple aspecto físico, metafísico y espiritual.

Que únicamente entonces se puede aplicar a este conocimiento el método analógico, el cual permite conocer las Leyes.

Que, por fin, es necesario reducir la multiplicidad de las leyes a la síntesis de la Unidad, llegando de esta forma al descubri-

miento del Principio o Causa Primera.

Hermes aborda seguidamente el estudio de las relaciones de la unidad con la variedad, o del creador con la creación, diciendo:

Y como todas las cosas han estado y proceden de UNO, *así todas las cosas nacieron en esta cosa única, por adaptación.*

Ved en estas pocas palabras la enseñanza íntegra del santuario respecto de la creación del mundo. La creación por adaptación, o por el Cuaternario que se desarrolla en el *Sepher Jesirah*, y en los diez primeros capítulos del *Bereschit* de Moisés.

Esa cosa única de la que todo proviene, es la Fuerza universal de la que describe Hermes la generación.

El Sol (positivo) es el padre.

La Luna (negativo) es la madre.

El Viento (receptor) la llevó en su vientre.

La Tierra (materialización crecimiento) la ha criado.

Esa cosa que se llama Theleme (Voluntad), tiene tanta importancia que aun a costa de ensanchar desmesuradamente esta explicación, voy a reproducir el parecer de varios autores, respecto del asunto.

«Existe un agente mixto, un agente natural y divino, corporal y espiritual, un mediador plástico universal, un receptáculo común de las vibraciones del movimiento y de las imágenes de la forma, un fluido y una fuerza que, en cierto modo, podría llamarse la imaginación de la naturaleza.

»Por virtud de esta fuerza, todos los aparatos nerviosos se comunican entre sí secretamente: de aquí dimana la simpatía y la antipatía; de esto provienen los sueños; por ella existen los fenómenos de doble vista y de la visión sobrenatural. Es el agente universal de las obras de la naturaleza; es el od de los hebreos de Reichembach, y la luz central de los martinistas.

»La existencia y el uso posible de dicha fuerza, constituye el gran arcano de la magia práctica.

»La luz astral imanta, calienta, ilumina, magnetiza, atrae, rechaza, vivifica, destruye, coagula, repara, rompe y une todas las cosas bajo la impulsión de las voluntades potentes» (Eliphas Lévi, *Histoire de la Magie*).

«Los cuatro fluidos imponderables no son más que las manifestaciones diversas de un mismo agente universal, que es la luz» (E. Lévi. *Clef des Grands Mystères*).

«Hemos hablado de una substancia esparcida en las regiones de lo infinito.

»La sustancia, una, que es cielo y tierra; es decir, sutil o fija, según su grado de polarización.

»Esa sustancia es la que Hermes Trismegisto denomina el gran *Telesma*. Cuando produce su esplendor, se llama luz.

»Es, a un tiempo mismo, sustancia y movimiento.

»Es un fluido y una vibración perpetua.» (E. Lévi, *obracitada*).

«El gran agente mágico se revela en cuatro especies de fenómenos y ha pasado por el tanteo de las ciencias profanas, que le designan con cuatro nombres: calor, luz, electricidad y magnetismo.

»Dicho agente es la cuarta encarnación de la vida-principio, de la que el sol es la tercera forma» (E. Lévi).

«Este agente solar es viviente por dos fuerzas contrarias; una de atracción y otra de repulsión; lo que hace decir a Hermes que siempre está subiendo y bajando» (E. Lévi).

«La palabra que usa Moisés, si se lee cabalísticamente, nos da la descripción y la definición de este agente mágico universal, que se representa en todas las teogonías por medio de la serpiente, al cual los hebreos dieron así un nombre.

Od = +
Ob = −
Aur = ∞

»La luz universal, cuando imanta los mundos, se denomina luz astral; cuando forma los metales, es el azoth, o mercurio de los filósofos; cuando da vida a los animales, debe llamarse magnetismo animal» (E. Lévi).

«El movimiento es el soplo de Dios puesto en acción en las cosas creadas. Este principio todopoderoso, único y uniforme en su naturaleza y puede ser también que en su origen, es la causa y el promovedor de la variedad infinita de fenómenos, que componen las indecibles categorías de los mundos. Como Dios, anima y gasta, organiza y desorganiza, según las leyes secundarias que originan todas las combinaciones y permutaciones que podemos observar alrededor nuestro» (L. Lucas).

«El movimiento es el estado NO DEFINIDO, de la fuerza general que anima a la naturaleza; el movimiento es una fuerza elementaria, la única que yo comprendo, y que hallo que debe utilizarse para explicar *todos* los fenómenos de la naturaleza. Porque el movimiento es susceptible de *más y de menos*; es decir, de condensación y de dilatación, electricidad, calor, luz.

»También es susceptible de COMBINACION de condensaciones. Por último, se encuentra en él la ORGANIZACION de estas combinaciones.

»El movimiento que se supone ACTIVO, *material e intelectualmente*, nos da la clave de todos los fenómenos.» (L. Lucas, *Medicine nouvelle.*)

«El movimiento que se supone no definido, es susceptible de *condensarse*, de *organizarse* y de concentrarse, o sea de *tonalizarse.*

»*Condensándose*, suministra una fuerza de relativo poder.

»*Organizándose*, se hace apto para conducir o dirigir órganos especiales y aun grupos de órganos.

»Por último, *reconcentrándose, tonalizándose*, le es factible reobrar sobre toda la máquina y dirigir el conjunto del organismo» (L. Lucas, *obr. cit.*).

«En el alma del Mundo, fluido ambiente que penetra todas las cosas, hay una corriente de amor o atracción y una corriente de cólera y de repulsión.

»Este éter electro magnético, del que estamos imantados, este cuerpo ígneo del Espíritu Santo, que renueva sin cesar la faz de la Tierra, está fijado por el peso de nuestra atmósfera y por la fuerza atractiva del globo.

»La fuerza de atracción se fija en el centro de los cuerpos y la de proyección en su contorno. Esta doble energía actúa por medio de espirales de los movimientos contrarios, que no se encuentran jamás. Es el propio movimiento que el del Sol, que atrae y rechaza sin cesar a los astros pertenecientes a su sistema. Cualquier manifestación de la vida, tanto en el orden moral como en el orden físico, se produce por la extrema tensión de dichas dos fuerzas» (Christian, *El hombre rojo de las Tullerías*).

El lector que experimente el noble deseo de saber, no nos reprochará haber dado estas notas que esclarecen el asunto mucho mejor que puedan evidenciarlo las más estudiadas disertaciones consagradas al tema.

Después de haber sentado la afirmación de la fuerza universal, Hermes aborda el Ocultismo práctico, la regeneración del Hombre por sí mismo, y de la Materia por efecto del Hombre regenerado.

Acerca del asunto se hallará una suficiente colección de detalles en el *Elixir de Vie*, libro publicado por un *chela* indio, y también en las obras de Mme. Blavatsky y como también en el *Ritual* de Eliphas Lévi.

Existe una cuestión que necesito tratar aquí para poder interpretar determinadas narraciones. Me refiero a la FILOSOFIA HERMETICA.

LA ALQUIMIA

Gracias al cuidado de los alquimistas, gran parte de los conocimientos de la Ciencia antigua no se han perdido, pudiendo llegar hasta nosotros. Por tanto, no podría tratar de los fundamentos de criterio que guían a estos investigadores, sin tratar íntegramente de la Ciencia Oculta.Ahora me limitaré a dar una idea general de las prácticas sobre las cuales están basadas las narraciones simbólicas.

No falta quien opine que es imposible conocer la práctica de la *Obra magna* sin fabricar la *piedra filosofal;* es un error.Los alquimistas describen perfectamente las operaciones que ejecutan. No son universalmente oscuros más que en una sola cuestión, y es a propósito de la materia usada en sus operaciones.

Pero antes de entrar de lleno en esta cuestión es indispensable contestar claramente a las siguientes:

¿Qué es la piedra filosofal?

¿Se trata de una superchería o, por el contrario, hay de su existencia irrefutables antecedentes?

Desde vieja fecha buscaba yo el testimonio de las transmutaciones, sin poder descubrirle en ninguna parte. No es que faltaran casos y ejemplos con relativa abundancia; pero habiendo sido realizados por alquimistas, se les podía tachar de fraude, careciendo, por consecuencia, de positivo valor ante la crítica científica.

Rebuscando en el notable volumen de Fignier *L'Alchimie et les Alchimistes*, obra en la que el autor se propone demostrar que la transmutación nunca se hizo, hallé tres hechos que constituyen precisamente tres irrefutables testimonios de la transformación de ciertos metales en oro puro. Los experimentos se realizaron en ausencia del alquimista, quien ni siquiera tocó los aparatos, y consta el detalle, en los tres, de que el operador era declarado enemigo de la Alquimia que de ningún modo aceptaba la existencia de la piedra filosofal.

La crítica de estos casos la publiqué en el número 3 de la revista *Le Lotus*, bajo el título de *La piedra filosofal probada por los hechos*, análisis que me permito recomendar a mis lectores, y demando a cuantos pretendan negar la realidad del fenómeno, que me presenten, antes de nada, una científica refutación de estos tres casos, que insisto en declarar completamente irrefutables.

La piedra filosofal son unos polvos que pueden ofrecer diversas coloraciones, según el grado de perfección que alcancen; pero que de una manera general aparecen en dos tonos: el rojo y el blanco.

La verdadera piedra filosofal es roja. Posee tres virtudes:

1º Transforma en oro el mercurio y el plomo en fusión, en cuya líquida masa se proyecte una pequeña cantidad. Digo en *oro* y no en un metal que se le asemeje más o menos, según ha pretendido, ignoro con qué razones, el químico contemporáneo Berthelot.

2º Constituye un depurativo enérgico de la sangre, y aplicada en uso interno, cura rápidamente cualquiera enfermedad.

3º Actúa de la propia suerte en los vegetales, a los que hace salir, desarrollar y fructificar en breves horas.

Ved otra parte, basta reflexionar un poco acerca del asunto para caer en la cuenta de que las tres cualidades son un solo fenómeno: el de acrecentamiento de la energía vital.

La piedra filosofal es, pues, pura y sencillamente, una enérgica condensación de la Vida en cierta pequeña cantidad de materia que actúa al modo de un fermento en los cuerpos en cuyo contacto se la pone. Basta una insignificante porción de levadura para que se transforme una gran cantidad de masa de pan; de la propia manera, basta un poco de piedra filosofal para que se desarrolle la vida encerrada en cualquier volumen de materia orgánica o inorgánica.

Por esto es por lo que los alquimistas han denominado a la piedra *medicina de los tres reinos.*

Ahora ya sabemos lo suficiente respecto de la piedra filosofal para reconocer su descripción en un simbólico relato y esto es lo que nos proponíamos conseguir.

Hablemos ya de su fabricación.

Ved en qué consisten las operaciones esenciales:

Sacar del mercurio corriente un fermento especial denominado por los alquimistas, *Mercurio de los filósofos.*

Hacer actuar este fermento sobre la plata, para obtener otro fermento.

Hacer actuar el fermento del mercurio sobre el oro puro, para conseguir un nuevo fermento.

Combinar el fermento sacado del oro, con el que se obtuvo de la plata y el mercurial, en un recipiente de vidrio verde, muy sólido y de forma ovoidea. Se tapará el matraz herméticamente y se le pondrá a recibir la acción del fuego sobre un hornillo especial que los alquimistas nombran *atanor.* Este hornillo no difiere de los demás en otra cosa que permitir que experimente el huevo de vidrio la acción intensa de la lumbre, de un modo especial y por mucho tiempo.

Durante la cocción, y sólo entonces; aparecen en la masa ciertos tonos de color, en los cuales se fundamentan los alquímicos relatos. La materia contenida en el huevo de vidrio, se pone de color negro primeramente, diríase que está en estado de putrefacción y es el que se designa con el nombre de *cabeza de cuervo*. De pronto, esta coloración negra se transforma en deslumbrante blancura. Este detalle del paso de lo negro a lo blanco, viene a ser una excelente piedra de toque para reconocer el valor de una historia simbólica que trata de la alquimia. La materia fijada en la entonación blanca, sirve para transmutar los metales impuros, que se convertirán en plata.

Si continúa la masa puesta a la acción del fuego, se ve el color blanco que desaparece poco a poco, y la materia pasa sucesivamente por varias entonaciones, recorriendo la gama del espectro solar, desde el violeta al rojo rubí. Entonces ha terminado la operación casi del todo.

Digo casi del todo, porque, en tales condiciones, diez gramos de piedra filosofal no transmutan más de veinte de cualquier metal.

Para perfeccionar la piedra es preciso volverla a meter en el huevo con un poco de mercurio de los filósofos y reanudar la cocción.

Si la hecha antes requiere un año para realizarse, la de ahora sólo dura tres meses y los colores vuelven a aparecer en la misma forma que aparecieron anteriormente. Ahora la piedra filosofal transmuta en oro diez veces su peso.

Vuelva a someterse a nueva cocción, que ya no dura más que un mes y la piedra podrá transmutar mil veces en vez de diez.

Por último, se vuelve a repetir la operación y entonces se obtiene la verdadera piedra filosofal, que transforma diez mil veces su peso en oro puro.

Las indicadas operaciones se denominan de *multiplicación de la piedra*.

Cuando se lee un texto alquimista es necesario saber a qué operación se refiere, porque

1º Si habla de la fabricación del *mercurio de los filósofos*, es indudable que resulta absolutamente incomprensible para las profanos.

2º Si habla de la fabricación de la piedra propiamente dicha, entonces se expresa claramente.

3º Si habla de la *multiplicación*, aún será más claro todavía.

Provisto de estas indicaciones, el lector puede abrir la obra de L. Figuier, y si no le repugna experimentar una grata y discretra alegría, vea lo expresado desde la página 8 a la 52. Hallará, que para él son claras y muy comprensibles las historias simbólicas que tan oscuras le parecen al autor, impulsándole a idear famosas explicaciones.

Como prueba, reproduzco la siguiente, que a Figuer le resulta puro grimorio.

«Es necesario comenzar cuando el sol se pone; cuando el marido Rojo y la esposa Blanca se unen en el espíritu de vida para vivir en el amor y la tranquilidad en la proporción exacta de agua y de tierra.	Introducción en el matraz, de forma de huevo, de los dos fermentos, activo o Rojo, y pasivo o Blanco.
Desde el Occidente adelántate a través de las tinieblas hacia el Septentrión.	Diversos grados de fuego.
Altera y disuelve el marido entre el invierno y la primavera cambia el agua en una tierra negra, y elévate, a través de los colores variados, hacia el Oriente donde se exhibe la luna llena. Después del purgatorio, aparece el sol blanco y radiante.»	Cabeza de cuervo,colores de la obra. Blanco.

Para analizar el sentido de un relato simbólico, es necesario siempre inquirir su significación hermética, que era la más oculta y que existe en todos casi seguramente. Como quiera que la naturaleza es siempre la misma, la propia narración que contiene los misterios de la *gran obra*, podrá significar también la marcha del Sol (mitos solares) o de la vida de un héroe fabuloso. Sólo el iniciado está en condiciones de recoger el tercer sentido (el hermético) de los viejos mitos, y en tanto, el hombre de ciencia no verá más que el primero y el segundo (sentidos físico y natural, marcha del Sol, Zodíaco, etc.) En cuanto al hombre sin cultura, al hombre del pueblo, es seguro que no verá más que el primero (historia de un héroe).

Las aventuras de Venus y de Vulcano, las de Marte u otras, son célebres entre los alquimistas, teniendo en cuenta su última significación.(Véase lo que escribe Ragon en sus *Fastes initiatiques*, *La Maçonnerie occulte*.)

Según todo lo expresado, se ve que para fabricar la piedra filosofal, es necesario tiempo y mucha paciencia. Quien no haya matado en sí el deseo de poseer el oro, jamás será rico, alquímicamente hablando. Basta, para convencerse, leer con atención las biografías de dos alquimistas del siglo XIX: Ciliani y Cambril (*Hermès dèvoilé* y *Cours d'Alchimie en dix-neuf leçons*).

II

Hemos expuesto con la suficiente extensión el primer modo que usaba el iniciado para comunicar sus ideas. Nos ocuparemos ahora de la segunda manera y de la forma en que se pueden emplear los signos geométricos y los astrológicos.

Nada resultará tan fastidioso y abrumador como la lista de correlaciones entre las figuras geométricas y los números, que se encuentra, más o menos completa, en los autores que tratan de la Ciencia oculta. Semejante aridez proviene de que no se han cuidado de esclarecer las razones en que se apoyan dichas correspondencias.

Para establecer la alianza de las ideas y las figuras geométricas, necesitamos una base de sólido desarrollo, que nos resulte conocida. Nuestro punto de partida serán los números.

Bastará recordar lo que he dicho al final del capítulo II, para comprender el desenvolvimiento de lo que sigue.

De la unidad salen todos los números y no son otra cosa que aspectos diferentes de la unidad, siempre idéntica a sí misma.

Del punto nacen todas las figuras geométricas, y todas ellas no son más que aspectos diversos del punto.

Observemos de pasada que la cábala se funde en la misma idea. Todas las letras nacen de una sola *iod* de la que vienen a ser la totalidad de aspectos, lo propio que la naturaleza exhibe los diversos aspector del creador. (Véase el *Sepher Jesirah*.)

La unidad (1) será analógicamente representada por medio del punto (.) .

El primer número al que da origen el 1, es el 2. La primera figura a la cual da origen el punto (.), es la línea (———).

El 2, pues, será representado por la línea (———) sencilla o doble (——— ———).

Tratando de la línea, otra consideración entra en juego: me refiero a la dirección.

Los números se dividen en pares e impares. Igualmente las líneas tienen dos direcciones principales.

La vertical (1) que representa el Activo.

I. la horizontal (———) que señala al Pasivo.

El primer número que reúne los opuestos 1 y 2, es el ternario (3). La primera figura completa, cerrada, es el triángulo Δ.

A partir de número 3, ya sabemos que las cifras numéricas recomienza la serie universal. 4 no es más que una octava diferente de 1.

Las siguientes figuras son meras combinaciones de los términos precedentes; ni más ni menos.

El *cuaternario* (4) será representado por fuerzas opuestas dos a dos; es decir, por líneas opuestas, dos a dos, en su dirección, así

$$4 \left\{ \begin{array}{ll} \text{2 fuerzas activas} & | \ | \\ \text{2 fuerzas pasivas} & = \end{array} \right\} = \square$$

Cuando se quiere representar una producción determinada por el 4, se cruzan las líneas activas y pasivas de forma que señalen el punto central de convergencia. Resulta la figura de la cruz, imagen de lo Absoluto.

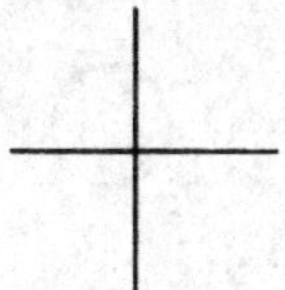

Al número 5, corresponderá la estrella de cinco puntas, simbolizando la inteligencia (cabeza humana) directora de las cuatro fuerzas elementales (los cuatro miembros)

El (6) = 3 + 3 = △ ▽ = ✡ o

o sean los dos ternarios; positivo el uno y negativo el otro.

El (7) = 4 + 3 = □ △

El (8) = 4 + 4 = □ □ o ✳

El (9) = 3 + = 3 + 3 △ △ △

El 10 = ciclo eterno ○

Hemos dicho que cada número representa una idea y una forma. Vamos a evidenciar este serie de correlaciones.

Número	IDEAL	FORMA
1	El Principio	
2	El antagonismo	— —
3	La idea	△
4	La forma. La adaptación	□ +
5	El Pentágrama	☆
6	El equilibrio de las ideas	△ ▽
7	Realización de la alianza de la idea y la forma	△ □
8	Equilibrio de las formas	□ □ ✳

9	Perfección de las ideas	△ ✡
10	Ciclo eterno	○

Los iniciados emplean igualmente otros signos que es necesario conocer. Son los que distinguen a los planetas. Resultan de tanta mayor importancia, cuanto que cada uno de ellos puede explicarse por medio de lo geometría cualitativa, a la que antes nos hemos referido. (Véase *Monas Hieroglyfica, de Jean Dee, in Theatrum chemicum*). Pero no acometeré aquí este estudio que nos llevaría muy lejos, sin reportar beneficios inmediatos, y me ceñiré a ocuparme únicamente de su generación.

El activo y el pasivo están representados en los planetas por el Sol y la Luna.

Su influjo recíproco da origen a los cuatro elementos, figurados por medio de la cruz.

Saturno, es la luna dominada por los elementos.

Júpiter, son los elementos dominados por la Luna.

Marte, es la parte ígnea del signo zodiacal Aries actuando sobre el Sol.

Venus, es el Sol dominando a los elementos.

En fin, la sínteses de todos los signos precedentes, es Mercurio que contiene en sí al Sol, la Luna y a los elementos.

En el capítulo VI volveremos a ocuparnos del gran pentáculo alquímico.

Si la utilidad de estos signos no se ve a primera vista, es incuestionable que la tienen, y en lo que sigue podremos ver la aplicación.

Para acostumbrarnos al manejo de estos modos de representar, traduzcamos al idioma geométrico las primeras frases de la TABLA DE ESMERALDA.

La verdad en los tres mundos

Lo que está arriba es
como lo que está abajo

Para realizar los milagros
de una sola cosa

Y como todas las han sido, y son,
procedentes de uno

Lo mismo, todas las cosas nacieron en esta cosa única, por adaptación. (La cruz es el signo de ella.)

III

Si tratamos de hablar extensamente acerca de las historias simbólicas, tercer método usado en la antigüedad, habría que recorrer toda la mitología. Y aparte de que esta labor ha sido ya realizada (Ragon,*La Maçonnerie occulte*), el espacio de que aquí disponemos no nos permite efectuarlo.

No obstante, no he de finalizar este capítulo, sin reproducir a continuación algunos párrafos que demuestran claramente de qué manera los traductores de la Biblia han caído en el error de atenerse en el texto a su sentido material. Fabre d'Olivet, protesta justificadamente contra semejantes interpretaciones. Saint–Yves d'Alveydre esclarecerá aún mejor este asunto, rehabilitando el modo de pensar de Moisés.

«Para redimir al legislador de los hebreos de las calumnias teológicas de que fue víctima en lo referente al Padre del Género Humano, ruego al lector me acompañe a levantar el triple velo a que he aludido.

»A semejanza de IEVE, masculino y femenino como el Adán, éste tiene una significación bastante más amplia que la que formulan los naturalistas, a su pesar, cuando queriendo aludir a la Potencia cosmogónica que especifica el hombre, considerado como individuo físico, la denominan el Reino Hominal.

»Adán es el hierograma de este principio universal y representa el alma inteligente del propio Universo, Verbo Universal que anima el conjunto de los sistemas solares, no solamente en el Orden Visible, sino que también, y sobre todo, en el Orden invisible.

»Cuando Moisés habla del principio animador de nuestros Sistema solar, no es a Adán a quien menciona, sino a Noab.

»Sombra de IEVE, pensamiento viviente y Ley orgánica de los Elohim, Adán es la Esencia celeste de donde emanan todas las Humanidades pasadas, presentes y futuras, no solamente aquí abajo, sino que también a través de la inmensidad de los cielos.

»El Alma universal de Vida, Nephesh Haiah de esa sustancia homogénea que Moisés llama Adamah, es lo que Platón distingue con la calificación de Tierra Superior.

»Aquí yo nada interpreto; me limito a expresar literalmente el pensamiento cosmogónico de Moisés, porque tal es el Adán de los santuarios de Tebas y del Bereschit, el Gran Hombre Celeste de todos los antiguos templos, desde la extremidad de las Galias hasta el fin de las Indias» (Saint–Yves d'Alveydre).

«La famosa serpiente del supuesto jardín de delicias, no quiere significar otra cosa en el texto egipcio de Moisés que lo que Geoffroy Saint-Hilaire acaba de definir (la atracción de sí para sí mismo): Nahash, la atracción original cuya expresión jeroglífica era una serpiente dibujada de cierto modo.

»El nombre Haroum, al que el legislador de los Hebreos hace que siga el hierograma precedente, es el famoso Hariman del primer Zoroastro, y significa el entrenamiento universal de la Naturaleza naturada que origina el principio precedente" (Saint–Yves d'Alveydre, *Mission des Juifs*.)

«En cuanto al imaginado Edén, véase lo que quiere expresar el texto hermético de Moisés, sacerdote de Osiris:

»Gan-Bi-Heden, residencia de Adán-Eva, significa el Organismo de la Esfera Universal del Tiempo, la Organización de la Totalidad de lo que es temporal.

»Los famosos ríos en número de cuatro en uno; es decir, que forman un cuaternario orgánico, no se refieren al Tigris y al Eufrates, ni más ni menos que al Tíber, al Sena o al Támesis, porque, lo diremos otra vez, los diez primeros capítulos del Génesis, componen una cosmogonía y no una geografía.

»Por consecuencia, esos supuestos ríos, son en realidad otros tantos fluidos universales, que partiendo de Gan, la Potencia orgánica por excelencia, inundan la Esfera temporal, Heden, el Tiempo sin límites de Zoroastro, situada también entre dos Eternidades; la una anterior Kaedem, y la otra, posterior a Ghôlim. (Idem, *obra citada*).

Voy a evidenciar, valiéndome de las etimologías fenicias de algunos nombres mitológicos griegos, la real importancia que tienen los nombres propios, para esclarecer racionalmente la mayoría de los antiguos mitos.

EURIDICE

Euridice (roh) Visión, claridad, evidencia.

(*Dieh*), lo que indica o enseña procedimientos de ϵ ν (*bien*).

«El nombre de esta misteriosa esposa no significa más que la doctrina de la verdadera ciencia, la enseñanza de lo que es bello y verdadero, y con lo que Orfeo procura enriquecer a la tierra. Pero el hombre no puede contemplar la verdad, antes de haber llegado a la luz intelectual sin perderla: si se atreve a mirarla en las tinieblas de su razón, se desvanece. Ved lo que significa la fábula que todos conocemos de Euridice, vuelta a encontrar y perdida» (Fabre d'Olivet).

ELENA – PARIS – MENELAO

Elena (La Luna)	{ idea de esplendor de gloria, de elevación

Esta Elena, cuyo nombre aplicado a la Luna, significa la resplandeciente, es la mujer que Paris rapta a su esposo Menelao, y simboliza al alma humana, que seduce el principio de la Generación y le sustrae al dominio del Pensamiento, y a propósito de lo cual las pasiones morales y las físicas entran en pugna y se declaran la guerra.

Paris Π∞ρτσ	(*Bar* o *Parh*) Toda generación, propagación, extensión (*Ish*). El Ser principio.
Menelao Μευελ∞ ος	(*Men*) todo lo que determina, regula, define a una cosa. La facultad racional, la razón, la medida (latín *Mens Mensura*). (*Aôssh*) principio actuante, delante del cual se pone el prefijo (*L*) para expresar la relación genitiva. MENCH-L-AOSH. La facultad racional o reguladora del Ser en general, del hombre particularmente.

ALGUNOS SIGNIFICADOS DE NOMBRES PROPIOS

θεοσ (Aôs) un Ser principio precedido de la letra hemántica π (θ TH), que es el signo de la perfección.

Ηρωασ Precedido de (*herr*), expresando todo lo que domina.

Δ∞μωυΔηη. La Tierra, reunido a la palabra ωυ la existencia.

Εον (Αιων) (*Al*) un principio de voluntad, un punto central de desarrollo.

(*Iôn*) La facultad generadora.

Esta última palabra ha significado, en sentido restringido, una paloma y fue el símbolo de Venus. Es el famoso *Yoni* de los indios y aun también el *In* de los chinos; es decir, la naturaleza plástica del Universo. De esto procede el Nombre de YONIA, dado a la Grecia.

Poesía ποιησισ	(*Phohe*) Boca, voz, lenguaje, discurso. (*Ish*) Un ser superior. Un ser principio a semejanza de Dios
Apolo	(*Ab* o *Ap*) unido a Wôlon. El padre universal, infinito, eterno.
Dionisios Διονυσοσ	Διοσ, El dios viviente (genitivo). Υουο El espíritu y el Entendimiento. El Entendimiento de Dios vivo.
Orfeo	(*Avur*) La Luz. (*Rophwe*) Lo que se exhibe o se enseña, precedido de ev (bien). Que se exhibe o enseña la Luz.
Hércules	(*Harr* o *Sharr*) Excelsitud, soberanía.

Fabre d´Olivet

CAPITULO V

LA EXPRESION ANALITICA DE LAS IDEAS

La expresión analítica de las ideas .– Cuadros analógicos. – La magia. – Las diez proposiciones de *Isis sin velo* de H. P. Blavatsky. – Cuadro mágico del cuaternario de Agrippa. – La Astrología. – Lectura de los cuadros analógicos. – Adaptación del ternario.

En todos los métodos que usa el iniciado para expresar sus ideas, jamás hemos visto que sufran la menor variación las formas generales de exponer. Cambia, sí, el valor de los signos empleados: pero a eso se reduce todo.

¿Qué habrá de hacerse para desarrollar en armonioso conjunto, las correlaciones que existen entre los sujetos tratados?

En cualquier tratado de ocultismo hallaremos frecuentemente frases como la que sigue:

El águila corresponde al aire,

expresión que resultará incomprensible mientras no tengamos su clave.

La clave está en determinada forma de exposición, establecida en consonancia con el método de la Ciencia oculta: la Analogía.

Este método consiste en expresar las ideas de tal suerte que permitan al observador recoger, al primer golpe de vista, las relaciones que existen entre la ley, el hecho y el principio del fenómeno estudiado.

Así que dado el hecho, inmediatamente podréis descubrir la ley que lo gobierna, y la relación que exista entre esa ley y otros hechos.

Como es innegable que dos cosas (HECHOS) análogas a una tercera (LEY), son análogas entre sí, sencillamente descubriréis la relación que existe entre el hecho observado, y uno cualquiera de los otros fenómenos.

Es evidente que este método analiza y esclarece las narraciones simbólicas. Por tal causa, nunca fue empleado fuera de los templos y de las conversaciones entre el maestro y el discípulo. En él se basa la construcción de ciertos cuadros, que se disponen de determinada manera.

Para descubrir la clave del sistema, trataremos de reconstituirle en todas sus partes.

La lectura de un relato simbólico revela que contiene tres sentidos o interpretaciones.

Primeramente uno positivo, expresado por los propios detalles de la historia narrada: un hijo es el producto de la reunión del padre y de la madre. Luego observo otro, expresado en las relaciones que enlazan a los personajes: relación entre la luz, la sombra y la penumbra. Y, por último, veo una significación hermética, y por lo mismo muy general: ley de producción de la Naturaleza; el Sol y la Luna originando a Mercurio.

La ley que domina en todo esto es la ley del Tres. Los principios son: el activo, el pasivo y el neutro.

Para descubrir las relaciones que existen entre estos tres hechos, *Producción del Niño*, *Producción de la Penumbra*, *Producción del Mercurio*, las escribiré por su orden consignando claramente cuál es el principio activo, cuál el pasivo y cuál el neutro, de la siguiente manera:

+	—	∞
Padre	Madre	Hijo
Luz	Sombra	Penumbra
Sol	Luna	Mercurio

Basta dar un vistazo a la seriación construida para observar que las relaciones están perfectamente señaladas. Todos los principios activos de los hecho marcados, se alinean bajo el signo +, que a todos gobierna. Cosa igual ocurre con los principios pasivos y neutros. Todos los hechos están ordenados en la propia disposición, siguiendo la línea horizontal y de manera que leyendo este cuadro verticalmente, se tienen las relaciones de los principios entre sí, y leyéndolo horizontalmente se observan las relaciones entre los principios y los hechos. De la consideración del conjunto se desprende la Ley general:

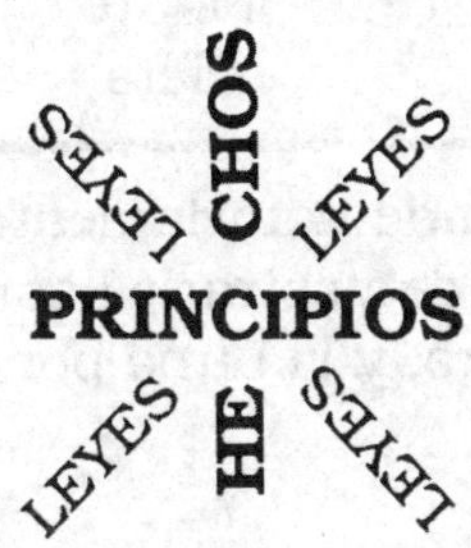

Una consecuencia importante que se deduce de esta disposición, es que como todos los hechos están gobernados por la misma ley, deberán ser análogos entre sí y se podrán reemplazar los unos por los otros, teniendo el cuidado de escoger para sustituir una palabra, otra regida por idéntico principio.

En esto se engendra la confusión de muchas personas cuando ven dos hechos aparentemente discordantes, que se enlazan en párrafos como el que sigue:

Nuestro mercurio andrógino es el hijo del Sol barbudo y de su compañera la Luna.

¿Qué relaciones pueden existir entre dicho metal, los planetas y la generación que se les atribuye? Y sin embargo, esto no es más que una aplicación de los cuadros analógicos, porque

Mercurio andrógino (El Hijo) } Es el Neutro

El Sol Barbudo (El padre)	Es el Activo
La Luna compañera (La Madre)	Es el Pasivo

Véanse sus correlaciones:

+	—	∞
Sol	Luna	Mercurio
Padre	Madre	Hijo
Oro	Plata	Mercurio

De ellas se desprende notoriamente lo que el alquimista se propuso decir, y para demostrarlo basta cambiar la palabra Sol por su equivalente Oro, y la Luna por Plata. La frase entonces dirá:

Nuestro mercurio andrógino es el hijo del Oro y de la Plata.

Por lo demás, si recordáis lo que he dicho en el capítulo anterior respecto de la Alquimia, comprenderéis lo aquí tratado, sin dificultad alguna.

Otras frases resultan igualmente de fácil reducción, para quien conozca sus correlaciones, permaneciendo incomprensibles ante la curiosidad estéril de los profanos.

El alquimista no dirá nunca cambio lo sólido en líquido, sino *cambio la tierra* (*sólido*) *en agua* (*líquido*).

La gente poco documentada en estos estudios tomaron al pie de la letra las frases alquímicas y así, al leer.

Cambiarás el agua en tierra, y separarás la tierra del fuego

se han arruinado antes de que encontraran el modo de convertir el agua en humus, o de separar la tierra del fuego. Esta clase de gente no ha contribuido poco a lanzar sobre la Ciencia oculta el descrédito que la rodea aun hoy en día. No es necesario molestarse mucho para encontrar personas instruidas que gravemente sostienen que la Física de los antiguos no pasaba del estudio de los cuatro elementos: tierra, agua, aire y fuego. Esas son, precisamente, las que hallan y juzgan tan oscuros los libros herméticos, y con razón, por lo que se refiere a su caso.

Si se ha comprendido bien el uso del método analógico, se verá en seguida, la importancia que tienen los cuadros, donde se indican las correlaciones existentes entre diversos objetos.

Dichas correlaciones resultaban de una utilidad extrema en la práctica de determinadas ciencias antiguas, y entre ellas la Magia y la Astrología.

Es tal la masa de prejuicios que se ha formado respecto de dichas ciencias, que juzgo necesario dar algunas explicaciones referentes acerca de las mismas.

LA MAGIA

La Magia consistía en la realización de las propiedades psíquicas que se habían adquirido en el transcurso de los diversos grados de la iniciación.

Habiendo comprobado los antiguos la difusión universal de la Vida, averiguaron la universal influencia de la Voluntad. Su desarrollo es el objeto que ha de proponerse todo hombre que aspire a dominar las fuerzas de la Naturaleza.

Pero ¿se pueden someter estas energías?

Ciertamente. Mas como quiera que tal afirmación sorprenderá en alto grado y que pugna con las ideas contemporáneas, voy a dar los siguientes detalles, a título de pura información, sin declarar mi parecer en pro ni en contra.

Asegúrase que el mundo sensible por todas partes está compenetrado por otro mundo, cuya esfera escapa a la acción de los sentidos y sus percepciones. El mundo visible viene a ser un duplicado del invisible, y éste es la morada de una multitud de seres espirituales que se dividen en varias categorías.

Los unos son insensibles al bien y al mal; pero pueden convertirse en instrumentos de ambos. Se les denomina espíritus elementarios o Elementales.

Los otros son vitales vestigios de hombres imperfectamente desarrollados, de voluntades perversas, y también los suicidas forman un conjunto que recibe el nombre de *larvas*.

Constantemente les guía un solo estímulo: el del deseo que jamás ven colmado.

Por último, en este mundo invisible, están nuestras ideas y pensamientos, que allí perduran como si fuesen positivos seres vivientes.

«Cada pensamiento del hombre en el momento de generarse, pasa al mundo interior donde se convierte en una entidad activa, por su asociación, por lo que podríamos llamar su fusión, con un ELEMENTAL; es decir, con una de las fuerzas semiinteligentes de los reinos de la Naturaleza.

»Sobrevive como una inteligencia activa esta criatura engendrada por el espíritu, durante un período de tiempo más o menos largo, según fuere la intensidad original de la acción cerebral que le dio nacimiento.

»De tal suerte, un buen pensamiento se perpetúa como un poder activo y bienhechor, y uno malo, como un demonio productor de males. Así el hombre puebla sin cesar el ambiente, el espacio de un mundo que le es propio, donde pululan los engendros de su fantasía, de sus deseos, de sus apetitos y de sus pasiones: esta corriente reobra, en proporción de su intensidad dinámica, sobre toda organización sensible o nerviosa que se ponga en contacto.

»El budista la llama su SHANDBA, el indio la nombra KARMA. El adepto maneja conscientemente esas formas: los demás seres humanos las dejan ir, sin darse cuenta de que existen» (Sinnet, *El Mundo Oculto*).

El agente por medio del cual se actúa sobre estas fuerzas intelectuales es la Voluntad. Puede verse en el Capítulo III, que las facultades humanas, por sí mismas, son indiferentes al bien y al mal: su alcance y efectos varía según el impulso que les imprime la Voluntad. Lo propio, absolutamente, ocurre con relación a los seres elementarios.

Ocurre a veces que algunos hombres abandonan por completo el uso de su poder volitivo y buscan la manera de entrar en relación con el Mundo Invisible.

Sucede en estas circunstancias, que las creaciones perversas, las *larvas* hallan el modo de intensificar su débil existencia, absorbiendo la de sus víctimas; antes formaban las huestes de la brujería y hoy forman las huestes del *mediumismo* de los espiritistas.

La diferencia que separa a un Mago de un brujo, es que el primero sabe bien lo que hace y que de ello ha de resultar, y el segundo lo ignora completamente.

Lo importante en estas acciones es la Voluntad: todas las tradiciones coinciden en dicha afirmación, como observa Fabre d'Olivet:

«Hierocles, después de haber expuesto este primer modo de explicar los versos de que se trata, toca al segundo, ligeramente, diciendo que la Voluntad del hombre puede influir en la Providencia cuando la que actúa es un alma poderosa que cuenta con el apoyo del cielo para operar bajo su divina tutela.

»Esto constituyó una parte de la doctrina enseñada en los Misterios, de lo que se prohibía la divulgación entre profanos. Según esa doctrina, cuyas huellas, muy evidentes, se pueden hallar en los escritos de Platón, la Voluntad exaltada por la fe, podría subyugar a la propia Necesidad, ordenar a la Naturaleza y hacer milagros. La Voluntad es el principio sobre el que se apoya la Magia de los discípulos de Zoroastro. Jesús, cuando parabólicamente dice que con la fe se transportan las montañas, no hace más que seguir la tradición teosófica conocida por todos los sabios. La rectitud de corazón y la fe triunfan contra todos los obstáculos, decía Kong-Tze; cualquier hombre puede hacerse igual a los sabios y a los hérores, cuya memoria reverencian las naciones, enseña Meng-Tze; nunca ocurre que sea el poder lo que falta; lo que suele no existir es la voluntad: cuando positivamente se quiere algo, ese algo se consigue.»

Estas ideas de los teósofos chinos también aparecen en los viejos textos indostánicos y aun en algunos escritores de los países de Europa, quienes, como ya lo he dicho antes, carecían de la necesaria erudición para que se les pudiera tachar de imitadores.

«Cuando más grande es la Voluntad, dice Boehme, más grande es el ser dueño de ella y más poderosamente inspirado resulta. La voluntad y la libertad son una misma cosa» (Fabre d'Olivet, *Vers dorés*).

Las relaciones del mundo visible con el invisible, fueron aplicadas a todos esos seres incorpóreos y los Magos se dieron especiales denominaciones que suponían valederas para llamarles.

Su ayuda no servía más que para una cosa: para condensar alrededor del adepto mayor cantidad de Fuerza universal de Movimiento, mediante lo que podría producir resultados en proporción con la intensidad de sus psíquicas facultades.

«El cerebro humano es un generador inagotable de fuerza cósmica de la calidad más sublimada, que extrae de la energía inferior de la naturaleza bruta: el adepto completo hace de sí mismo un centro de irradiación de virtualidades, de donde nacerán correlaciones y correlaciones, en el transcurso de las edades venideras.

Tal es la clave del misterioso poder que posee para proyectar y materializar en el mundo visible las formas que su imaginación ha construido en lo invisible, valiéndose de la materia cósmica inerte.

El adepto no crea nada nuevo: no hace más que usar, manipulando con ellos, los materiales que la naturaleza ha almacenado a su alrededor, la materia prima que, durante eternidades, ha pasado a través de todas las formas. No tiene que preocuparse más que de escoger la que le convenga y llamarla a la existencia objetiva. Pero esto que digo, ¿no resultará a vuestros SABIOS biólogos, el ensueño de un trastornado?» (Kouth-Houmi, *Obra citada*).

Las relaciones de lo invisible con lo visible habían sido ensanchadas hasta tocar en los más extremos límites, de una forma tan perfecta, que se sabía cuál era el camino o cadena que recorre cualquier objeto, sea el que fuere para remontarse a la inteligencia a quien debe su estructura. Por esto se usaban determinadas cosas y determinados signos, con el propósito de fijar la voluntad en la realización de las operaciones mágicas.

Esas cosas no eran ni servían más que como punto de apoyo, en el cual se afianzaba la voluntad del adepto para influir como un potente imán sobre la fuerza universal.

El adepto no puede obtener ni producir nada que fuere contra naturaleza, el milagro, en una palabra, por la sencilla razón de que el milagro no existe.

Para esclarecer este asunto, creo que lo mejor es reproducir las conclusiones de Mme. Blavatsky en su obra *Isis sin velo.*

«1º No existen los milagros: todo cuanto ocurre es efecto de una LEY eterna, inmutable, siempre activa. El milagro aparente, no es otra cosa que una operación de fuerzas antagónicas, a las que el doctor B. Carpenter (miembro de la Royal Society), hombre de grandes conocimientos, pero de poco saber, denomina las leyes bien demostradas de la Naturaleza.

»Como muchos de sus compañeros, el doctor Carpenter ignora un detalle: que pueden existir Leyes que antes fueron conocidas, y que, sin embargo hoy ignora la Ciencia.

»2º La naturaleza es *triuna.*[1]

1º Naturaleza visible u objetiva.
2º Naturaleza invisible, oculta, naturante, modelo exacto y principio vital de la otra.
3º Por encima de ambas está el Espíritu, que es origen de todas las fuerzas, eterno e indestructible.

»Las naturalezas inferiores cambian constantemente; la más elevada, jamás.

»3º El hombre es también TRI-UNO.

1º El cuerpo físico, hombre objetivo.
2º El cuerpo astral, vitalizante o alma: es el hombre real.
3º Estos dos elementos están tonalizados e iluminados por un tercero, el Espíritu inmortal.

»Cuando el hombre real llega a fundirse en el seno del último elemento, el Espíritu se transforma en una entidad inmortal.

1 La división ternaria es la base de todo el esoterismo. De todas suertes, este ternario, llega a su pleno desarrollo en la constitución septenaria de la Naturaleza (Papus).

»4º Considerada la Magia como Ciencia, es el conocimiento de estos principios y de la vía por donde la omnisciencia y la omnipotencia del Espíritu, y su control sobre las fuerzas de la Naturaleza, pueden ser adquiridas, en un período en que el investigador aún vive en un cuerpo carnal perecedero.

»Considerada como arte, la Magia es la aplicación a la práctica de los indicados conocimientos.

»5º El torcido conocimiento de los arcanos, constituye la brujería; cuando estos misterios se enlazan con la idea del BIEN, forman la verdadera Magia.

»6º El médium es la antípoda del adepto. Aquél es un pasivo instrumento de influencias extrañas; el iniciado actúa *activamente* en sí mismo, y domina a todas las potencias inferiores.

»7º Todo lo que es, lo que ha sido y será, estando estereotipado en la luz astral (que son las tablas del universo invisible), el iniciado puede leerlo, valiéndose del poder de visión de su propio espíritu, para saber cuanto haya pasado y deba pasar.

»8º Las razas humanas difieren en la cuestión de dones espirituales, como difieren en los caracteres físicos (color, estatura, etc.). En determinados pueblos, las videntes existen naturalmente, en otros aparecen los médiums.

»En algunos la gente se entrega a la práctica de la brujería, y de generación en generación, se transmiten las reglas secretas de los procedimientos maleficiadores. Estas reglas dominan un cuadro de fenómenos psíquicos, más o menos amplio.

»9º Constituye un aspecto de la habilidad mágica, la extracción voluntaria y consciente del hombre interior (forma astral), para proyectarla fuera del hombre externo (cuerpo físico).

»En el caso que ofrecen determinados médiums, dicha salida se efectúa, sí, pero de una manera involuntaria e inconsciente. En ellos el cuerpo aparece más o menos cataleptizado durante la realización del fenómeno; pero cuando se trata de un iniciado, nada indica la salida y ausencia de la forma astral, pues los sentidos físicos perduran vigilante y el adepto parece que está abstraído, *con el pensamiento en otra parte*, como se dice vulgarmente.

»Ni el tiempo ni el espacio ofrecen dificultades a las peregrinaciones del cuerpo astral. El taumaturgo experimentado en cuestiones de ciencia oculta, puede hacer las cosas de manera que resulte que desaparece su cuerpo físico, o que tome el aspecto y forma que al adepto le conviene. Puede hacer visible su forma actual y darle proteicas condiciones. En ambos casos, el efecto reconoce por causa una alucinación mesmérica colectiva de las percepciones de todos los circunstantes. Esta alucinación es tan perfecta, que quien le sufre jurará toda la vida que lo que vio fue verdad, aunque realmente sólo ha sido una pintura espiritual trazada en un intelecto por la voluntad irresistible del mesmerizador.

»Mientras que la forma astral puede ir y venir por todas partes, transponer cualquier obstáculo y ser vista a cualquier distancia del cuerpo físico, éste continúa supeditado a las condiciones ordinarias de transporte. Cierto que ofrecerá el fenómeno de la levitación cuando entre en estados magnéticos especiales; pero, de todas maneras, no puede cambiar de sitio si no es de la manera vulgar que todos conocemos.

»La materia inerte, en determinadas circunstancias y condiciones, puede ser desintegrada, pasar a través de los muros y luego volver a su anterior estado de corporeidad tangible: pero nada de esto se puede lograr cuando se trata de cuerpos vivientes.

»Los swedenborgianos creen, y la ciencia iniciática enseña, que frecuentemente el alma abandona el cuerpo vivo, y que cada día, en cada condición de existencia, tropezamos con estos cadáveres vivientes. El caso puede ser efecto de causas distintas, entre las cuales figuran el miedo, el dolor, un estado de intensa desesperación, y ciertos padecimientos y dolencias.

»En la *cáscara* vacía que queda, puede entrar y vivir la forma astral de un iniciado brujesco o de un *elementario* (alma humana desencarnada, ansiosa de proseguir la vida terrestre) y también, aunque sea más infrecuente el caso, un *elemental.*

Un adepto de la Magia Blanca, tiene, indudablemente, el propio poder; pero hecha excepción de las ocasiones en que tenga el deber de ejecutar algo imprescindible y de importancia extraordinaria, nunca quiere apoderarse del organismo de una persona ausente e impura.

»En la locura, el ser astral del alienado está medio entorpecido, perturbado y sujeto a la influencia de toda clase de espíritus que se avecinen o ausenten del cuerpo de modo definitivo. Entonces el organismo está ocupado por alguna entidad vampírica, en proceso de desintegración, que se adhiere desesperadamente a la existencia, ansiosa de saborear los placeres sensuales, que prolonga un poco más, valiéndose del indicado arbitrio.

»10º La piedra angular de la Magia es un práctico y profundo conocimiento del magnetismo y la electricidad, de sus cualidades, de sus correlaciones y potencialidades.

»Sobre todo, lo que resulta imprescindible, es llegar a familiarizarse con sus efectos en y sobre el reino animal y ser humano.

»Existen propiedades ocultas, tan sorprendentes como las del imán, en muchos otros minerales, que los expertos en Magia deben conocer; propiedades que la ciencia dicha exacta ignora aún totalmente.

»Igualmente, los vegetales, tienen, en alto grado, propiedades místicas, y los secretos de las hierbas del sueño y de los encantos no se han perdido más que para la ciencia europea, que los desconoce, si se exceptúan los ejemplos del opio y del haschich. Y aun resulta que los efectos psíquicos de reducido número de plantas, se consideran como casos de desorden mental pasajero. Las mujeres de Tesalia y Epiro, y las hierofantes de los ritos Sabasios, no se llevaron muchos secretos de dicha especie cuando cayó el templo. Siempre se han conservado, y los que conocen la naturaleza del Soma, saben también cuáles son las propiedades de otras plantas.

»Resumiendo:

»*La magia es la sabiduría espiritual*: la Naturaleza es la aliada material, la pupila y la servidora del Mágico. Un principio vital común llena todas las cosas, y este principio experimenta la dominación de la voluntad humana que ha llegado a la perfección.

»El adepto puede estimular los movimientos de las fuerzas naturales en las plantas y en los animales, hasta un grado sobrenatural.

»Tales acciones, lejos de obstruir el curso de la Naturaleza, actúan, al contrario, en concepto de ayudante, y suministran las condiciones de una acción vital más intensa.

»El adepto puede dominar las sensaciones y alterar las condiciones de los cuerpos físicos y astrales de las demás personas no pertenecientes al adepto. Puede, también, gobernar y emplear como quiera a los espíritus de los elementos (elementales): pero no puede ejercer ninguna acción sobre el ESPIRITU INMORTAL, de ningún ser humano vivo o muerto, porque esas entidades espirituales son todas, por igual, chispas e la esencia divina, que no pueden ser supeditadas por ningún influjo extraño»(H.P. Blavatsky).

Este notable fragmento arroja viva luz sobre los arcanos de las prácticas de la Magia, así como también sobre los fenómenos que en nuestros días obtienen los espiritistas. De todas formas, es interesante buscar el origen de las teorías, referentes a los intermediarios entre el hombre y lo invisible. Me permitiré reproducir algunas palabras de Fabre d'Olivet.

«Pitágoras designó a Dios con el 1, a la Materia con el 2 y al Universo con el 12, que resulta de la unión de ambas cifras. Este número se forma multiplicando el 3 por el 4; es decir, que dicho filósofo imaginaba al Mundo universal como un compuesto de tres mundos particulares, que, encadenándose entre sí por medio de cuatro modificaciones elementales, se desarrollan en doce esferas concéntricas.

»El Ser inefable que llena estas doce esferas, sin ser abarcado por ninguna, es Dios. Pitágoras le daba por alma la verdad y por cuerpo la luz. Las inteligencias que pueblan los tres mundos, eran: primeramente, los Dioses inmortales propiamente dichos; después, los héroes glorificados, y, por último, los Demonios terrestres.

»Los Dioses inmortales, emanaciones directas del Ser increado y manifestaciones de sus facultades infinitas, se denominaban así porque no podrían jamás caer en el olvido de su Padre, ni vagar en las tinieblas de la ignorancia y la impiedad. En cambio, las almas de los hombres que originan, según su grado de pureza, a los héroes glorificados y los demonios terrestres, pueden morir, en ocasiones, para la vida divina, por virtud de su voluntario alejamiento de Dios, pues la muerte de la esencia intelectual, según Pitágoras, imitado en esto por Platón, no era más que la ignorancia y la impiedad.

»De acuerdo con el sistema de las emanaciones, se concebía la unidad absoluta en Dios, como alma espiritual del Universo, como el principio de la existencia, como la luz de las luces. Se creía que esta Unidad, inaccesible al propio entendimiento, producía por emanación una difusión de luz que marchando desde el centro hacia la circunferencia, iba apagando insensiblemente su brillo y perdiendo su pureza hasta tocar en los confines de las sombras, en las cuales terminaba por perderse. De forma que sus divergentes rayos cada vez eran menos espirituales, y rechazados por las tinieblas se condensaban al mezclarse con la oscuridad, tomando forma corpórea de la que salen todas las especies de seres que el Mundo encierra.

»De esta suerte se admitía que entre el Ser supremo y el hombre existe una cadena innumerable de entidades intermediarias, cuyas perfecciones decrecen en porporción directa con su alejamiento del Principio creador.

»Todos los filósofos y todos los sectarios que admitieron esta jerarquía espiritual, consideraron, desde los puntos de vista que les eran propios, a los distintos seres que la componen. Los Magos de Persia veían una serialización de genios más o menos perfectos y les adjudicaron nombre correspondientes a sus perfecciones de que se valían para evocarlos. De esto proviene la Magia de los persas, recibida por los indios durante su período de la cautividad en Babilonia, a la que denominaron Cábala. A esta Magia se incorporó la Astrología de los caldeos, quienes consideraban a los astros seres animados pertenecientes a la cadena universal de las emanaciones divinas. En Egipto se mezcló con los misterios de la Naturaleza y se encerró en los santuarios donde los sacerdotes la enseñaban bajo el disfraz de los símbolos y los jeroglíficos. Pitágoras, imaginando esta jerarquía universal como una progresión geométrica, supuso que la componen seres sometidos a relaciones armónicas y estableció las leyes del Universo por analogía con las de la música. Denominó armonía al movimiento de las esferas celestes, y se sirvió de los números para expresar las facultades de entidades diferentes, sus relaciones y sus influencias. Hierocles hace mención de un libro sagrado que se atribuye al dicho filósofo, en el cual nombra a la Divinidad el *Número de los Números*.

»Platón, que algunos siglos después considera estos seres como ideas y tipos, trataba de escudriñar su estructura y de someterles por eficacia de la dialéctica y del poder del pensamiento.

»Sinesio, que reunía la doctrina de Pitágoras a la de Platón, llamada a Dios unas veces el Número de los Números, y otras, Idea de las Ideas. Los gnósticos daban a los seres intermediarios el nombre de Eones. Este nombre, que significa en egipcio un Principio de Voluntad, desarrollándose por virtud de una facultad plástica, inherente, se aplica en griego a una duración indefinida» (Favre d'Olivet, *Vers dorés*).

Otra cuestión, que quiero abordar, siquiera sea ligeramente, antes de pasar adelante, es la predicción de los acontecimientos futuros. La ciencia adivinatoria por excelencia es la Astrología. Si se recuerdan los datos que nos aporta la doctrina de Pitágoras, referentes a la Libertad y la Necesidad, será fácil ver cuáles son las razones teóricas que guían a los investigadores en tales estudios.

Como todo es analógico en la Naturaleza, las leyes que guían a los Mundos en su marcha deben guiar igualmente a la humanidad, que es el cerebro de la Tierra, y a los hombres, que son los elementos celulares de la humanidad. De todos modos, el imperio de la Voluntad es tan poderoso que, como ya se ha visto, puede llegar al dominio de la Necesidad. De aquí se deduce esta fórmula que constituye la base de la Astrología:

Astra inclinant, non necesitant.

La Necesidad para el hombre proviene de sus acciones anteriores, de lo que los indostánicos llaman su Karma. Este parecer lo comparte Pitágoras y todos los antiguos santuarios. Ved la generación del Karma:

«Nirvana, se dice en *Isis*, significa la certidumbre de la inmortalidad individual en ESPIRITU no en ALMA. Estando ésta en una emanación finita, sus partículas, compuestas de sensaciones humanas, de pasiones y aspiraciones hacia cualquier forma objetiva de existencia, deben necesariamente desintegrarse, antes de que el espíritu inmortal, encerrado en el YO, se vea definitivamente libre y, por ende, en seguridad de no caer en nuevas transmigraciones.

»El UPADANA o deseo intenso produce la VOLUNTAD, que desarrolla la FUERZA y esta última engendra la MATERIA, es decir, el objeto que tiene una forma. Así el YO desencarnado, sólo porque existe en él un deseo que no muere, suministra inconscientemente condiciones a sus propias generaciones sucesivas, bajo diversas formas. Estas últimas dependen de su estado mental y de su KARMA; es decir, de sus buenas y sus malas acciones en la precedente existencia; de lo que se denomina comúnmente, sus MERITOS y DEMERITOS» (H.P. Blavatsky).

Es, pues, el conjunto de esos méritos y deméritos el creador de la Necesidad en lo que se relaciona con el hombre. Son pocos los que saben conducir su voluntad a que adquiera un grado de desarrollo bastante para poder influir sobre el destino. Por eso, las inclinaciones de los astros «necesitan», tratándose de la mayoría de los humanos seres.

«Al porvenir lo integra el pasado: quiero expresar que la senda que sigue el hombre en sus días, y que transforma por medio de la libre potencia de su voluntad, ya la ha recorrido y modificado. De la propia manera (aclararé sirviéndome de un ejemplo material) que el globo describiendo su órbita anual alrededor del Sol, según afirma el sistema moderno, recorre los mismos espacios y ve desplegarse los propios aspectos con corta variación, siguiendo el hombre nuevamente la ruta que se ha trazado, podría no sólo identificar la huella de sus pasos, sino que también describir los objetos que va a encontrar (puesto que los ha visto antes), si su memoria conservara el recuerdo, y si este recuerdo no hubiera sido borrado, como tenía que suceder, por ley natural y necesaria y por las providenciales que gobiernan la vida.

»El principio según el cual se contempla al porvenir como un retorno del pasado, no es bastante para conocer lo que acontece; es indispensable la intervención de otro principio, que es el que afirma que la Naturaleza es semejante a sí misma en todos sus lados y, por consecuencia, que siendo su acción uniforme desde la más pequeña esfera a la mayor, desde la más alta a la más baja, se puede deducir contemplando una lo que pase en la otra y formar juicio por analogía.

»Este principio resultaba de los dogmas antiguos acerca de la animación del Universo, tanto en general como en particular: dogma consagrado en todas las naciones, y según el cual, se enseñaba que no solamente el Gran Todo, sino que también la innumerable serie de Mundos que vienen a ser sus miembros, los Cielos y el Cielo de los Cielos, los Astros y todos los seres que pueblan, incluso las plantas y aun los metales, están penetrados por la propia alma y movidos por el propio Espíritu. Stanley atribuye este dogma a los caldeos, Kircher, a los egipcios y el sabio rabino Maimónides le hace remontar hasta la época de los sabeos» (Fabre d'Olivet).

Si nos proponemos saber cuál es el origen de estas ideas sobre la Astrología, veremos que, como todas las grandes ciencias cultivadas en la antigüedad, estaba difundida por todas partes, y así lo prueba el autor de quien tomo esta frase:

Deja que los locos procedan sin finalidad ni causa. Tú, en el presente debes contemplar el porvenir.

«Quiere decir, que debes considerar cuáles han de ser los resultados de tal o cual acción, y pensar que estos resultados dependientes de tu voluntad, mientras no hayan nacido, han de caer bajo el dominio de la Necesidad en el instante en que la acción se traduzca en hechos, y creciendo en el pasado, una vez que existan, concurrirán a constituir los elementos de un nuevo futuro.

»Ruego al lector a quien interese esta especie de concordancias, que fije su atención un momento en las ideas de Pitágoras.

Allí puede encontrar el verdadero origen de la Ciencia astrológica de los antiguos. Seguramente nunca ignoró el imperio que en todas partes tenía que ejercer esta ciencia. Los egipcios, los caldeos, los fenicios, no la separaban de la que regula el culto de los Dioses. Sus templos no eran otra cosa que una imagen reducida del Universo, y la torre que servía de observatorio se levantaba junto al altar de los sacrificios. Los peruanos seguían, a este respecto, las mismas costumbres que los griegos y los romanos. En todos sitios, el Gran Pontífice unía al sacerdocio la Ciencia astrológica, y ocultaba cuidadosamente en el fondo de los santuarios los principios en que se apoya. Constituía un secreto de Estado en los etruscos, y en Roma, como sucede hoy en la China y el Japón. Los brahmanes no confiaban sus enseñanzas más que aquellos a quienes juzgasen dignos de ser iniciados en ellas.

»No es necesario más que levantar un poco la venda colocada por los prejuicios, para ver que un ciencia universal, unida, en todas partes a lo que los hombres estiman como más sagrado, nunca puede ser el producto de la locura y de la estulticia, como tantas veces lo han repetido muchos escritores.

»La antigüedad entera no estuvo ciertamente tan loca y fue tan tontamente crédula como se dice. Las ciencias que cultivó se apoyaban en principios que serán hoy totalmente ignorados, pero no por eso dejan de ser menos reales» (Fabre d'Olivet).

ALFABETO DE LA ASTROLOGIA

En este tratado elemental es imposible que entremos en minuciosos detalles respecto de una cuestión tan amplia y tan compleja como es la de la Astrología.

Ofreceremos a los estudiantes algunos cuadros muy sencillos que les permitan comprender claramente lo expresado en obras técnicas de mayor alcance. Aconsejo la conveniencia de saberlos de memoria, y se verá así cómo desaparecen muchas dificultades al acometer el estudio de la esencia astrológica.

Los que quieran efectuarlo más a fondo, encontrarán los elementos necesarios en el *Tratado de Astrología Judiciaria*, de Abel Haatan, y en el resumen de Selva. En lo referente a las relaciones de la Astrología con la Magia, conviene ver mi *Tratado elemental de magia práctica.*

Planetas	Signos	Colores	Días de la semana	Metales
Saturno	♄	Negro	Sábado	Plomo
Júpiter	♃	Azul	Jueves	Estaño
Marte	♂	Rojo	Martes	Hierro
Sol	☉	Amarillo	Domingo	Oro
Venus	♀	Verde	Viernes	Cobre
Mercurio	☿	Multicolor	Miércoles	Mercurio
Luna	☽	Blanco	Lunes	Plata

Planetas masculinos ....Saturno, Júpiter, Marte y el Sol.
Planetas femeninos ....Venus, la Luna.
Planeta neutro (masculino con los masculinos, y femenino con los femeninos) ....Mercurio.
Planetas benéficos ....Júpiter, Venus, El Sol.
" maléficos ....Saturno, Marte.
" neutros...............Mercurio, la Luna.

PARTES DEL CIELO, DOMICILIO DE LOS PLANETAS

Planetas	Casa principal o diurna	Casa secundaria
Saturno	Capricornio	Acuario
Júpiter	Sagitario	Piscis
Marte	Aries	Escorpio
Sol	Leo	

Venus	Tauro	Libra
Mercurio	Virgo	Géminis
Luna	Cáncer	

LOS SIGNOS DEL ZODIACO

Signos del Fuego	Aries	Leo	Sagitario
" de Tierra	Tauro	Virgo	Capricornio
" del Aire	Géminis	Libra	Acuario
" del Agua	Cáncer	Escorpio	Piscis

SITUACION RESPECTIVA DE LOS PLANETAS

(Signos más corrientes)

☌	Conjunción	o reunión de planetas.
⚺	Semisextil	ángulo de 30° entre planetas
⚹	Sextil	" " 60° " "
□	Cuadratura	" " 90° " "
△	Trino	" " 120° " "
⚻	Quincucio	" " 150° " "
☍	Oposición	" " 180° " "

Cuando a consecuencia de las persecuciones del poder constituido, los iniciados se vieron en la necesidad de poner a cubierto los principios de su ciencia, compusieron un libro misterioso, según los astros, que era el resumen de toda la sabiduría arcaica, y ese libro lo dieron a las gentes, sin revelarles la clave de su interpretación. Los alquimistas comprendieron su enigmático sentido y varios de sus tratados, entre otros *Las doce llaves*, de Basile Valentin, se fundan en la aludida interpretación. Guillaume Postel descubrió el misterio y lo denomina el *Génesis de Enoc* (*Clef des choses cachées*). También lo poseyeron los Rosacruces, y las altas iniciaciones no han perdido el secreto nunca, como lo prueban los libros del teósofo Saint Martin, redactados de acuerdo con tales antecedentes. (Véase, sobre todo, la obra titulada *Tableau naturel des Rapports qui existen entre Dieu, l'Homme et l'Univers*). Se hallarán curiosos comentario de esta cuestión en los últimos capítulos de *Dogma y Ritual de la Alta Magia*, de Eliphas Lévi.[2]

Me propongo ocuparme, siquiera sea de pasada, de las ciencias que requieren indispensablemente el uso de los cuadro analógicos, y espero que mis lectores me presten su benévola atención.

Las narraciones simbólicas representan en el sentido positivo de las verdades enunciadas; los cuadros corresponden al sentido comparativo y al análisis de estas verdades. Vamos a estudiar, primero, los signos que corresponden a la síntesis; pero antes de todo hay que dilucidar dos cuestiones: la construcción y la lectura de dichos cuadros.

Para construir un cuadro analógico se determina primeramente la cifra (1, 2, 3, 4, etc.), de la que el cuadro constituye el desenvolvimiento. Así, el cuadrado mágico que sigue, está construido sobre la cifra 4. No necesitarán, pues, tantas columnas como principios se someten al estudio: es decir, tantas como unidades contiene la cifra propuesta. Tomemos como demostración cuatro hechos cualesquiera y determinemos su posición, según el número Tres:

2 Por ejemplo, los Rosacruces afirman que poseen un libro en el cual pueden aprender todo cuanto esté contenido en los demás libros ya hechos y en los que se están por hacer (Naudé citado por Figuier).

Es necesario no confundir estos Rosacruces con los titulares del grado 18 de la Masonería, que ostentan la misma denominación, aunque nada conozcan de estas iniciáticas cuestiones. (Véase *Francs-Maçons et Théosophes*, nº 5 de la revista *Lotus*)

Osiris	Isis	Horus
Padre	Madre	Niño
Sol	Luna	Mercurio
Luz	Sombra	Penumbra
Fuego	Agua	Aire

En el cuadro vemos claramente que se trata de una exposición de hechos; pero ignoramos en absoluto a lo que se refieren dichas correlaciones. Por consecuencia, hay que añadir una columna suplementaria en la que pondremos los detalles que se necesitan y entonces resultará:

Primera columna suplementaria	Columna positiva	Columna negativa	Columna neutra
Dios según			
Los egipcios..............................	Osiris	Isis	Horus
La Familia..................................	Padre	Madre	Hijo
Los tres Astros..........................	Sol	Luna	Mercurio
La Claridad................................	Luz	Sombra	Penumbra
Los Elementos............................	Fuego	Agua	Aire

Todos estos hechos, por muy numerosos que sean, se clasifican según la jerarquía de los Tres Mundos. Por eso, aún hay que añadir otra columna que hace subir a dos el número de las suplementarias que acompañan a cualquier cuadro analógico.

Veamos como queda últimado el de nuestro ejemplo:

1ª suplementaria	+ Positiva	— Negativa	∞ Neutra	2ª suplementaria
Dios según los Egipcios	Osiris	Iris	Horo	Mundo Arquetípico
La Familia	Padre	Madre	Hijo	Mundo Moral
Los 3 astros	Sol	Luna	Mercurio	
La Claridad	Luz	Luna	Penumbra	Mundo
Los Elementos	Fuego	Sombra	Aire	Material

La lectura y la ejecución de los cuadros analógicos están basadas, en gran parte, en la lectura de las tablas numéricas antiguas, y entre otras, la de Pitágoras. Dicha lectura se hace trazando el triángulo, como sigue:

1.	2.	3.	4.
2.	4.	6.	8.
3.	6.	9.	12.
4.	8.	12.	16.

Sea el caso de buscar qué número de la multiplicación de 3 por 4. El producto estará en el vértice del ángulo recto de un triángulo rectángulo, cuyos dos otros ángulos estarán constituídos por los elementos de la multiplicación en esta forma:

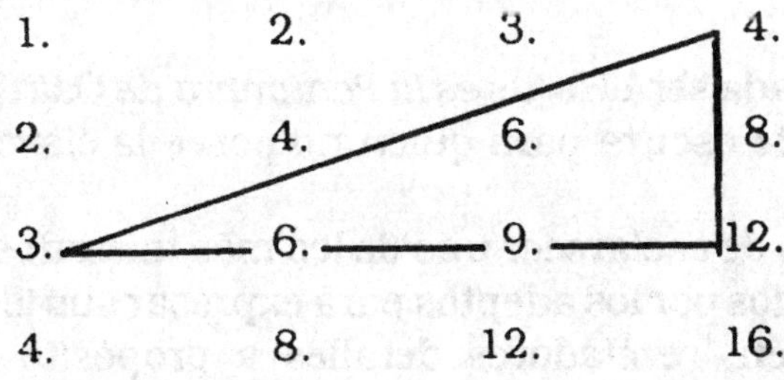

Basta aplicar estos datos a un cuadro analógico, para que se vean formadas sorprendentes frases que llenarán de confusión al que no posea el secreto de su estructura.

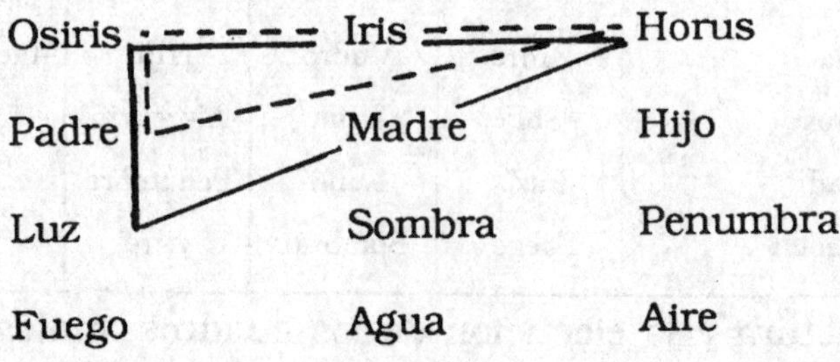

1ª Frase *Osiris es el* PADRE *de Horus.*

3ª Frase *Osiris es la* LUZ *de Horus.*

3º Frase *Osiris es el* Fuego *de Horus.*

Creo inútil insistir multiplicando el número de las combinaciones que pueden efectuarse, según este modo de expresar las ideas. Si se vuelve el ángulo recto del triángulo, para que el vértice coincida con la palabra HORUS,

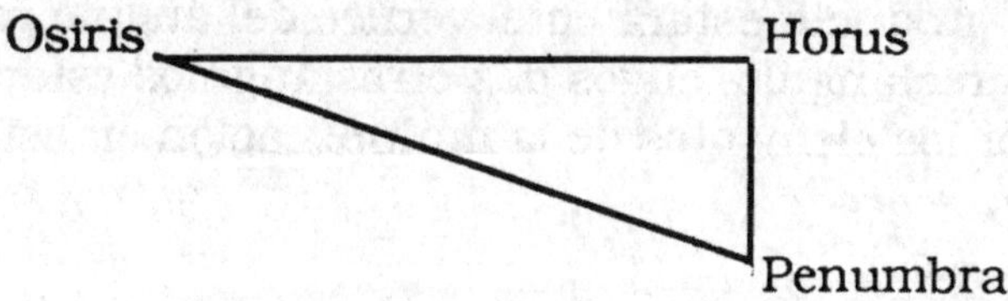

la frase formada será *Horus es la Penumbra de Osiris*, expresión sobradamente oscura para quien no posee la clave.

Acabamos de esclarecer uno de los más misteriosos procedimientos usados por los adeptos para expresar sus ideas. Hemos dado, también, reveladores detalles a propósito de las dos grandes Ciencias del templo iniciático: la Magia y la Astrología.

Prosigo la labor para ver si, con la misma suerte, acometemos el estudio de las más secretas figuras bajo las cuales se esconden las enseñanzas de la Ciencias Arcaica: me refiero a los PANTACULOS.

Capítulo VI

DE LA EXPRESION SINTETICA DE LAS IDEAS

De la expresión sintética de las ideas. – Los pantáculos. – La serpiente y su significación. – Método de explicación de los pantáculos. – La cruz. – El triángulo. – El sello de Salomón. – La divisa de Cagliostro. – IEVE. – La 21 clave de Hermes. – Las tres lenguas primitivas. – La esfinge y su significado. – Las pirámides. – El pentágrama. – El triángulo rectángulo y el libro chino *Tchen-Pey*

El iniciado puede dirigirse a todos expresando sus ideas por medio de historias simbólicas correspondientes a los hechos positivos. Muchos comprenderán entonces, si no el sentido, por lo menos las palabras que componen los cuadros analógicos correspondientes a las leyes y al sentido comparativo.

La comprensión total de la última lengua que emplee el iniciado está reservada a los adeptos.

Con los elementos que poseemos podemos, sin embargo, abordar la explicación parcial de este método sintético, el último y más elevado de las Ciencias ocultas. Consiste en resumir exactamente, en un solo signo, los hechos, las leyes y los principios correspondientes a la idea que se quiere transmitir.

Este signo, verdadero reflejo de los signos naturales, se llama *pantáculo*. La comprensión y uso de los pantáculos corresponde a los principios y al sentido superlativo en la jerarquía ternaria.

Tenemos dos cosas que saber a propósito de estas figuras misteriosas: primero su construcción y luego su explicación. Hemos dado ya el resumen de la Tabla de Esmeralda en signos geométricos. Es un verdadero pantáculo lo que hemos construido así. Sin embargo, para mayor claridad, vamos a construir otro.

El secreto más oculto, lo más oculto del santuario era, como sabemos, la demostración de la existencia de un agente universal designado bajo una multitud de nombres y la práctica de los poderes adquiridos por su estudio. ¿Cómo habra que arreglarse para dibujar esa fuerza por medio de un signo?

Estudiemos sus propiedades.

Ante todo, esa fuerza única está dotada de dos cantidades polarizables; es activa y pasiva, atrayente y repelente, positiva y negativa a la vez.

Tenemos una multitud de maneras de representar el activo. Podemos designarlo por la cifra 1, señalando el pasivo con el número 2, lo que nos dará el 12 para el activo–pasivo. He ahí el proceder pitagórico.

Podemos también dibujarlo como una barra vertical, designando al pasivo con una horizontal; entonces tendremos la cruz, otra imagen del activo–pasivo. He ahí el proceder de los gnósticos y de los rosacruces.

Estas dos designaciones expresan bien el activo y pasivo; pero no hacen mención del positivo y negativo, del atrayente y el repelente. Para lograr nuestro objetivo vamos a buscar nuestra representación en el dominio de las formas, en la naturaleza misma, donde el positivo estará representado por un pleno y el negativo por lo contrario, es decir, el vacío. Esta manera de concebir el activo y el pasivo han originado todas las figuras fálicas de la antigüedad.

Un pleno y un vacio. He ahí los elementos gracias a los cuales expresamos las poderosas cualidades de la fuerza universal. Pero esta fuerza está dotada, además, de un perpetuo movimiento, hasta tal punto que por ese nombre la ha designado Louis Lucas. La idea del movimiento cíclico responde en geometría cualitativa al círculo y al número diez.

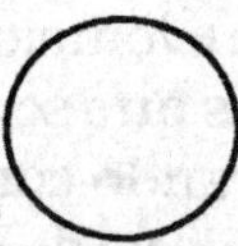

He ahí el punto de partida de nuestro pentáculo. El pleno se representará por la cola de la serpiente, el vacío por la cabeza, y el círculo por su cuerpo. Tal es el sentido del ουροδροζ antiguo

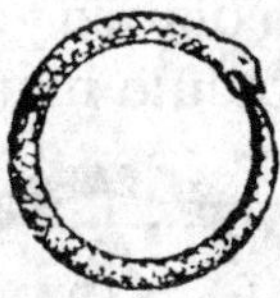

La serpiente está enroscada sobre sí misma de tal modo que su cabeza (vacío, atrayente, pasivo) trata de devorar continuamente su cola (plano, repelente, activo), que huye en un eterno movimiento.

He ahí la representación de la fuerza. ¿Cómo expresamos sus leyes? Estas, como sabemos, son armónicas, y por tanto, equilibradas. Están representadas en el mundo, por el Oriente positivo de la luz, equilibradas por el Occidente negativo de la luz o positivo de la sombra; por el mediodía positivo del calor, equilibradas por el norte negativo del calor, o positivo del frío. Dos fuerzas: luz y calor, se oponen una a otra en positivo y negativo, para constituir un cuaternario: he ahí la imagen de las leyes del movimiento dibujada por sus fuerzas equilibrantes. Su representación será la cruz. Añadiremos, pues, entre la boca y la cola, y alrededor de ella, la imagen de la ley que rige el movimiento: el cuaternario.

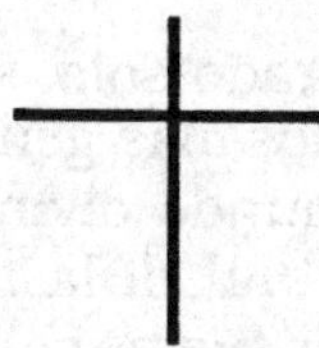

¿Conocemos la fuerza universal y su representación, así como las de sus leyes? ¿Cómo empezar?

Sabemos que esta fuerza evoluciona y evolucionan perpetuamente las corrientes citadas que se materializan y se espiritualizan luego, saliendo y entrando constantemente en la unidad. Una de esas corrientes, la que va de la unidad a la multiplicidad, es pasiva descendente; la otra, que va de la multiplicidad a la unidad, es activa ascendente.

Muchos medios se han ideado para representar la marcha de la fuerza universal. Podemos designarla por dos triángulos: uno negro, descendente, y otro blanco y ascendente. Es el procedimiento seguido en el pantáculo martinista.

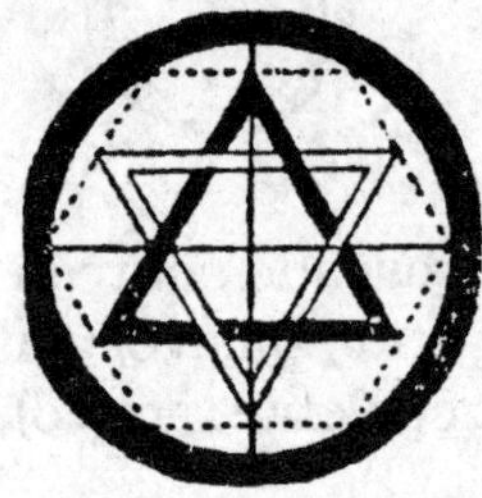

Podemos también designarla por dos columnas: una blanca y otra negra. (Procedimiento seguido en la francmasonería con sus columnas Jakin y Bohaz) o por las posiciones dadas a los brazos de un personaje; uno levantado para indicar la corriente ascendente, y otro bajado para designar la descendente.

Reunamos todos estos elementos, y veremos aparecer la figura que constituye la 21 clave del Tarot, imagen de lo Absoluto.

La Serpiente representa la fuerza universal, los cuatro animales simbólicos, la ley de las fuerzas equilibrantes, emanadas de esta fuerza, las dos columnas en el centro de la serpiente, la marcha del movimiento y la joven hija, la producción que resulte de ella, la Vida.

El ονροδοροζ considerado solo, sin su desarrollo expresa, pues, uno de los principios más generales que existen.

Será imagen: En el mundo divino, de la acción del Padre sobre el Hijo; en el intelectual, de la libertad sobre la necesidad; en el material o físico, de la fuerza sobre la resistencia. La figura es todavía susceptible de una multitud de aplicaciones. En una palabra, es un pantáculo, una imagen de lo Absoluto.

Explicación de los pantáculos

Estas figuras que parecen aprimera vista tan misteriosas, viene a ser, en la mayoría de los casos, relativamente fáciles de explicar. Véanse cuáles son las reglas que se pueden ofrecer para el caso:

I. Descomponer la figura en sus elementos.

II. Ver la situación que ocupan en ella con relación a los demás.

III. Buscar la ciencia a la que se refiere más inmediatamente el pentáculo.

§ I. Descomposición de la figura en sus elementos. – Todo pantáculo, por complejo que parezca, puede descomponerse en cierto número de elementos que se refieren a la geometría cualitativa.

Vamos a revistar cierto número de elementos, gracias a los cuales el trabajo se abreviará. Pero antes he de indicar un medio que debe emplearse siempre, cuando la determinación de los elementos es difícil; y es numerarlos. Se les encuentra entonces en series de tres, siete o doce. Si se les dispone por tres, la idea que contienen es la de activo-pasivo-neutro y sus consecuencias. Si se les ordena por siete, representan ya los siete planetas, ya los colores de la obra hermética, y la tercera consideración (ciencia a la que se refiere la figura) esclarece entonces la descripción. Finalmente, si se ordenan por doce, representan todo el movimiento zodiacal, y particularmente el del Sol.

Sorteada esta dificultad, veamos algunos de los principales elementos:

La cruz expresa la oposición de dos fuerzas, para dar nacimiento a la quinta esencia. Es la imagen de la acción sobre el pasivo; del espíritu sobre la materia.

Naturalmente la cabeza domina el cuerpo, el Espíritu domina la materia. Cuando las brujas quieren expresar sus ideas en su pantáculo, formulan sus imprecaciones destruyendo la armonía de la figura, colocándola cabeza abajo.

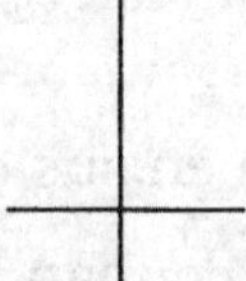

La Materia domina al Espíritu. – El mal es superior al bien. – Las tinieblas son preferidas a la luz. – El hombre debe dejarse guiar por sus más bajos instintos y hacer lo posible para destruir su inteligencia, etcétera.

Sabemos que la cruz expresa esas ideas porque está formada por una barra vertical (imagen de lo activo) y otra horizontal (imagen de lo pasivo), con todas las analogías resultantes de sus términos.

El *cuadrado* expresa la oposición de fuerzas activas y pasivas para constituir un equilibrio, por lo que es particularmente la imagen de la forma.

El *triángulo* expresa diferentes ideas según la posición que afecta su ángulo opuesto a la base. *Cabeza arriba* representa todo lo que sufre. Es particularmente el símbolo del fuego y de lo cálido.

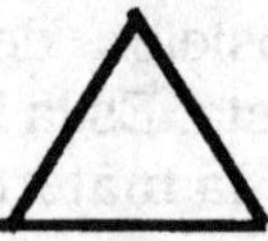

«Este es el misterio jerárquico de la luz y de la materia radical del fuego elemental; es el principio formal del sol, la luna, las estrellas y toda la vía natural.

«Esta luz primitiva eleva a lo alto todos los fenómenos de su virtud porque estando purificada por la unidad de la luz increada, se lanza siempre hacia la unidad de donde toma su ardor.» [1]

El *triángulo cabeza hacia abajo* representa todo lo que desciende. Es necesariamente el símbolo del agua y de la humedad.

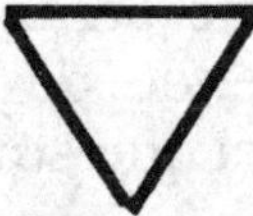

«Es el agua supraceleste o la materia metafísica del mundo salida del Espíritu prototipo; la madre de todas las cosas que del binario produce el cuaternario.

»Todos esos movimientos tienden hacia abajo, y de ahí que individualice las materias particulares y los cuerpos de todas las cosas al darles existencia.» [2]

La unión de los dos triángulos representa la combinación del calor y la humedad, del sol y la luna, el principio de toda creación, la circulación de la VIDA del cielo a la tierra y de la tierra al cielo, la evolución de la vida.

Esta figura llamada el sello de Salomón representa el Universo y sus dos ternarios, Dios y la Naturaleza; es la imagen del Macrocosmos. Explica las palabras de Hermes en la Tabla de Esmeralda: «Sube de la tierra al cielo, e inversamente desciende a la tierra y recibe la fuerza de las cosas superiores e inferiores.» Representa también las virtudes (*e basileia, cai e doxa, cai e dunamis*) extendidas en los ciclos generadores (*eis tous aionas*) del versículo oculto del *Pater* de San Juan, que recitan aún los sacerdotes ortodoxos.

1 L'Ombre ideale de la Sagesse universelle.
2 L'Ombre ideale de la Sagesse universelle.

«Esta es la perfección del universo en la obra mística de los seis días donde se enseña al mundo lo alto y lo bajo, el oriente y el occidente, el sur y el norte.

»Este jeroglífico, además, descubre las siete cruces en el misterio de los siete días de la creación, porque el centro del sextenario es el septenario sobre el que gira y descansa la Naturaleza, y que Dios ha escogido para santificar su nombre adorable. Yo digo, pues, que LA LUZ del mundo surge del septenario porque se asciende de él al denario que es el horizonte de la eternidad, del que surgen el goce y la virtud de las cosas.» [3]

El lector debe a sí mismo, según las indicaciones precedentes, comprender estos pasajes de un escrito del más puro misticismo.

§ II. *Situación de los elementos.* – Determinar los elementos que componen un pantáculo, es importante; pero no debe limitarse a eso un investigador. La posición que ocupan arroja una gran claridad sobre los puntos más oscuros, y esa posición es relativamente fácil de detrminar por el método de las oposiciones. Este método consiste en aplicar a la inteligencia de un elemento, que sigue oscuro, la significación opuesta al elemento colocado en oposición: Por ejemplo:

P. . .
L.·. D˙.˙

He aquí tres letras que forman la divisa de Cagliostro. Hemos llegado, supongamos a encontrar el significado de la primera: Libertad. He visto mi exposición confirmada por el triángulo de cabeza arriba representado por los tres puntos y situados al lado, y busco el significado de la letra *D.* Según el método de las oposiciones, sé que se opone a la primera y que tendrá un sentido recíproco, sentido que deberá encerrarse en la idea de *Necesidad.* Pero el triángulo de cabeza abajo a un lado, me indica que esa necesidad es pasiva en sus manifestaciones y la idea del Deber ocupa su puesto en la letra *D* y la reacción de *L.* sobre *D.* da el *Poder.*

3 Idem anterior.

Este ejemplo sencillo permite conocer los datos del método de los opuestos, que es de gran utilidad en la explicación de las figuras misteriosas. Se emplea siempre designando a las opuestas por colores distintos como las dos columnas J y B francmasónicas, una roja y otra azul, o por formas diferentes como la boca y la cola de la serpiente, imágenes de lo activo y lo pasivo o la sombra de la generación colocadas sobre las columnas masónicas; ya también dándoles diferentes direcciones como en el sello de Salomón (los dos triángulos encontrados), o en la cruz (oponiendo las líneas).

Colores, formas, direcciones opuestas. Tales son las tres maneras bajo las que se dibujan los antagónicos en los pantáculos.

Encontramos la aplicación de esto en las diversas maneras de representar el cuaternario, imagen de lo Absoluto. (Véase el capítulo II).

Literalmente el cuaternario está designado por cuatro letras hebreas *IEVE*. La primera representa lo activo, la segunda lo pasivo, la tercera su lazo de unión, y la cuarta, al repetir la segunda, indica la perpetuidad de las producciones de Osiris-Isis.

Para escribir estas letras como los iniciados, hay que disponerlas en cruz, empezando por arriba, quedando en la vertical la primera *I* (iod) y *V* (vau), la tercera abajo.

Se puede designar igualmente este cuaternario por formas diferentes:

El Basto, imagen del activo *I*.

La Copa, línea pasiva, la primera *E*.

La Espada, alianza de activo y pasivo *V*.

El Disco, dos copas superpuestas y, por lo tanto, dos y dos indican la repetición de la *E*.

Basto o Trébol. Copa o Corazón. Espada o Pica. Disco o Cuadrado.	} Tales son los elementos imágenes de lo absoluto que constituyen los naipes.

Estos elementos están pintados (en algunos países) de dos maneras opuestas, rojos y negros, para demostrar que el cuaternario está formado por la oposición dos a dos de dos fuerzas primordiales: una activa (roja) y otra pasiva (negra).

Considérese la clave 21 del libro de Hermes, y se verá todo esto en los cuatro animales simbólicos.

En resumen: el segundo método de explicación consiste en oponer lo superior a lo inferior, y la derecha a la izquierda de la figura para conseguir las aclaraciones. Es raro que el sentido de una figura, por misteriosa que sea, no aparezca tras el primer método.

Todas estas explicaciones sobre las figuras parecerán demasiado fútiles a algunos lectores; pero piensen que la ciencia antigua reside, casi por entero, en los pantáculos y excusarán entonces la monotonía de estos desarrollos.

¿No encontraremos la aplicación de eso datos en la manera de escribir tres lenguas primitivas: el chino, el sánscrito y el hebreo? Los chinos escriben de arriba abajo, es decir verticalmente y de derecha a izquierda. El hebreo es horizontal y de derecha a izquierda. El sánscrito es horizontal y de izquierda a derecha.

Según Saint -Yves d'Alveydre,[4] la dirección de la escritura indicará el origen de la instrucción de los pueblos. Y aplicando esto a las escrituras precedentes encontramos: que todos los que escriben como los chinos, es decir, del cielo a la tierra [5] tienen su origen muy cerca de la fuente primitiva. (Los chinos son los únicos que poseen todavía una escritura ideográfica.) Todos los pueblos que escriben como los hebreos, han recibido una instrucción de Oriente. En fin, todos los que escriben como el sánscrito, sacan su saber de los primitivos santuarios de Occidente, y sobre todo, de los druidas.

Según eso, se puede considerar a los chinos como una raíz primitiva que parte del cielo, dando como ramas al hebreo y al sánscrito, ya pasiva y activamente u oriental y occidentalmente.

§ III. *Ciencia a la que se refiere el pentáculo.* – Gran cosa es haber descompuesto una figura en sus elementos y haber

4 *Mission des Juifs.*

5 Moreau de Dammartin demuestra, en su *Tratado sobre el origen de las caracteres alfabéticos* (París, 1839), que los chinos toman sus letras de las constelaciones celestes.

encontrado el sentido de ellos por las oposiciones, pero queda aún más.

Supongamos que se llega a referir a los siete planetas, siete elementos de un análisis difícil. ¿Basta para satisfacerse? El sentido general del pantáculo sólo puede esclarecer a este propósito. Si se trata de Astrología, el sentido atribuido a los planetas bastará; si es de Alquimia, el sentido comparativo sólo será útil y los planetas designarán los colores de la obra; finalmente, si es cosa de magia, los planetas se referirán a los nombres de las inteligencias que los gobiernan.

Se ve qué importancia tiene la determinación del sentido de un pantáculo y esta determinación no puede obtenerse sino combinando los dos primeros métodos: *descomposición* y *oposición*.

Esta especificación del sentido de las figuras misteriosas no existe casi nunca en las figuras antiguas y que designan analógicamente las tres significaciones correspondientes a los tres mundos.

Apliquemos ahora los datos precedentes a la explicación de las figuras simbólicas más frecuentes en el estudio de la ciencia oculta. Me abstendré de analizar las explicaciones que el lector podrá obtener tan fácilmente como yo, por el empleo de los métodos indicados.

LA ESFINGE

Las regiones se suceden sobre la tierra, las generaciones pasan y las recién venidas creen, en su orgullo, poder despreciar los conocimientos antiguos. Por encima de todas las cuestiones, los errores y las sectas, se yergue inmóvil la Esfinge que responde con un desconcertante ¿Qué soy? a los ignorantes que blasfeman de la ciencia.

Los templos pueden ser derribados, pueden los libros desaparecer sin que los conocimientos superiores adquiridos por los antiguos, hayan de ser olvidados. La Esfinge queda y basta.

Símbolo de la unidad, resume en sí las formas más dispares entre sí. Símbolo de la verdad, muestra la razón de todos los errores en sus mismos contrastes. Símbolo de lo Absoluto, exhibe el cuaternario misterioso. Mi religión es la única verdadera, grita el fanático cristiano. La vuestra es obra de un impostor, sólo la mía viene de Dios, responde el judío. Todos vuestros libros santos son copias de nuestra revelación, escribe un indio. Todas las religiones son mentiras, nada existe fuera de la materia, los principios de todos los cultos, proceden de la contemplación de los astros; únicamente la ciencia es verdadera, sostiene el sabio.

Y la Esfinge se yergue sobre todas las disputas, inmóvil, resumen de la unidad de todos los cultos y de todas las ciencias. Muestra al cristiano el ángel, el águila, el león y el toro que acompañan a los evangelistas; el judío reconoce el sueño del judío Ezequiel; el indio, los secretos de Ada-Nari, y el sabio al pasar altanero y desdeñoso, encuentra bajo todos estos símbolos las leyes de las cuatro fuerzas elementales: magnetismo, electricidad, calor y luz.

Indeciso en su marcha, el futuro iniciado interroga a la Esfinge y ésta le dice:

«Mírame: tengo una cabeza humana en la que reside la sabiduría, como indican los adornos de iniciado que lleva. La Ciencia conduce mi paso en la vida; pero sola, es pequeña su ayuda. Estoy armada para la acción, nada resiste a mi audacia guiada por la ciencia.

»Pero estas patas son sólidas, porque están unidas a mis flancos de Toro. Cuando comprendo una acción, sigo laboriosamente el trabajo con la paciencia del buey que traza un surco. En los momentos de desfallecimiento, cuando el desmayo va a invadirme y mi cabeza se siente débil, agito mis alas de águila, alcanzo el dominio de la intuición, leo en el corazón del mundo los secretos de la vida universal, y puedo continuar mi obra calladamente.»

Mi cabeza te recomienda *saber*; mis garras, *osar*; mis flancos, *querer*; y mis alas *callar*. Sigue mis consejos y la vida te parecerá justa y bella.

CABEZA, *alas*, *flancos*, *manos*, *patas*.

En este símbolo de la Esfinge se muestran dos grandes oposiciones:

Delante: la cabeza (ciencia) se opone a las patas (audacia). Detrás: los flancos (trabajo) se oponen igualmente a la audacia (patas). Entre las dos, existe la intuición (alas) que las regula.

La audacia (manos) en su acción obrará de una manera eficaz, si la ciencia la domina bastante para guiarla.

La audacia (patas) en los estudios, conseguirá un éxito si se deja conducir por el trabajo y la perseverancia.

En el exceso, en la acción o en el estudio, deben atemperarse por el uso de la imaginación (alas).

Otra oposición aparece, y es la arriba abajo, armonizada por el medio. Arriba: cabeza y alas. En medio, los flancos. Abajo, las manos y las patas.

Arriba están la ciencia y la imaginación, abajo la práctica, así en la ciencia como en la imaginación.

La teoría debe siempre dominar y conducir a la práctica. El que quiere descubrir las verdades de la naturaleza nada más que por la experiencia material, se parece al hombre que quisiera andar de cabeza para poner en acción sus miembros.

No hay teoría sin práctica. No hay práctica sin teoría. No hay teoría ni práctica, sin trabajo.

LAS PIRAMIDES

La Esfinge no es el único monumento simbólico que nos ha dejado Egipto. Rastro de los antiguos centros iniciativos, existen aún las Pirámides.

«Frente al Cairo, la estepa de Gizeh, que se desprende en espuela de la cadena líbica, tiene aún sobre la ribera izquierda del Nilo tres monumentos que han desafiado la acción del tiempo y de los hombres: son las Pirámides.

»Esas tres masas, de base cuadrada, un poco desiguales de tamaño, forman por su situación respectiva un triángulo, del que una cara mira al Oeste, otra a Occidente y otra a Oriente. La más grande, situada en el ángulo Norte y hacia el Delta, simboliza la fuerza de la naturaleza; la segunda, elevada al S.O., a distancia de un tiro de flecha de la primera, es un símbolo del movimiento, y la última, edificada al S.E., a distancia de un tiro de piedra, simboliza el tiempo. En medio de ésta, a una distancia media, sobre la línea que se prolonga de Oriente a Occidente, se yerguen otras tres pirámides formando masas menos considerables, y cerca de las cuales se amontonan innumerables piedras ingentes que podrían considerarse como las ruinas de una séptima pirámide. Esto permite suponer, en efecto, que los egipcios quisieron representar por siete pirámides los siete mundos planetarios, cuyos genios siguen nuestro universo y del que Hermes fue el revelador.» (Christian, *Histoire de la magie*).

Cada pirámide está construida sobre una base cuadrada, simbolizando la materia, la fuerza, el signo y la adaptación. La elevación de cada lado es ternaria y simboliza la idea, la teoría. ¿Qué quiere decir este dominio sobre el cuaternario?

El ternario domina al cuaternario, es decir: la idea, el signo, el Espíritu, la materia, la teoría, la práctica.

El conjunto de la Pirámide está formado por cuatro y tres, es decir, por siete, símbolo de la alianza entre la idea y el signo, el espíritu y la materia y la teoría y la práctica, que es la realización.

En lo alto nos muestra un punto matemático (el ápice) de donde parten cuatro ideas (triángulos) que caen sobre una forma única (la base) y casi le son solidarias.

Encontramos en el estudio de esas pirámides el misterioso tetrágrama.

EL PENTAGRAMA

El pentagrama o estrella de cinco puntas, la estrella flameantes de los francmasones, es también un pantáculo y uno de los más completos que pueden imaginarse.

Sus significaciones son múltiples; pero se refieren todas a la idea primordial de alianza del cuaternario con la unidad.

La figura designa principalmente al hombre, y en ese sentido vamos a estudiarla. La punta superior representa la cabeza; las otras, a los cuatro miembros. Se la puede considerar también como imagen de los cinco sentidos.

Sin querer explicar aquí completamente los secretos de esta figura, podemos mostrar cuán fácil es la interpretación que puede guiar sin ponerla en práctica. Los magos, en efecto, se sirven de ella para actuar sobre los espíritus. Los brujos colocan el pentagrama del revés, cabeza abajo. Cabeza arriba indica en el hombre la voluntad que dirige las pasiones.

La idea representada por 3 y la materia (diada) por 2, se puede representar descomponiendo la figura cabeza arriba, separando tres puntos de las dos que quedan abajo.

El pentagrama del revés es como la cruz invertida. Es el hombre dominado por las pasiones. En tal situación el pentagrama indica la materialización del espíritu.

El pentagrama puede, pues, representar el Bien o el Mal, según la dirección que afecte.

EL TRIANGULO RECTANGULO

Hay un pantáculo conocido desde la más remota antigüedad en China, es el triángulo rectángulo con lados desiguales. Tienen, respectivamente, 3, 4 y 5, si bien el cuadrado de la hipotenusa 5 x 5 = 25 es igual al cuadrado de los catetos 3 x 3 = 9 y 4 x 4 = 16, 16 + 9 = 25.

Pero no para ahí el sentido atribuido a este pentáculo; los números tienen una significación misteriosa que se puede interpretar así: 3 (idea) aliado a 4 (forma), se equilibra con 5, el pentagrama o el hombre. U otra interpretación. La esencia absoluta (2), más hombre (4) se equilibra con el mal (5). Se ve en esta última interpretación que no difiere de las primeras sino por la aplicación de los mismos principios a un mundo inferior, como lo demuestra la disposición siguiente:

Idea-Esencia
Forma-Hombre
Hombre-Mal.

El estudio del pentagrama basta, por lo demás, para explicar sus apariencias contradictorias.

Damos a título de curiosidad el libro chino *Tchem-Pey*, basado sobre los datos anteriores. Lo tomamos de *Lettres edifiantes* (t. 26, París, 1783). El misionero que lo tradujo, lo declara anterior al incendio de 213 a.C. Claude Saint-Martin ha publicado un comentario místico en su *Traité des Nombres* (Dentu, París 1863). Como se puede ver, este libro está basado en las 22 claves del libro de Hermes.

LOS 22 TEXTOS DEL *TCHEM-PEY*

I. – Antiguamente Tchen-Kong interrogó a Chan-Kao: He oído decir que eras hábil en los números. Se dice que Pao-Hi dio reglas para medir el cielo.

II. – No se puede subir al cielo. No se puede con el pie y el dedo medir la tierra. Te ruego que me digas el fundamento de estos números.

III. – Chang-Kao, contestó:

IV. – Lo redondo (Yu-en) viene de lo cuadrado (Fang). 4 = 10.

V. – El cuadrado (Fang) viene de Ku.

VI. – El Ku viene de la multiplicación de 9 x 9 que hace 81.

VII. – Si se separa el Ku en dos, se hace el Ken, largo de 3 y un Ku largo de 4. Una línea King une los dos lados (catetos), Ken y Ku, y hace los ángulos. El King es el 5.

VIII. – Ved la mitad del Fang.

IX. – El cuadrado (Fang) o el plano hace los números 3, 4 y 5.

X. – Dos Ku hacen un largo Fang de 25, es el Tsi-Ku total de la Ku (5 x 5 = 25).

XI. – Es por el conocimiento de estos fundamentos de los cálculos por lo que Yu puso el imperio en buen estado.

XII. – Tchen-Kong dijo: He ahí lo que es grande. Yo deseo saber cómo servirme del Ku. Chan-Kao respondió:

XIII. – El Yen-Ku es para ver las alturas.

XIV. – El Fu-Ku la profundidad.

XV. – El Bo-Ku la distancia.

XVI. – El Uan-Ku es para lo redondo.

XVII. – El Ho-Ku es para el Fang.

XVIII. – El Fang es el resorte de la tierra. El Yu-en es el resorte del cielo. El cielo es Yu-en. La tierra es Fang.

XIX. – El cálculo de Fang es Tien. Del Fang viene el Yu-en.

XX. – La figura Ly es para representar, describir y observar el cielo. Se designa la tierra por un color moreno y oscuro. Se dibuja el cielo por color mezcla de amarillo y encarnado. Los números y el cálculo para el cielo, están en la figura Ly. El cielo es como una envoltura. La tierra está bajo ella, y esta figura, sirve para conocer la verdadera situación del cielo y de la tierra.

XXI. – Aquel que conoce la tierra se llama sabio y hábil. El que conoce el cielo se llama un gran sabio, sin pasiones. El conocimiento de Ken-Ku da la sabiduría, se conoce por él la tierra; por este conocimiento de la tierra se llega al conocimiento del cielo, y uno se hace sabio y sin pasiones; es Ching. Los lados Ken y Ku tienen sus números. El conocimiento de esos números prueba el de todas las cosas.

XXII. – Tchen-Kong dijo: No hay nada mejor que eso.

TERCERA PARTE

ADAPTACION

INTRODUCCION A LA TERCERA PARTE

Los capítulos que preceden han dado al lector la clave de la puerta misteriosa que separa el mundo visible del mundo invisible.

Ya hemos visto el modo como la Ciencia estaba oculta, como resguardaba cuando había descubierto; veamos ahora lo que puede conocerse de cuanto concierne al objeto por el cual se hizo uso de tantas precauciones: el Mundo Invisible.

Abramos la puerta y cuidemos de que no nos ciegue el resplandor que por ella escapa. No temamos decir *cuando deba ser dicho*, puesto que los maestros han querido que ciertos misterios sean revelados en el siglo XIX, y cuanto se saque a la luz del día quedará oculto siempre para los profanos y para los espíritus faltos de fe.

¿Qué es lo que se percibe en ese lado oculto del Universo?

Una historia oculta precede y crea la historia positiva y patente de los historiadores como la savia oculta bajo la corteza precede y crea las flores y las hojas del árbol.

La ciencia oculta abarca y domina todas las ciencias profanas, como el Sol domina y rige todo su cortejo de planetas en la enseñanza esotérica: la ciencia del alma que ilumina la ciencia del cuerpo.

Un arte oculto: tejer y destejer de las almas.

El punto más alto de cuanto puede abordar un hombre encarnado. Pero de este asunto aún hablaremos con gran prudencia.

Digamos cuanto pueda ser dicho respecto de los Invisible y

de sus misterios. Entre otros misterios la Iniciación abordaba:

La historia de la Tierra y sus transformaciones, revelando las causas reales de la evolución y de la involución de los continentes, de las razas y de los pueblos.

La historia del alma humana y de sus transformaciones.

La historia del Universo y de las fuerzas naturales humanas y divinas, actuando en él.

Cada enseñanza comprende tres grados:

El grado positivo o estudio físico.

El grado superior o estudio metafísico.

El grado comparativo o estudio analógico, formando el medio de enlace entre los dos estudios precedentes.

Para mayor claridad expondremos su ejemplo.

El misterio del Cielo comprende;

1º El estudio físico, que se refiere, sobre poco más o menos, a lo que en la actualidad llamanos *Astronomía.*

2º El estudio metafísico, que se refiere, a lo que hoy consideramos *Astrología en su parte teórica y más elevada:* la GENEALOGIA.

3º El estudio analógico, o conocimiento de las *Influencias*, por el cual la astrología se enlaza a la Ciencia del Temperamento, a la Historia natural y a la Medicina.

Es muy fácil hallar, aun en nuestros días, esas dos divisiones en toda ciencia verdaderamente sintética, puesto que desde el Renacimiento todas las ciencias humanas vienen dividiéndose en dos grandes secciones: la parte física y material de cada ciencia que constituye un todo aparte bautizado con el pomposo nombre de *Ciencia exacta o positiva.* La parte metafísica y analógica de cada ciencia, que viene siendo desdeñada, para incluirla en el saber oficial entre las *Ciencias ocultas*.

Los historiadores han tenido la audacia de pretender que la parte metafísica constituyó el balbuceo de cada ciencia; pero en nuestros días los hechos se manifiestan en tal acumulación para demostrar el grosero error de estos historiógrafos, que no es posible recusarlos.

Daremos algunos nombres de las ciencias de este modo mutiladas.

VISIBLE	INVISIBLE	
Sección corporal o material de la ciencia — Parte positiva	Sección viva o anímica — Parte analógica	Sección espiritual o metafísica — Parte causal
Física.	Magia natural.	Metafísica.
Química.	Alquimia.	Filosofía hermética.
Astronomía.	Astrología (influencias).	Genealogía (estudios de las causas espirituales).
Matemática .. Números (aritmética).	Influencias y relaciones vivas de los números. Magia.	Creación de números.
Matemática .. Formas (geometría).	Id. de las formas.-Matemáticas.	Id. de formas.-TORAH.
Matemática .. Signos (álgebra).	Id. de los signos.-Hieroglifismo.	Id. de signos.
Historia natural. Teología. Botánica. Mineralogía.	Naturaleza viva. - Terapéutica.	Principio de la naturaleza (Pitagorismo).
Anatomía: Fisiología. Psicología.	*Psicurgia.*	*Teurgia.*

Cuantos lean con atención la tabla precedente, se darán cuenta del espacio que habría de ser necesario para desenvolver cada uno de los elementos que se citan.

Nosotros no tratamos de desarrollar este estudio: deseamos únicamente presentar al lector la demostración gráfica de que se le engaña al afirmarle que la *parte visible* de cada ciencia constituye todo el conocimiento, toda la ciencia, ocultándose sistemáticamente toda la *parte invisible*, que es la única viva.

De ahí el desenvolvimiento de todas esas ciencias muertas que ponen al ingeniero, recién terminados sus estudios, en condición de inferioridad constante, respecto de las invenciones, frente al obrero o al ignorante, guiado únicamente por sus facultades intuitivas.

Todos los iniciados señalaron la causa de tal error. Claude de Saint Martin, el filósofo desconocido, nos cuenta en su *Crocodile*[1] cómo las llaves de oro de las ciencias han sido perdidas por los sabios. Malfati de Monteregio, en su *Mathèse*[2] nos da el medio de reanudar el lazo roto. Y más recientemente, un simple

1 Claude de Saint-Martin, *Le Crocodille* (o la Guerra del Bien y del Mal).

2 Malfati de Monteregio, *La Mathèse* (publicada nuevamente en la revista *Le Voile d'Isis*, París).

campesino, Louis Michel (de Figamières) desarrolla, mediante su estado de inspiración, las ideas más altas, referentes a la Verdad viva y a la ciencia de la Vida Universal.[3]

Como quiera que sea, la Ciencia oculta es la síntesis de esas ciencias y es necesario no confundirla con lo que los diccionarios llaman las *Ciencias ocultas*, y que constituyen las dos secciones más elevadas de cada ciencia, pero que tomadas aisladamente, no tienen el carácter unitario y sintético de la Ciencia oculta.

Nos parece también que será útil añadir un resumen de las altas enseñanzas tradicionales, al menos respecto de los puntos más indispensables, que es necesario conocer.

Abordaremos solamente los cuatro asuntos siguientes, dejando los demás para un estudio más extenso:

1º La Tierra y su historia secreta.

2º La raza blanca y la constitución de su tradición.

3º La evolución del Espíritu inmortal del hombre y sus diferentes planos de existencia.

4º Los seres invisibles, con los cuales está el hombre en relación en esos diferentes planos.

3 Louis Michel (de Figamières), *Obras* (passim).

Capítulo VII

LA TIERRA Y SU HISTORIA SECRETA

La tierra y su historia secreta. – Los grandes enviados divinos.

Si miramos un globo terrestre dibujando el estado actual de los continentes y de los mares y ciñéndonos a las descripción física de lo que observamos, obraremos como el analítico que describiese un libro exteriormente, por su peso, etcétera, sin saber lo que el libro contiene en sus páginas.

Si creyendo averiguar más, nos dirigimos al geólogo, éste nos contará la historia física y química *de los materiales* que han servido para construir ese libro. Siempre será más interesante, pero tampoco será más completa.

Dirijámonos al iniciado y pidámosle la clave de cuanto hay escrito en ese libro colosal llamado globo terrestre, y el iniciado nos contestará: IEVE.

IEVE quiere decir el ciclo del número Cuatro, y esto se escribe en lengua astronómica y física: Este-Oeste-Sur-Norte.

La Tierra está Formada en la actualidad por un solo continente, no completo: Europa. *Todas las otras tierras no son más que restos de continentes desaparecidos, o en vías de transformación.*

Luego Europa quiere decir Norte y Raza Blanca, y esto indica que esta raza ha sido precedida por otras razas humanas y en consecuencia, por otros continentes completos, *puesto que cada raza humana, realmente distinta, es el producto de la evolución de un contienente*, con personalidad real diversa.

Así hubo una raza Sur, la Raza Negra, de la que hoy representa Africa su lugar de origen.

Una raza Oeste, la Raza Roja, cuyo lugar de origen es América.

Y en fin, una raza Sudoeste, la Raza Amarilla, de la cual Asia representa el punto de partida: todo esto conforme al ciclo E.S.O.N. que se traduce mejor EO-SN (Este-Oeste, Sur-Norte) desde el punto de vista de la Historia.

Será preciso recordar un detalle capital: *En toda desaparición o evolución de un continente que haya dado nacimiento a la raza humana, característica del mismo, prosigue y quedan sus vestigios, como testimonio, sobre el Planeta.*

He aquí la razón real y filosófico fundamento de esas masas de tierra de las que el geógrafo sólo nos describe el cuerpo y el geológo la vida. El iniciado es el único que puede darnos informes del Espíritu.

La Tierra, pues, ha sido dominada necesariamente por cuatro grandes razas: la Raza Amarilla, la Raza Roja, la Raza Negra y la Raza Blanca

Cada una de estas razas, *desde su punto de vista personal*, tienen una evolución intelectual coronada por una Ciencia y una Tradición y confirmada por una INVOLUCION DE LA DIVINIDAD, en cada cual de ellas. Cada raza tiene además procedimientos y modalidades propias de las que hizo uso para elevarse del estado instintivo, al estado de iluminación divina. De aquí la diferencia aparente de las diversas tradiciones, bajo las cuales hallamos siempre *una unidad*, que el iniciado es el único capaz de comprender en toda su integridad.

Más tarde hablaremos de esas tradiciones. Ahora volvamos nuevamente a la historia de la Tierra.

* * *

Todo está vivo en la Naturaleza. La tierra es un ser, un ser viviente ccomo lo es un perro, un árbol, un hombre, un mineral o el propio Sol.[1]

1 Véase para el desarrollo de esta teoría *La Vie Universelle*, de Louis Michel de Figanières.

Las leyes de la vida de la Tierra sólo han sido vagamente vislumbradas por la ciencia positiva bajo los nombres de Magnetismo Terrestre y de electromagnetismo, con sus efectos y sus causas.

La inclinación de la Tierra sobre la eclíptica y los desplazamientos periódicos del polo terrestre, producen el año platoniano (25000 años).

Si el ecuador y la eclíptica llegasen a confundirse, la Tierra se hallaría en un estado de armonía física desde el punto de vista de las estaciones y de los climas, totalmente ignorados por esa ciencia oficial.

No existiendo esa armonía, los polos terrestres oscilan periódicamente y de esta oscilación dimanan las transformaciones que sufren los continentes, gravadas en la memoria de los hombres bajo la forma de cataclismos geológicos o de diluvios. Cada polo terrestre puede ocupar, según la tradición secreta (y no según la ciencia actual), *ocho situaciones sucesivas* en correspondencia con el ecuador. De aquí procede la *ley de los ocho polos terrestres.*

¿De dónde procede esta inclinación de la eclíptica con relación al Ecuador? Todas las opiniones son unánimes respecto de este extremo: proviene de LA LUNA.

La Luna, destinada primitivamente a formar parte integrante de la Tierra, fue proyectada en el espacio y esta proyección determinó el espantoso cataclismo conocido por el nombre de diluvio universal, puesto que se produjo la inclinación sobre la eclíptica y las aguas del polo arrastraron todos los continentes habitados.

Louis Michel da la clave de este misterio, refiriéndonos cómo la Tierra ha sido formada por cuatro planetas en período de desintegración, convertidos en continentes terrestres; y cómo la Luna, destinada a constituir a su vez un continente, rechazó el ser incrustada con los otros planetas, y fue condenada, por su propia voluntad, a desintegrarse a título de simple satélite. No hay que olvidar que existen pueblos cuyos nombres manifiestan que no conocieron la Luna.

El lector apenas si debe entrever este misterio y nosotros no hemos de insistir sobre el punto.

Como cada continente hubo de aportar su correspondiente raza humana a la civilización, la raza evolucionada ha encontrado cada vez las grandes leyes secretas de la Naturaleza. Entre esas leyes, las que se refieren a la vida terrestre y sus fases dieron lugar a la revelación *de los ciclos*.

El ser humano manifiesta exteriormente sus funciones vitales por las pulsaciones del corazón (de 60 a 70 por minuto) y por espiraciones e inspiraciones (20 por minutos). Los latidos del corazón manifiestan igualmente los dos tiempos de la contracción (sístole) y de la dilatación (diástole). Además, el ser humano recorre sus cuatro edades: infancia, juventud, virilidad y senectud, pasando por una sucesión de períodos de vigilia y de períodos de reposo, que corresponden generalmente al día y a la noche. He aquí un rápido resumen de lo que pudiéramos llamar los ciclos de la vida humana, comenzando por las pulsaciones para llegar hasta el gran período de veinte años que abarca cada una de las cuatro edades (infancia, juventud, etc.) del hombre.

Los iniciados que saben que el hombre mortal reproduce en pequeño las leyes del gran hombre celeste, trataron de buscar, primero para las razas y después para la humanidad terrestre y al fin para el mismo Universo, períodos cíclicos análogos a los del ser humano y abarcando en su desarrollo tanto la Tierra como cada uno de los pueblos y cada raza.

Así como la reacción del día y de la noche producida por la situación de la Tierra respecto del Sol, da lugar al día y a la noche terrestre, manifestando el diástole del planeta, comprendiendo cada uno una mañana, un mediodía, una tarde y una noche, así se manifiestan las pulsaciones locales del cuerpo terrestre, contadas en horas, en minutos y en segundos.

Las respectivas posiciones de la Tierra y de la Luna producen un período, que para la Tierra viene a ser como la inspiración y la espiración, y son para el hombre *un mes*, dividido en cuatro semanas; representa dos inspiraciones (L.N. y P.L.) y dos espiraciones (P.L. y L.N.).

El movimiento de la Tierra alrededor del Sol (según las teorías actuales) reproduce en la Tierra, bajo el nombre de *año*, lo que el día significa para el hombre: en el año están comprendidos un período de actividad (primavera-Verano), equivalente al período (Medianoche-Mediodía); y un período de reposo (Otoño-Invierno), correspondientes al período (Mediodía-Medianoche) en el hombre.

A esos períodos conviene añadir el período electromagnético de quinientos veinte años (vuelto a describir en nuestros días por Bruck)[2] que es para la Tierra lo que es el año para el hombre y, además, el gran año platoniano compuesto de veinticinco mil años ordinarios, que representa para la Tierra lo que para el hombre cada una de sus cuatro edades.

Permítasenos una corta digresión respecto a esta ley cuaternaria, de la que hablamos ya anteriormente, y de la que ahora hacemos la *adaptación*.

La ley general se presenta a nosotros bajo la forma de dos grandes períodos, uno de ascensión y otro de descenso, separados cada uno de ellos por otro característico que anuncia cómo la corriente va a cambiar de dirección. Así para el día del hombre, nosotros adoptamos la siguientes figura:

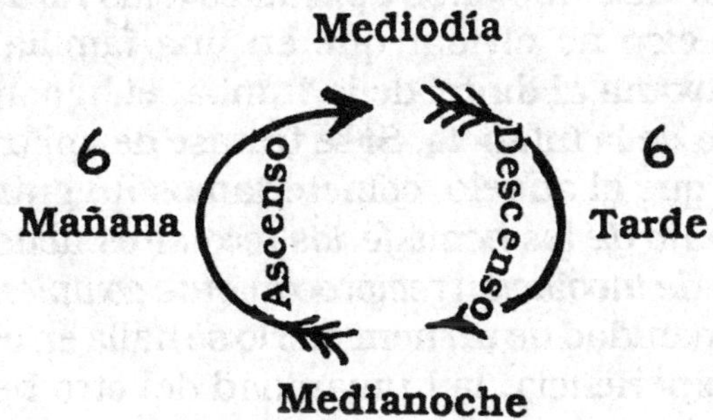

Esta figura es aplicable a todos los períodos, hasta a los más pequeños, como la circulación.

En efecto, el sístole y diástole están separados cada uno por el reposo del corazón.

2 Bruck, *Le magnetisme terrestre.*

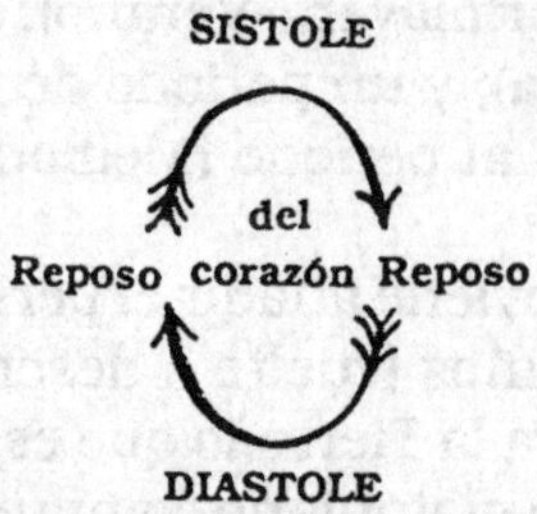

Esta ley es, pues, una ley realmente universal y se aplica de igual modo a la evolución que a la involución de la fuerza divina en el universo; como también a la circulación de la fuerza vital transportada por la sangre en el organismo humano.

Los antiguos colegios iniciáticos habían establecido también, para cada raza humana, así como para cada pueblo, períodos cíclicos, durante los cuales, cada raza y cada pueblo habían de pasar por sus fases de infancia, de juventud, de madurez y de decrepitud.

Los brahmanes indios, herederos de la tradición negra y de una parte de la tradición amarilla, nos hablan también de grandes períodos de 432.000 años aplicables a las razas humanas.

Pero es preciso no olvidar que en una familia, cuando el abuelo se aproxima al dintel de la tumba, el hijo apenas crece y está en la era de la infancia. Si se tratase de aplicar al hijo las mismas leyes que al abuelo, cometeríamos un gran error. Asimismo, *cada uno de los hemisferios terrestres tienen sus leyes de evolución y de involución recíprocamente complementarias*, y cuando la humanidad de un hemisferio se halla en estado de vejez, llena de experiencia, la humanidad del otro hemisferio se encuentra en el estado de infancia, y viceversa, *recíprocamente*.

Actualmente, el Oriente y sobre todo Asia, se hallan en la época de la sabiduría y de la vejez, en tanto que Europa, que es el eje, termina su adolescencia y América sale de la tumba en el estado de infancia y casi de juventud.

Los brahmanes saben muy bien que Europa ha tenido su Mesías hace veinte siglos, así como Asia tuvo el suyo hace más de ochenta y siete y, no obstante, algunos escritores occidentales hubieran querido aplicar a nuestro hemisferio las leyes cíclicas que rigen para el Oriente, pretendiendo que nos hallamos en periodos *de oscurecimiento y de involución* (Kali-Yuga). Contra tamaño error, deben prevenirse todos los oculistas de Occidente, puesto que puede producir peligros gravísimos para la intelectualidad de nuestra raza.

Cuando un continente se abisma en la Tierra, surge otro en el hemisferio opuesto, y valdría tanto como desconocer todas las leyes de la creación, tratar de aplicar al continente que viene las leyes del continente que se va. Y es esto igualmente cierto para una raza, para un pueblo y para un hombre. Evitemos, pues, con gran cuidado, estos errores, y no creamos que los cielos brahmánicos son aplicables a Europa o América, al menos del modo como se les quiere aplicar.

«Los mismos brahmanes preconizan en nuestro días el Satya-Yuga (edad negra) y calumnian a la edad actual, a despecho de sus propios anales, que marcan una tercera edad como la más dichosa y esplendente. Esta fue la edad de su madurez; hoy se encuentran en su decrepitud, y sus miradas, como las de los viejos, se vuelven hacia los tiempos de su infancia.»

Dotados de esos antecedentes, podemos nosotros ahora abordar sin temor historia de las razas que han dominado sobre la Tierra.

Las razas amarillas, rojas, negras y blancas, han llevado a cabo su evolución sucesiva sobre el mismo planeta, peculiar, ya que cada continente terrestre no es más que la cristalización de un planeta. ¿Fueron los restos de cuatro de esos planetas los que formaron la Tierra como nos lo enseña la alta revelación de Louis Michel de Figanières? [3] ¿Es asimismo la Luna uno de esos continentes destinados a formar la Tierra y que voluntariamente se separó de los otros, determinando por esta causa la desarmonía terráquea, viniendo a ser, no ya un satélite normal, sino más bien un cáncer de la propia Tierra? Son estos principios muy elevados y graves para ser tratados en una cuantas páginas. Quienes sientan la curiosidad por tales y tan admirables teorías, consulten a ese própósito las obras de dicho autor, obras que a pesar de su aparente dificultad, estudian el problema en su mayor sencillez, dándolo como resuelto, al

3 *La Vie Universelle.*

comienzo de nuestra era histórica, cuando todos los continentes terrestres terminaron su formación, siguiendo el método de Fabre d'Olivet, sin ir más lejos.

Dejaremos a un lado la historia de la raza amarilla, de la raza oriental, de la cual sólo hallamos los restos, como Fo-hi.

De la raza occidental, la raza roja fue la que tuvo el cetro de la civilización sobre la tierra, antes que los negros; recordemos sus bellas colonias en la Gran Bretaña, en la Bretaña, en España (País Basco), en Italia, donde los etruscos constituían una colonia de la raza roja, y en Egipto, donde la raza roja fundó la colonia Atlante, que después de la Gran Catástrofe transmitió a las otras razas las altas luces de la iniciación. Ahora comenzamos en occidente a saber que el Egipto era una colonia de la raza roja, de la cual sus más preciosos restos han sido hallados, nuevamente, en el Perú.[4]

La catástrofe de la Atlántida hizo pasar el cetro de la civilización y el poder a manos de la raza negra, que muy pronto conquistó toda la tierra habitable. Cuando este suceso acontecía, en las inmediaciones del Polo Norte nació la raza blanca.

«Voy a transportarme a un época muy alejada de la que vivimos. Cerrando mis ojos, que un continuado prejuicio pudo debilitar, me fijaré a través de la oscuridad de los tiempos en el instante en que la Raza Blanca aparece en la escena del mundo. Es esta época, que más adelante trataré de ajustar a fechas, la raza blanca era débil, aun en estado salvaje, sin leyes, sin artes, sin cultura de ninguna especie, desligada de tradiciones y de recuerdos, y desprovista de inteligencia para concebir ni siquiera una esperanza. Habitaba esta raza naciente las inmediaciones del Polo Boreal, del cual procedía. La raza negra, más vieja, dominaba la tierra, y tenía en sus manos el cetro de la sabiduría y del poder. Poseía todo el Africa y la mayor parte del Asia, donde

4 Para darse cuenta de la verdad de este aserto, basta comparar los jeroglíficos, las esfinges y las pirámides de los peruanos, con el arte etrusco o con el arte egipcio. Para mayores informes pueden consultarse las obras: *Histoire des nations civilisées du Mexique et de l'Amérique du sud*, 4 vol., por el abad Brassan de Bourbouns; *La Carie Américaine*, por el coronel Dussaert (París, 1882); y *L'Oculte chez les Aborigênes de l'Amérique du Sud*, por el doctor Henri Girgois. En estas obras se dan copiosos y serios argumentos, aunque no defiendan siempre la misma tesis.

la raza amarilla estaba sometida al yugo de la servidumbre. Algunos restos de la Raza Roja, languidecían oscuramente en las más altas montañas de América, sobreviviendo a la terrible catástrofe que acababan de sufrir. La Raza Roja, a que pertenecieron, había poseído antaño el hemisferio occidental del Globo, como la raza amarilla poseyó el oriental, lo propio que luego la raza negra poseyó y se extendió sobre la línea ecuatorial, haciéndose desde allí, soberana, de la tierra conocida; y, como acabo de decir, la Raza Blanca, que acababa de nacer, andaba errante por las inmediaciones del Polo Boreal.»[5]

Permítasenos rendir tributo de justicia y expresar toda nuestra admiración al iniciado que, anticipándose a los descubrimientos de la crítica histórica, supo arrancar al plano astral los secretos del pasado de nuestra raza. Todas las escuelas iniciáticas de occidente deben honrar como a uno de los más grandes maestros que la Providencia ha enviado, al autor de la *Historia filosófica del Género Humano*, a FABRE D'OLIVET.

Ante la labor de este gran espíritu, detiénese el estudioso, lleno de admiración. El iniciado saluda en el lenguaje de los espíritus a aquel que a la oración y al éxtasis pide las claves que sus predecesores perdieron o desconocieron.

Maestro venerado, a pesar de las calumnias que los institutos y las academias dirigen contra él. ¡Tened, maestro, la seguridad de hallar en el corazón de todo verdadero discípulo de la tradición occidental, una entusiasta defensa para el porvenir!

Fabre d'Olivet fue la luz de la corriente pitagórica y su magnífico libro expone tan sólo un lado de la revelación –el aspecto enciclopédico–. Otro gran iniciado y hombre de gran corazón, Saint–Yves d'Alveydre, fue quien nos expuso la revelación y la justificación de la otra corriente: la corriente de la Iglesia de los Patriarcas, de los Profetas y del propio Jesús, es decir, el lado vivo, el polo del amor creador de la revelación, que abordaremos al fin de este tratado.

Ahora, trataré de reasumir de la mejor manera posible la historia de nuestra raza, tal como nos la transmite Fabre d'Olivet, cuyas obras deberán ser *vade-mecum* de todo verdadero ocultista, al comienzo de sus estudios.

5 Fabre d'Olivet, *Histoire Philosophique ...*

La Raza blanca, nacida en las inmediaciones del Polo Norte, fue en un principio salvaje y errante, ignorando que existiesen otros seres humanos sobre la Tierra. Los Blancos, protegidos por su clima propio, crecieron en fuerza y en número. Luego comenzó el descenso progresivo hacia el Sur a través de los inmensos bosques de la Tierra de los Caballos *–Rossland–* (Rusia actual), que condujeron a los exploradores de la Raza hasta tierras superiores *–Poll-lland–* y desde allí a las Tierras más Altas *–Teutsland–* (Europa Central), limitadas al Norte, por lo que llamaron el Confín de las almas –D'AHN *mark*–, y al Oeste por las Tierras inferiores: *Holl-lann* y *Ghôll-land* (la Galia). En este punto es donde tuvo lugar el choque de la Raza Blanca, naciente, y la Raza Negra, dominante.

Los Blancos, débiles y sin armas de defensa, fueron sojuzgados y conducidos en masa, en calidad de siervos, ocupándoles en los duros trabajos de las minas y la construcción de fortalezas.

Con el sufrimiento, aprendieron en la esclavitud a utilizar las perfeccionadas armas de sus enemigos y en los bosques impenetrables se adiestraron en el arte de combatir a los Negros, sus enemigos.

A pesar de todo su empeño, con sólo sus fuerzas físicas, los Blancos no hubiesen logrado grandes progresos sin la asistencia de la Divina Providencia, que reservaba a esta raza para grandes hazañas. Así, desde el comienzo, fue elegida por el Invisible la mujer, para actuar proféticamente sobre la Raza Blanca, y como estaba prescripto, fue, pues, a una profecía de mujer en el estado de éxtasis, a la *Voluspa*, a lo que los Blancos debieron el éxito. Dos de los grandes jefes de tribus Blancas, estaban a punto de combatir entre ellos, cuando fueron advertidos por la Voluspa de que los guerreros negros, ocultos en las cercanías y en gran número, sólo esperaban que la fraticida lucha *tuviese fin*, para caer sobre los Blancos y destruir a los supervivientes. Esta revelación sobrenatural emocionó a los dos jefes y puso término a su rivalidad, uniéndose para exterminar a los enemigos, los Negros que les acechaban.

Logrado su fin y llenos de agradecimiento a la profetisa, desde entonces crearon los colegios de las inspiradas, y la autoridad de las druidesas creció con rapidez, logrando un omnímodo respeto y una sagrada veneración.

Estas sacerdotisas perdieron muy pronto toda unión real con el invisible celeste y para enmascarar su flaqueza, introdujeron en la Raza Blanca los sacrificios humanos y el régimen del terror. Así fue como, la mujer tan poderosa hasta entonces, provocó la terrible reacción que por mucho tiempo la privó de libertad.

Anteriormente, una gran parte de los celtas hubo de expatriarse para huir del despotismo de las druidesas (hacia el 10.000 a.C.), estableciéndose en las regiones ocupadas por los Negros, en el lugar que más tarde fue la Arabia. *Fueron estos pobladores los celtas errantes, los bodhones, de lo que más tarde una parte, tras innúmeras vicisitudes, constituyó el pueblo hebreo.* [6]

Tal fue el origen de la inferioridad de la mujer entre los judíos.

Volvamos a los celtas que aún quedaron en Europa bajo la tiranía de las druidesas.

La Raza Blanca estuvo a punto de perecer por una terrible plaga: *la lepra*, contraída mediante las comunicaciones con los Negros, y que hizo amenazadores progresos, a pesar de la multiplicación de los sacrificios humanos ofrecidos por las druidesas al dios Thor y a la diosa Freya.

La Providencia esta vez tomó por mediador a un hombre de genio: el druida Ram. Este gran hombre, Ram, sufría al ver la plaga agotadora del cuerpo de los Blancos, como las exacciones de la druideras agotaban los espíritus. Lleno de sombríos pensamientos, el joven druida durmió al pie de una encina y en el acto el plano astral hubo de revelarse a su ser luminoso.

Ram vio aparecer al alma colectiva de su raza, el gran Herrmann, quien le revela cómo el muérdago de la encima, preparado de cierto modo, era el remedio contra la lepra y el medio de restablecer en el colegio de los druidas la autoridad que las druidesas habían llevado al desprestigio. Ram anunció esta revelación al jefe de su colegio, y la experiencia confirmó la

6 De la mezcla que entonces se verificó de la sangre boreana y sudeana, surgieron los árabes. Todas las Cosmogonías tomaron a la mujer como causa del mal y fuente fecunda de desgracias que asolan la Tierra. (Fabre d´Olivet, *Hist. philosophiq.*, vol. 1º.)

realidad de la visión. Los druidas guardaron entre ellos el secreto de la preparación del producto de la encina, y tan sólo una fiesta conmemorativa transmitía, de tiempo en tiempo, este gran arcano. Dicha fiesta fue la de la recolección del muérdago de la encina en la época de la renovación de las fuerzas de la Tierra (por Navidad).

Cuenta Fabre d'Olivet (por sus propias visiones astrales) cómo las druidesas hicieron desesperados esfuerzo para retener en sus manos la autoridad que se les escapaba.

Ram fue elegido para «llevar un mensaje a los antepasados», es decir, para ser sacrificado en el altar. Ram protestó y, para evitar una guerra civil, emigró con varios millares de celtas que se unieron a su suerte (unos 6700 años antes de J.C.). Se dirigió Ram hacia el sudeste, a lo largo del mar Caspio; detúvose varios años al pie de los montes Urales, donde aumentó su ejército con todos los Blancos establecidos en esa región, procedentes de anteriores emigraciones. Cuando hubo organizado sus fuerzas definitivamente, acometió la conquista de la India, sometida por entonces al poder de los Negros.[7]

A este fin transpuso la cadena de montañas de los Urales y estableció su primer campamento entre el mar Caspio y el mar de Aral.

Desde entonces, sea por sí mismo, o bien fuese por sus lugartenientes, Ram logró rechazar a los Negros hasta la isla de Lanka (Ceylán), donde el Pha-Rawon, negro, fue vencido y donde perdió la vida.[8]

El poema indio del *Ramayana* cuenta la mayor parte de estos hechos. En esta época comienza el *Imperio de Ram*, que tan alta influencia tuvo en las tradiciones de la Raza Blanca. No osaré hablar de los siglos que a estas épocas acuerdan los cronólogos. Demostraré cómo por medio de cálculos astronómicos, la época de Ram puede remontarse acerca de 5000 años por encima de nuestra era, suponiendo que no haya habido correcciones en el calendario único, pero ¿quién puede asegurar que tales correc-

7 Hubo un tiempo en que las riberas del Ganges estaban habitadas por los Etíopes. (Enseñanzas de los brahmanes). *Vie d'Apollonios*, capitulo III, citado por Amaravalla. *Initiation*.

8 Véase Fabre d'Olivet, vol. 1º.

ciones no se hayan hecho? Arrio, que escribió, sin duda con arreglo a las tradiciones originales, nos dice que desde Teocrato hasta Sandrocotos, que fue vencido por Alejandro, se cuentan 6402 años.

Plinio está de acuerdo con Arrio perfectamente, ya que es de suponer que no lo haya copiado.

De aquí que cada uno sepa que la expedición de Alejandro a la India tuvo lugar 326 años antes de J.C., de donde resulta que podemos suponer desde Ram a nuestros días un promedio de 8550 años. [9]

De este año a J.C.	1.896
De J. C. a Alejandro	326
De Alejandro a Ram	6.402
AÑOS	8.624

6728 años a.C.

Ram, dueño del mundo, que debía presidir a la civilización de toda su raza, organizó su imperio conforme a normas teocráticas y religiosas. Estableció en el Tibet la sede del Soberano Pontífice y cambiando su nombre de caudillo combatiente, Ram (el carnero), lo trocó por el de sacerdote que fue, Ram (el cordero), fundando el culto lámico, ese rito del *cordero místico*, que hallamos más tarde como característica de la raza aria. Así es cómo comienzan la historia los historiadores profanos. Ven perfectamente a la Raza Blanca o aria salir de la India para traer de allí la tradición blanca; pero no saben que los blancos llegan antes yendo de Occidente a la India.

Todo lo que decimos se considerará quizá como una novela y, sin embargo, tenemos la certeza de que dentro de treinta años, todos los libros serios de historia no tendrán otra base que la dada por el gran maestro Fabre d'Olivet. Podríamos, en vigor, detener aquí nuestra digresión histórica; pero preferimos resumir en algunas páginas los extremos más importantes.

Ram hiere de tal modo el mundo por su conducta, que todos

9 Fabre d'Olivet, *Hist. Phil.*, vol.I.

los pueblos blancos y algunos otros, colocan al héroe en sus anales, en los que es fácil reconocerle bajo los nombres que adopta: *Rama*, entre los indios; *Lama*, en el Tibet; *Fó*, en China; *Pá*, en el Japón; *Pa-pa*, *Padi-Shah* o *Pa-si-Pa*, en el norte del Asia; *Giam Shyd*, entre los persas e iraníes; *Dionisios*, entre los arios.

Estos nombres bastarán para encontrar la unidad en medio de la diversidad de sus historias míticas.

Añadamos a esos nombres el *Zodíaco*, signos a los que Ram ha mezclado su historia, como hará más tarde Moisés en la historia de la tierra, y encontraremos también la adaptación de la parte mítica astronómica.

Los signos del Zodíaco, en número de doce, son lo más notable que hay en la esfera celeste; los demás no sirven sino para desarrollar la triple expresión. En la invención de todos esos signos es donde puso Ram toda la fuerza de su genio. El que lleva su nombre, el carnero, debe considerarse como el primero. ¿Pero a qué parte del año corresponde? Si es al comienzo, como parece averiguado, es preciso colocarle en el solsticio de invierno, en esa noche-madre, llamada por los celtas *Modra-Nect*. Pero, examinando el estado del cielo, veremos hoy que esa noche cae sobre Sagitario, lo que da una retrogradación de casi cuatro signos, o sea ciento veinte grados. Pero calculando esos ciento veinte grados, encontramos para la antigüedad del Zodíaco precisamente 8640 años, lo que nos aleja demasiado de la cronología de Arrio.

Según esta hipótesis, resultará que el signo de Libra caía en el solsticio del estío, dividiendo al año en dos partes iguales. Como quiera que Ram ha sido confundido con el Sol, al que se le ha designado también con el signo de Aries (El carnero), ha sido fácil, como lo han hecho una multitud de escritores, decir que el curso de este astro y sus diversas influencias, están caracterizados por los doce signos que transpone, pero reflexionando sobre la historia de este célebre teócrato, tal como la he referido, se ve que está perfectamente expresada por las figuras que acompañan a sus signos.

Desde luego, un carnero que huye con la cabeza hacia atrás y la mirada hacia el país que deja, figura atinadamente la situación de Ram abandonando a su patria. Un toro furioso parece oponerse a su marcha; pero la mitad de su cuerpo hundido en el légamo le impide ejecutar su designio, cayendo de rodillas. Son los celtas dibujados por su propio símbolo, quienes a pesar de tantos esfuerzos, acaban por someterse a Ram. Los gemelos que siguen, no expresan mal su alianza con los salvajes turanios. El Cáncer, sus meditaciones y reflexiones; el León, sus combates, y sobre todo la Isla de Lauka, designada por este animal; la Virgen alada, llevando una palma en la mano, indica su victoria. ¿Por la Libra no se ha caracterizado por la igualdad que establece entre vencedores y vencidos? El Escorpión puede figurar alguna revuelta, alguna traición, y el Sagitario la venganza que toma por ello. Capricornio, Acuario y Piscis, se refieren más a la parte moral de la historia. Aluden a sucesos de su vejez, y quizá con los dos peces (Piscis) se ha querido expresar la manera cómo su alma se encadenará a la de su sucesor.

Como eso ocurrió en los alrededores de Balk donde las figuras emblemáticas de la esfera se inventaron, hacia el 37º de latitud, los astrónomos podrán ver que el círculo del polo austral trazado por las constalaciones del Navío, de la Ballena, del Ara y del Centauro, y el vacío superior que aparece en las más antiguas esferas, dibujan exactamente el horizonte de esa latitud y dieron lugar, por consiguiente, a su invención.[10]

La iniciación ortodoxa de la Raza Blanca estuvo siempre caracterizada por el *color blanco*, símbolo en la raza de la fuerza del macho. El imperio de Ram duró cerca de 135 siglos y entonces comenzó lentamente el desplazamiento del polo de la civilización, de la India donde la había llevado Ram hasta la Céltida, donde debió primeramente fijarse. He ahí la clave de ese cisma femenino que Olivet no ha querido expresar, aunque lo conocía.

Efectivamente, la causa *visible*, la dislocación del imperio de Ram, fue el cisma de aquellos que, apoyándose en la música, quisieron colocar lo pasivo sobre lo activo. Pero la causa *invisible* fue más elevada. Lo acabamos de vislumbrar. Esas revueltas tomaron como signo de protesta *el color rojo*, y también como emblema, y de esto sale el verdadero origen de la

10 Fabre d'Olivet, *Hist. phil.*, tomo I.

púrpura como señal de poder. Fueron designados bajo diferentes nombres: pastores, yonis, yovijas, palifenicios. Salieron de la India 3000 años antes de J.C. y llegaron a Egipto 2700 antes de J.C. (invasión de los pastores), después de haber conquistado la Arabia y casi toda el Asia Menor, y echado los fundamentos de los grandes imperios de Asiria y Fenicia.

¿Cuál era la situación de Egipto entonces? El Egipto, como veremos luego a propósito de la historia de la tradición, conservó casi intacta la antigua tradición atlante de la Raza Roja transmitida por la Raza Negra. El imperio de Ram había tenido, además, una gran influencia en Egipto donde el gobierno de los Fa-Rawon tuvo una forma tecrática, próspera, y había dado hasta entonces catorce dinastías.

A esta misma dislocación hay que atribuir también el nacimiento de la primera dinastía dios-positiva (la XI).

Como quiera que sea, la horda de los asiáticos invasores debió de amenazar el Egipto hacia 2600 a.C., cuando reinaba la dinastía XIII. Tal es, en efecto, el momento en que los sacerdotes, advirtiendo el peligro y previendo sus consecuencias, *crearon los grandes misterios para conservar la tradición roja, libre de toda mancha.*

No es sino hacia 2200 a.C. cuando los pastores invaden el Egipto provocando violencias y matanzas sin cuento. Pero temiendo las represalias de los ortodoxos que quedaron en la India, se vio a estos asiáticos robustecer su nueva conquista del lado de la Arabia, lo que sorprende a todos los historiadores profanos que no han tenido la clave de este misterio, sin embargo, tan sencillo. Oigamos a este propósito lo que dice Marius Fontanes:

«La leyenda ha hecho de esta invasión un desencadenamiento de horrores. Se afirmó durante mucho tiempo y sin vacilación, que el Egipto fue saqueado, arruinado y destruido a sangre y fuego sistemáticamente; que una parte de la población, entregada al furor de los "asiáticos innobles", sucumbió en esas matanzas, quedando la otra parte reducida a la esclavitud...»

La invasión es cierta, indiscutible, y el reino de Shalif, inaugurando una dinastía, la XV, mucho menos segura en el origen de esos invasores que, denunciados como los «asiáticos innobles» por Manetón, van muy pronto, según el mismo historiador, *a defender el Egipto contra los asiáticos.* [11]

Es menester comprender que esos asiáticos se revolvían temiendo las represalias *de otros asiáticos* que habían permanecido ortodoxos. Punto que queda oscuro para los historiadores.

Escuchemos a Manetón que confirma nuestra opinión. Este da un nombre a los invasores. «Su pueblo, dice, fue llamado, en conjunto, *Hyksos*, es decir, reyes pastores, porque *hyk* en la lengua sagrada significa *rey y sos*, según el dialecto vulgar, *pastor o pastores*; de ahí la palabra compuesta *Hyksos.*[12] Y es por eso, añade Manetón, que pretenden que eran árabes.

No sabemos por qué se les podía creer árabes, puesto que venían de la Arabia después de haberla conquistado y arrojado al desierto a los verdaderos, una parte de los cuales se llamó «hebreos», esto es, errantes. Aquí es importante que citemos a Fabre d'Olivet.

«Los indios disidentes, lo que está comprobado por todas las leyendas sánscritas, no llegaron jamás a efectuar grandes progresos en la India propiamente dicha; pero eso no impidió que llegaran a ser extremadamente poderosos.»

Su primer establecimiento de importancia se efectuó primero cerca del Golfo Pérsico; de ahí pasaron al Yemen, donde efectuaron la conquista, a pesar de la violenta oposición que encontraron. Los celtas bodhones, desde hacía años dueños de la Arabia, después de resistir cuanto pudieron, obligados a ceder al Destino, prefirieron expatriarse a someterse. Una gran parte pasó a la Etiopía, extendiéndose el resto y dividiéndose en pueblos errantes, que se llamaron *hebreos* por esa razón.[13] Sin embargo, los fenicios, tomando el dominio del mar que separa la Arabia del Egipto, le dieron su nombre y, como dice Herodoto, ocuparon las orillas del Mediterráneo, donde establecieron el

11 Marius Fontanes, *Les Egiptes*.

12 «Tuvimos un rey llamado Timeo. Bajo ese rey, no se porqué, Dios sopló contra nosotros un viento desfavorable; y ante toda verosimilitud de Oriente, gentes de raza innoble vinieron de improviso, invadieron el país y lo conquistaron por la fuerza, fácilmente y sin ningún combate» Manetón.

13 La palabra *hebri*, de donde hemos sacado hebreo, significa traspasado, deportado, expatriado, ido al otro lado. Tiene la misma raíz que la palabra *harbi* en árabe, pero más fuerza en cuanto expresa una dislocación mayor.

lugar de su imperio[14].

En esa época, el imperio caldeo fue destruido. Uno de los jefes fenicios, conocido bajo el nombre de *Bâlli*, conquistó Plakshá, el Asia Menor, y edificó sobre las orillas el Eufrates la célebre ciudad de Babel, a la que dio su nombre. Este *Bâlli*, llamado *Belos* o *Belus* por los griegos y los latinos, fue, pues, el fundador de este célebre imperio que se llamó Babilonio, Sirio o Asirio.

Los hebreos, implacables enemigos de los fenicios, a causa de que habían salido de los celtas bodhones, arrojados por esos pastores de la Arabia feliz y constreñidos a errar por los desiertos, los hebreros, decimos, dieron a ese Bâlli el nombre de Nemrod para reparar la violencia y la tiranía de su usurpación. Pero fue inútil que ellos trataran de detener el torrente que se desbordaba sobre ellos. Desde el Nilo hasta el Eufrates, todo sufrió en algunos siglos el yugo de esos formidables pastores que, aunque sentados sobre el trono, conservaron ese nombre que se les había dado como injurioso.

El Alto Egipto resistió mucho tiempo sus esfuerzos a consecuencia de los vigorosos partidarios que tenía la facultad masculina bajo el nombre de *Iswara*, *Israel* u *Osiris*; pero en fin, la facultad o fuerza opuesta se llevó todo; y la diosa Isis entre los tebanos y la diosa *Mylielha* entre los babilonios, fueron igualmente colocadas sobre Adón. En Frigia la buena madre *Má*, llamada *Dindymen* o *Cibeles* por los griegos, despojó a *Atis*, el padre soberano, de su fuerza viril; y sus sacerdotes no pudieron conservarse sino ofreciéndole en sacrificio aquello mismo de que la ortodoxia hacía, desde luego, el emblema de su culto.[15]

Vamos a ver ahora todos los esfuerzos hechos por los iniciados para reparar las consecuencias de ese cisma femenino, cuyos partidarios habían tomado el color rojo. Dejemos a un lado la India, donde Krischen (Gopalla) 2600 a.C. y más tarde Foi (Sakya) 1600 a.C., se esfuerzan en encontrar la unidad perdida, y transportémonos al Este, en las tierras antes ilustradas por la Rama Amarilla.

Allí un iniciado de genio, reuniendo las huestes esparcidas no sólo salvó a la Raza Amarilla de la desaparición a que estaba

14 Los *Puranas* de los indios le llaman *Pallisthan*. Es la Palestina propiamente dicha. La Idumea o la Fenicia.

15 Fabre d'Olivet, *Hist. phil.*,

llamada, sino que le dio el impulso psíquico necesario para una nueva y fructuosa carrera. Este hombre fue conocido bajo el nombre de Fo-Hi, y creó su centro de acción en la misma época en que Krischen actuaba en la India, y cuando los Grandes Misterios se organizarón en Egipto, es decir, 2700 ó 2600 años antes de J.C.[16] y al mismo tiempo que el primer Zoroastro aparecía en Persia.

Fabre d'Olivet dice a este respecto: «Entre los pueblos que habitaban más allá del Ganges, otro teósofo no menos audaz (que Zoroastro) llamado Fo-Hi, pretendía que el primer cisma de los Pallis había nacido de una equivocación que se hubiera cortado fácilmente al observar que las dos facultades sexuales habían sido mal colocadas sobre los dos principios cosmogónicos Iswara y Prakriti.»

A partir de este momento, la historia analítica puede tomarse, no importa de qué historiador. Así no insistamos más sobre este punto. Vamos a seguir la Historia, pero en forma sintética, sobre todo en sus relaciones con la *tradición oculta.*

LOS GRANDES ENVIADOS DIVINOS

Las antiguas civilizaciones amarillas, rojas y negras, han legado a la Raza Blanca conocimientos históricos, científicos y religiosos cuyo conjunto constituye una tradición trasmitida de muchas maneras y por diferentes caminos, según los pueblos que se han encargado de esa trasmisión. Hemos podido ver en los capítulos anteriores los procedimientos principales empleados para *revelar* y para *desvelar* la enseñanza esotérica; hagamos ahora la *adaptación* de nuestros procedimientos de enseñanza.

El hombre no ha sido abandonado jamás en la carrera que recorre. Si el destino le obliga a veces a someterse a la humillación y al sufrimiento, su voluntad libre puede recibir preciosas enseñanzas de la Providencia. Esta no puede obrar sobre los

16 El libro de los Emperadores de China, sacado de la Biblioteca de las Misiones extranjeras confirma casi estas fechas, puesto que Fo-Hi y Xiu-Num preceden inmediatamente a Hoan-Ti, que reinó hacia 2697 a.C.

hombres sino por medio de los hombres, y ésos son los *grandes iniciados*, salidos ya de fraternidades que conservan la tradición, ya de la ascensión personal debida a la oración y al éxtasis, quienes se encargan en las épocas de duda y de trastorno de atraer a los hombres hacia su origen divino y recordarles el fin de sus existencia acá abajo. A propósito del alma humana y de su historia, veremos más tarde el origen *invisible* de esos grandes iniciados de los que trataremos aquí atendiendo sólo a su lado efectivo y visible.

Lo que ha impedido a la mayoría de los historiadores notar esas floraciones de iniciados, es la costumbre de escribir separadamente la historia de cada pueblo sin preocuparse de la historia de toda la tierra en una época dada. Este último método nos ha suministrado preciosas enseñanzas.

Comenzaremos por la llegada de Ram al Asia, dejando voluntariamente a un lado la época anterior. Esto nos permite empezar hacia 6700 antes de J.C.

El imperio de Ram dura 35 siglos, y en 3200 antes de J.C., estalla en la India el gran cisma que debía llevar la civilización celta a su polo original.

La corriente jonia de los pastores, *corriente esencialmente esotérica*, necesita la llegada de una floración de iniciados encargados de conducir a la unidad el dualismo creados por los jonios. Esta floración se produce hacia 2700 antes de Jesucristo y da origen a Fo-Hi en China, Krishna, Krischen o Copalla en las Indias, el primer Zoroastro en el Irán, y a Sanchoniaton en Tyro, al mismo tiempo que se establecen en Egipto los Grandes Misterios.

¿Cómo es que ningún historiador ha tratado de notar este espléndido movimiento providencial, que un sencillo cuadro hace ver claramente?

Pero no es el solo, ni el único en el mundo. La moral de la raza se degrada, las castas que detentan el poder y aplastan la autoridad llegan a tales excesos que hacia 1600 antes de J.C. el Espíritu providencial se manifiesta una vez más, y viene a iluminar la tierra con sus rayos.

Foe (Sakya) en la India, el segundo Zoroastro en el Irán; Moisés en Egipto y Orfeo entre los tracios, vienen de nuevo a recordar a la raza sus celestes orígenes y a colocar a los hombres en el verdadero reino de Dios, del que se apartaban.[17]

Qué nos importan las adaptaciones divinas dadas a la revelación, salidas de los mismos planos celestes, qué nos importan los medios diferentes empleados por cada iniciado para traducir esa revelación única; sabemos que la esfinge tiene cuatro modalidades, sobre cada una de las cuales se puede apoyar uno para descifrar el enigma que adorna el santuario.

Foe, será, sobre todo, intelectual. Zoroastro, mago y naturalista. Moisés, sólo conducirá a la raza a la ortodoxia de los rojos, y de Ram, gracias a un yugo de hierro impuesto a su pueblo. Orfeo, camarada de iniciación de Moisés, educado en el mismo templo de Osiris, encantará a los tracios, ocultando la unidad del esoterismo *ideado* bajo la multiplicidad de las *formas* de sus infinitas manifestaciones, revelando la jerarquía de las fuerzas principios, que Sanchoniatón había dejado entrever. Eso le valdrá ser asesinado por los supervivientes de la iniciación celta de las druidesas; pero su idea se hace así más bella y constituye en adelante el faro que guiará a la Grecia naciente hacia su porvenir glorioso.

Pero la época de los grandes cambios se aproxima a pasos de gigante. Seis siglos nos separan apenas del cristianismo y la Providencia prepara los caminos.

En 500 antes de J.C., vemos nacer la más grande y extensa de las floraciones divinas. Los Grandes Enviados celestes se multiplican y la tierra entera oye voces de lo alto.

17«Orfeo ha revestido con los más brillantes colores las ideas de Ram, de Zoroastro, de Krischen; ha creado el politeísmo de los poetas, inflamando la imaginación instintiva de los pueblos.

Moisés nos ha transmitido la unidad divina de los atlantes, desarrollando ante nuestros ojos los derechos eternos, poniendo la inteligencia humana a una altura donde comúnmente a pocos puede sostenerse.

Fue revelando el misterio de las existencias sucesivas, al explicar el enigma del universo, mostrando el fin de la vida, ha hallado al corazón del hombre, ha conmovido todas sus pasiones y, sobre todo, exaltado su imaginación anímica.

Estos tres hombres parten de la misma verdad; pero tratan particularmente de mostrar una de sus fases, si hubiera podido reunirse habrían llegado a conocer la Divinidad absoluta. Moisés, en su insondable unidad; Orfeo en la infinidad de sus facultades y atributos; Fo en el principio y fin de sus concepciones» (Fabre d'Olivet).

En China es Lao-Tse y Confucio. En el Japón es Son-Mu. En la India es el cuarto Buddha (que no hay que confundir con Sakyamuni, que es el precedente). En Persia es el redactor principal del Zend Avesta, el último Zoroastro. En Egipto, la gran Universidad se revela bajo el nombre de Hermes. Entre los judíos es Esdras, que restablece el Sepher gracias al caldeo Daniel. En Grecia y el todo el Occidente es la poderosa voz de Pitágoras que revela al Occidente el principio de su evolución futura. En la *futura Roma* es Numa, que reúne la tradición etrusca roja a las fábulas aportadas por los primeros maestros del mundo. ¿Qué historiador es bastante ciego para no ver y comprender todo esto?

¿Hablaremos de los años que preceden al cristianismo? ¿Habrá que recordar las misiones budistas que alcanzan la escuela de Alejandría, y que hunden sus raíces hasta en las esenias? ¿Habrá que nombrar a Hillel, a Juan Bautista, las dos voces que preceden al Verbo hecho carne?

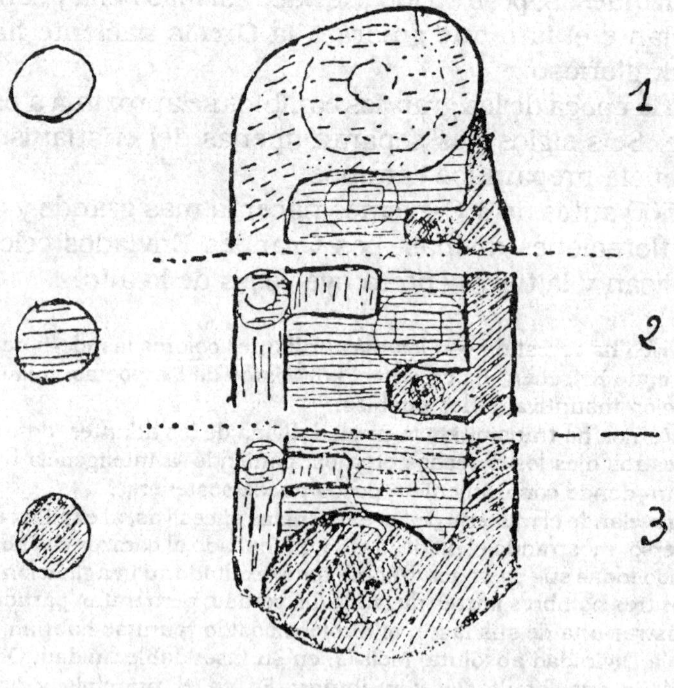

La clave del ternario

¿Habrá que nombrar a Sócrates, el divino, a Platón, el genio sobrehumano, y al sabio Aristóteles, a todos los que se esfuerzan en revelar el gran misterio que se prepara?

Pero ved: los oráculos enmudecen de pronto. La gran serpiente corruptora parece encerrar definitivamente en sus negros anillos a la humanidad, y, sin embargo, los profetas y los videntes se estremecen. La luz secreta de la naturaleza se ilumina con un fuego divino. Las imágenes misteriosas anunciadas desde largo tiempo aparecen en el astral, y el mundo invisible todo entero se ha estremecido, porque la reina de las constelaciones, la que preside a la unión de toda alma celeste y de todo mensajero o enviado, la Virgen del cielo ha creado su imagen terrestre y el Verbo del Padre lentamente se condensa y se cubre de carne para llegar hasta la tierra... Misterio de misterios, en... Sabaoth el Bueno emana su celeste luz. Los arcángeles y los tronos, las dominaciones y los ángeles adquieren conocimiento de ese mundo tan alejado de su esencia se revelan a la Virgen luz... Luego, los iniciados de la Caldea, los amigos, se ponen en camino y sus cuerpos siguen, en su andar, a la chispa divina que cae sobre la tierra... Que la luz intelectual sea como en el principio la luz física se hizo. Ha venido a nosotros el Mesías de la Raza Blanca... CRISTO HA ENCARNADO.

Ninguna comparación puede establecerse entre el Verbo y los salvadores de otras razas que, en el misterior, están a su diestra. Pero los verdaderos iniciados únicamente comprenden ese misterio, y no es este lugar propio para hablar de él.

Al mismo tiempo que el Verbo, los Grandes Enviados ganan la tierra, humanizando lo divino y evolucionan el plazo intelectual de la humanidad, dos grandes espíritus concurren a otros enteramente humanos: Apolonio de Tyana, evolucionando el plano instintivo, y Odín al evolucionar el plazo anímico de esta misma humanidad secreta.

Esta ojeada sintética de la Historia nos permitirá comprender lo que vamos a decir respecto de la tradición.

Capítulo VIII

LA RAZA BLANCA Y LA CONSTITUCION DE SU TRADICION

La raza blanca y la constitución de su tradición. – Preliminares. – Moisés.– La Cábala.– El Helenismo. – El Cristianismo. – Influencia de Zoroastro. – Los árabes. – La tradición oriental.

PRELIMINARES

La tradición que poseemos nos llega de dos fuentes distintas:

1º Bajo el nombre de filosofía hermética, de cábala y de otras apelaciones del mismo género, poseemos una tradición salida directamente de los rojos y de los negros y adaptada a Occidente por Moisés, los iniciados egipcios, Pitágoras, la escuela de Alejandría, los cabalistas judíos, los alquimistas y la Rosa cruz.

2º Bajo el nombre de tradición oriental, taoismo, brahmanismo, budismo y otras apelaciones del mismo género, podemos igualmente estudiar ciertos puntos de la tradición negra aliada a la amarilla y modificada por los celtas establecidos en el Indostán. Esta tradición adaptada al nivel de las razas de Oriente por Rama, Krish'en por los Buddhas, de una parte, por Fo-Hi, Kong-Tren, Son-Mu y los Zoroastros, de otra parte, enseña las mismas verdades que la tradición occidental; pero de una manera poco accesible para nuestro cerebro.

3º En fin, esas dos grandes corrientes tradicionales se han

puesto en contacto en el curso de la historia, como lo hacen hoy mismo. De ahí se han derivado muchas corrientes anexas entre las que indicaremos: Odín, iniciado de Zoroastro y creador de la tradición teutónica, vulgarizada por Wagner, y ciertas sectas gnósticas, la Templaria, etcétera.

4º Hay que añadir, finalmente, a esas corrientes tradicionales: los recuerdos populares (folklore), la tradición dormida para la antigüedad y las aportaciones nuevas hechas a la Raza Blanca por los precursores, el Mesías y los desveladores del Mesías, es decir, todo el cristianismo, la gnosis, el islamismo y el babismo, sin contar con las revelaciones anexas como la de Louis Michel y otras parecidas. Se ve cuánta prudencia hay que tener para profundizar en todas esas corrientes que forman la *savia verdadera* del árbol histórico de la Raza Blanca. Se comprende igualmente el valor recíproco de esas tradiciones diversas respecto de nuestra cerebración actual.

Para nosotros, celtas y occidentales, la tradición hecha realmente para nuestro espíritu es la tradición cabalística regenerada por el cristianismo y que, desde su origen, centenares de enviados y de iniciados han dirigido y hecho asimilable a nuestra inteligencia. Esa tradición se hizo comprensible y sus enseñanzas pueden darse enteras en cualquier idioma europeo gracias a los esfuerzos de los reveladores. Y esa enseñanza debe formar la base de toda iniciacion occidental; pero eso no quiere decir que sea inútil estudiar las demás tradiciones. Pero eso sólo debe hacer hacerse cuando poseamos bastante bien la tradición occidental.

Si se quiere seguir otro camino, si se pretende enseñar únicamente la tradición oriental, en vez de la tradición de nuestra raza, se procederá como el orador que hablase en chino a una reunión de franceses. Lo entenderán los orientalistas y los demás se marcharán. Hay que añadir también que las tradiciones de Oriente, extrañas al cristianismo, no comprenden la grandeza de Cristo y de su obra, e inducen así a muchas gentes a seguir un mal derrotero.

En cuanto a discutir sobre la primacía de una u otra tradición, eso es obra de la ignorancia y del sectarismo. Ambas vienen de la Raza Roja o de la Amarilla o de la Negra, y resultan de una mezcla más o menos remota. Además una tradición no tiene valor sino en cuanto es regenerada tras los siglos por un nuevo enviado celeste, y desde este punto de vista, también de parte de la tradición occidental está la ventaja.

Así el resumen que vamos a hacer corresponderá principalmente a esta tradición.

* * *

El Egipto, no hay que olvidarlo, fue la última región dominada por los atlantes. Conservó siempre el recuerdo de esos pueblos y cuando pasó a poder los pastores fenicios, quedó en posesión de dos tradiciones importantes: la primera, que venía originariamente de la Raza del Sur, de la que formaban parte sus habitantes; y la segunda, que había adquirido de la Raza Boreal, de la que formó más tarde el culto y las leyes. Por medio de la primera tradición podía remontarse a una anterior, y conservar cierta idea de la Raza Austral predecesora de la del Sur. Esta primera raza, a la que pertenecía quizás el nombre primitivo de Atlántico, fue aniquilada completamente en un espantoso diluvio que, cubriendo la tierra, la dislocó de polo a polo, sumergiendo la isla magnífica e inmensa donde habitaba esta raza, más allá de los mares. En el momento en que esta isla desapareció con todos los pueblos que la habitaban, la Raza Austral retuvo el imperio universal y dominó sobre la del Sur, que salía apenas de la barbarie y estaba aún en la infancia del estado social. El diluvio que la aniquiló fue tan destructor, que no dejó subsistir más que un recuerdo confuso en la memoria de los hombres de la Raza del Sur que sobrevivieron. Estos hombres debieron su salvación a su posición ecuatorial y a las cimas de las montañas donde residían.

Las tradiciones que el cuerpo sacerdotal egipcio poseía casi solo, le daban un justo ascendiente sobre los otros.[1]

Ante todo, recordemos el carácter distintivo y característico de cada tradición. La tradición roja se revelará siempre por el número. La fama será sumisa al número por la geometría, y los

1 Fabre d'Olivet, *Histoire philosophique.*

dibujos de los mismos nombres serán triangulares y geométricos. (Figura triangular de los etruscos primitivos, jeroglíficos, pirámides.) La tradición amarilla señalará su carácter por la idea dominando sobre todo, aun en la forma. (Escritura ideográfica. China, Egipto.) La tradición negra dará, al contrario, la supremacía a la forma y a la imaginación, a los ornamentos, a los adjetivos. Las descripciones corresponderán ante todo a las producciones de la Raza Negra. En fin, los Blancos, recién venidos, continuarán su propia tradición por el peso, el número y la medida, referidos a todas las tradiciones precedentes.

La tradición occidental ha sido constituida por Moisés, uniendo en una magnífica síntesis las tradiciones puras de la Raza Roja, conservadas en Egipto en los grandes misterios, y las tradiciones más secretas de la Raza Negra, conservadas después de Jethro en el templo del desierto.

MOISES

Moisés, educado en la Corte de Faraón, egipcio iniciado en los mismos sagrados, huye de Etiopía a causa de un asesinato que ha cometido. Allí conoció la tradición primitiva de los atlantes sobre la unidad divina, y encontró una parte de esos pueblos árabes que los pastores fenicios habían arrojado del Yemen, como se ha dicho. Esos árabes, productos de una mezcla de atlantes y de celtas, tenían una multitud de motivos para detestar a estos pastores a los que conservaron el nombre de filisteos.

Dispersados en la Etiopía como en Egipto, eran víctimas de su mala suerte. Moisés nació entre ellos. Estaba errante y le acogieron. El infortunio los relacionó. Sabido es que este hombre glorioso, llamado por la Providencia a tan altos destinos, fue reducido a guardar los rebaños de Jethro, con cuya hija, Zefora, se desposó.

Jethro era uno de los sacerdotes de los árabes expatriados. Se les llamaba hebreos por la razones que he dicho. Jethro conocía las tradiciones de sus antepasados y se la enseñó. Quizá conservaba algunos libros genetlíacos y se los dio. El libro de las *generaciones de Adán*, el de las Guerras de Ihôa, el de las

Profecías, son citados por Moisés. El joven teócrata se penetró de todas esas cosas y las meditó mucho tiempo. Estando en el desierto obtuvo la primera inspiración. El dios de sus padres, que se llama Ihôa, el Ser que es, le hizo oír su voz desde una zarza encendida.

No insistiré sobre el sentido misterioso y secreto del *Sepher* de Moisés, puesto que he dicho en otra parte lo bastante [2]. Me limitaré aquí a decir que Moisés, después de haber recordado la leyenda de *Ælohim*, el ser de los seres, refiere la de *Noé*, el reposo de la naturaleza; la de *Abraham*, el padre sublime; la de *Moisés*, el salvado, a la que mezcla hábilmente la suya, dejando al que ha escogido teocráticamente para sucederle a *Josué* el salvador, el cuidado de acabar la obra. De suerte que los orígenes que parece dar a su pueblo, y que se ha dado a sí mismo, por la manera con que liga esas leyendas a su historia propia, son puras alegorías afectas a objetos cosmogónicos, infinitamente más importantes, y que se refieren a épocas infinitamente más atrasadas.

Tal es el método que seguían los antiguos sabios y que siguió Moisés. El *Sepher* de este hombre admirable, llegado todo entero hasta hoy gracias al triple velo que le cubre, nos lega *la tradición más antigua que hay hoy sobre la tierra*. Alcanza no sólo a la edad de los atlantes primitivos, sino a las catástrofe de que fueron víctimas, y se lanza a través de la multitud de los siglos hasta el principio de las cosas, que refiere bajo la forma de un decreto divino emanado de la eterna Sabiduría.[3]

LA CABALA

Moisés dividió su enseñanza en dos partes unidas por una tercera: 1ª Una parte escrita: la letra formada con caracteres ideográficos de tres sentidos, constituye el cuerpo. 2ª Una parte oral constituye la clave de la sección precedente. 3ª Entre ambas, un código de reglas relativas a la conservación escrupulosa del texto, forma la *vía* de la tradición con la jurisprudencia como principio animador.

2 *Lang. héb. restituèe.*
3 Fabre d'Olivet, *Hist. philos.*

El cuerpo de la tradición toma el nombre de *Mashora*. La vida de la tradición se divide en *Mishna* y *Ghemara* cuya reunión forma el *Talmud*. El espíritu de la tradición, la parte más secreta, la constituye el *Sepher Iezirah*, *el Zohar* con el *Tarot* y las *clavículas* como apéndices. El conjunto forma la CABALA.

La CABALA o tradición oral es, pues, la parte iluminadora de un ser místico constituido por Moisés sobre el plan de los seres creados. A nuestro entender, es la única tradición que se nos presenta con ese carácter elevado y sintético y en esto está la razón de su unidad y de su fácil adaptación a la intelectualidad occidental.

La *Cábala* es la ciencia del alma y de Dios en todas sus correspondencias. Enseña y prueba que *todo está en uno y que uno es todo*, permitiendo, gracias a la analogía, remontar desde la imagen al principio, o descender del instante del principio a la forma. Una letra hebrea es para el cabalista un universo en pequeño con todos los planos de correspondencia, como el Universo es un alfabeto cabalístico con su cadena de relaciones vivas. Así, nada es más fácil de comprender, ni nada más difícil de estudiar, que la Santa Cábala, centro verdadero de toda la iniciación occidental.

Tres planos de existencia, llamados los tres mundos, manifiestan la unidad creadora fuera de ella misma. Esa unidad la encontramos en todas partes, lo mismo en Dios, que en el Universo, y en Hombre, manifestando cada uno el triple plan de existencia. Los encontramos integralmente en un grano de trigo, en un planeta, en un gusano, como es un sol, en una palabra, o en un signo de la escritura. No es de sorprender por ende que los cabalistas hayan sido considerados, a través de las edades, como soñadores ingeniosos por los pedantes y los ignarios, y como sabios prodigiosos por los ocultistas.

La posesión de las claves cabalísticas abre el porvenir, el éxito y el cielo a toda religión o a toda fraternidad de iniciados. Y la pérdida de ellos condena a muerte a quienes han dejado extinguir tan preciosa luz.

En la época de Ptolomeo, los judíos no podían traducir el *Sepher* de Moisés; llegaron a perder su existencia independiente, sin pena, y sólo los esenios, que poseían la clave, vieron perpetuar su espíritu gracias al cristianismo. Hoy el Apocalipsis está sellado para los católicos romanos, como para lo protestantes, evangelistas. Las claves se han perdido para los ortodoxos, y para los armenios también.

En las logias masónicas ya no se conoce la acacia; el corazón de Irán no se conserva en el caso místico. Los ateos, los ambicios dicen INRI, y borran IAVE del frontis de sus templos. Son más de temer que los sacerdotes a quienes injurian, porque éstos, al menos, han conservado la devoción, que hace los santos, si bien han perdido la tradición que hace los iniciados.

He ahí por qué es necesario hablar de la Cábala un poco, aunque hayamos hecho ya algunas indicaciones.

Daremos, pues, a continuación algunos detalles sobre los tres mundos en sí mismos, es decir, en sus principios de constitución, así como en sus triples manifestaciones. Al efecto vamos a tratar de las imágenes ideales de esas leyes, de esas relaciones y de esos principios figurados por las letras del idioma hebreo, de las diez conversaciones secretas o Sephirots y de las operaciones de la aritmética sagrada.

* * *

La Cábala establece, desde luego, una ley general, y la creación entera no será sino una aplicación de ella. Esta ley es la trinidad derivada de una unidad primordial, ya estudie los orígenes, aspirando a la fusión en la unidad, ya estudie los fines, o desenvolviéndose en un ciclo cuaternario, si se estudia la vida o el período de existencia. Esta pasividad existe, desde lucgo, en el principio de toda creación y es representada así:

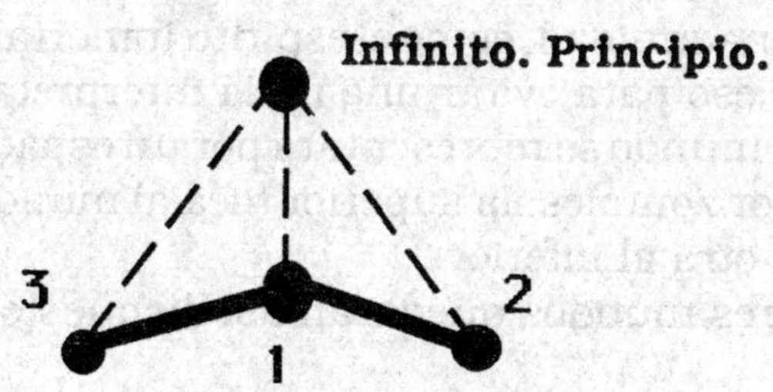

Cada uno de los elementos constitutivos de esta trinidad posee el poder de creación y generación que posee el principio primero; pero este poder está en cada elemento derivado, teñido de un carácter particular, que se llamará afinidad o sexo, según los planes ulteriores de acción.

Hay, efectivamente, tres planos de acción, en los cuales únicamente puede ejercer su actividad toda criatura. Esos tres planos o jerarquías se llaman en la Cábala *los tres mundos* y están representados en la menor de las criaturas como lo están en la más inmensa. Así una letra del alfabeto hebreo es una criatura intelectual conteniendo los tres mundos bajo los aspectos de tres sentidos jerárquicos. Un glóbulo de sangre es una criatura que manifiesta los tres mundo por tres centros (envoltura, sustancia media y núcleo). El cuerpo físico del hombre es una creación física que manifiesta igualmente los tres mundos por su constitución (cabeza, pecho, vientre).

Estos tres mundos están constituidos: 1º Por un mundo superior. 2º Por un medio; y 3º Por un mundo inferior, que reciben nombres completamente diferentes, según la criatura en que se consideren. Ahí está el origen de una multitud de errores y oscuridades para los estudiantes, errores que los cabalistas han tratado de conjurar del mejor modo posible. Ahí, en un glóbulo sanguíneo, los tres mundos están representados por el alma del mismo obrando sobre el núcleo, la vida actuando sobre la sustancia media, y el cuerpo del glóbulo limitado por la cápsula. En el hombre, el mundo superior será el espíritu o el ser inmortal utilizando el sistema nervioso consciente, la Vida, o principio animador, utilizando el sistema neurosimpático, y los vasos sanguíneos, en fin, el cuerpo renovando y soportando la materia. Pero es fácil ver que el cuerpo es, a su vez, una representación de tres mundos. La vida refleja igualmente una trinidad, como el espíritu inmortal. ¿Cómo representar todo eso para evitar una mala interpretación?

Cada mundo se representará por un espacio limitado por dos líneas horizontales, la superior toca al mundo inmediato superior y la otra al inferior.

Los tres mundos quedarán así dispuestos:

Mundo Superior

Mundo Medio

Mundo Inferior

Pero cada mundo tiene en el otro un reflejo o una representación. Así el sistema nervioso consciente, aunque centralizado en la cabeza, tiene emanaciones en el pecho y el vientre. El sistema simpático y sanguíneo, aunque centrado en el pecho, envía las arterias y las venas por otras partes en los demás mundos humanos, igual que el sistema digestivo y linfático, que aunque centralizado en el vientre, emana vasos y glóbulos a todo el organismo.

Las nuevas subdivisiones de cada Mundo se indican fácilmente así:

Mundo superior	Localización del superior Reflejo del medio Reflejo del inferior
Mundo medio	Reflejo del superior Localización del medio Reflejo inferior
Mundo inferior	Reflejo del superior Reflejo del medio Localización del inferior

Pero para indicar mejor que esos mundos y sus reflejos se penetran recíprocamente, los cabalistas han adoptado las líneas verticales o columnas que atravesando cada uno de los tres mundos, indican, a simple vista, las relaciones entre esos diversos centros jerárquicos.

Mundo superior	Reflejo superior	Superior Localización	Reflejo superior
Mundo medio	Reflejo medio	Reflejo medio	Medio Localización
Mundo inferior	Localización inferior	Reflejo inferior	Reflejo inferior

He ahí el campo de acción en el que van a operar las criaturas. Claro es que ese campo cambiará de nombre al mismo tiempo que cambia la criatura que contenga. Así en el hombre hemos de ver en el plano o mundo superior (cabeza): 1º El Espíritu que está localizado en ella. 2º La Vida que se refleja allí. 2º El cuerpo, que está igualmente reflejado en ella. En el plano medio o el pecho, se verá igualmente: 1º El reflejo del Espíritu consciente. 2º La localización de la Vida. 3º El reflejo del cuerpo material.

En fin, en el plano nferior o abdomen, encontraremos esta triple división. Los paréntesis nos indicarán cada elemento y tendremos fácilmente la siguiente figura:

(Cabeza nervios)	ESPIRITU	(Ser psíquico Vida intelectual
(Pecho sangre)	SENTIMIENTO	Vida orgánica)
(Vientre linfa)	INSTINTO	(Vida celular)

Pero no olvidemos que estos nueve centros proceden de su

gran Principio infinito, dando nacimiento a la primera trinidad.

La figura no sería completa sin representar sobre el mundo superior ese principio creador y, por debajo del mundo inferior el reflejo directo de ese principio, el elemento por el cual la creación segunda, o generación, puede cumplirse, y tendremos (tomando siempre al hombre) la figura siguiente:

	PRINCIPIO CREADOR DIOS	
Cabeza	Espíritu	Ser psíquico
Pecho	Sentimiento	Vida orgánica
Vientre	Instinto	Vida celular
	Generación Reflejo del propio Creador en la materia	

Recordemos que esta figura que acabamos de aplicar al nombre entero, se aplica también al análisis anatómico, es decir, al constitutivo del hombre solo. Eso indica que esta figura es la expresión absoluta de la ley general de constitución, y que basta cambiar el nombre de los elementos para obtener en seguida el nombre de los planos de los mundos correspondientes, y recíprocamente. Gracias a esta figura, se podrá analizar por la clave diez (3 ternarios tonalizados) las divisiones más diminutas de la célula, como hemos analizado al hombre todo entero.

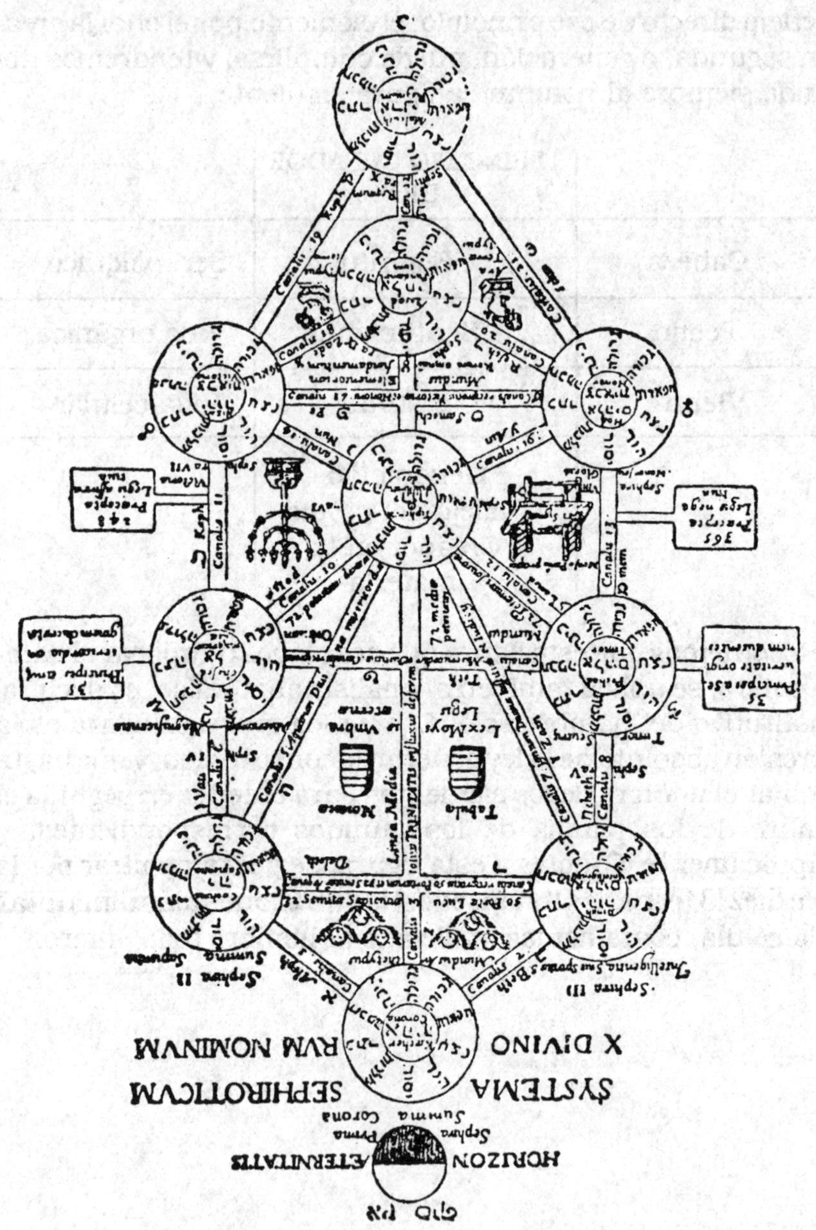
SYSTEMA SEPHIROTICVM
X DIVINORVM NOMINVM
HORIZON AETERNITATIS
Sephira Prima
Summa Corona
Sephira II
Summa Sapientia
Sephira III
Tabula
Nomen
Linea Media

Los cabalistas, al determinar esta ley general, no la habían oscurecido por el influjo de un ejemplo cualquiera; era menester dejar a cada término de la ley un nombre bastante general para evitar toda confusión; así, en la figura que debía servir de caso para todas las figuras de aplicación, cada uno de los términos fue llamado *numeración*, porque no existe otro más general que el número. Tal es el origen de lo que se llama en la cábala.

LAS DIEZ SEPHIROTHS O LAS DIEZ NUMERACIONES

Cada uno de estas sephiroths o numeraciones, se aplica a una de las cualidades de Dios en el primer ejemplo y se obtiene asi el cuadro clásico que damos y del que ofrecemos por primera vez, según creemos, la génesis y la clave de construcción.

Sin embargo, estos diez elementos de análisis, aplicables a una realidad cualquiera, no están desligados entre sí. Además de sus relaciones de columnas, hay entre ellos las de *vías de unión*, llamados *canales*, que reúnen unos elementos con otros. Cada uno de estos canales está constituido por una *realidad creada* por un ser intelectual, vital o material, según el mundo a que pertenece la criatura a la que se aplica la figura de las numeraciones. Del mismo modo que las *numeraciones* indican cada uno de los elementos constitutivos de nuestra figura general, las *letras hebreas* indican las vías místicas uniendo esos elementos.

Aquí hay que seguir también la ley trinitaria y los cabalistas no han olvidado en la constitución de este instrumento maravilloso que se denomina el alfabeto hebreo.

Se compone de veintidós letras jeroglíficas, cada una de las cuales es una criatura intelectual, susceptible de profundas interpretaciones. Estas letras responden a los tres mundos de la manera siguiente:

Tres letras madres A (alef) 1ª M (mem) 13ª y Sh (schin) 21ª, representan el mundo superior. Tres letras dobles representan el mundo medio y doce letras sencillas representan el mundo inferior.

Cada uno de los mundos está represnetado en los demás,

encontramos cada uno de los géneros de letras en cada mundo. Así que: El mundo superior tendrá una letra madre, tres dobles y cuatro sencillas, constituyendo sus canales. El mundo medio y el inferior análogamente: una madre, dos dobles y seis y dos sencillas, respectivamente. Tal es la constitución estática del sistema de las sephiroths.

El triple ternario, con sus dos tonalizantes, una superior y otra inferior, y los canales místicos manifestados por las letras hebreas que unen los diversos centros. Tal es la anatomía del sistema; pero no hay que olvidar que es a la vez la figura exacta de la ley de vida espaercida por el Universo; así, los diversos elementos que acabamos de indicar, dan por sus diversas combinaciones una infinidad de leyes nuevas que dirigen particularmente el reparto de la fuerza central en las divisiones ulteriores de los diversos mundos.

Cada vez que el gran esquema sefirótico se aplica a un nuevo sistema de realidades, inmediatamente todas las significaciones de los centros y de las vías cambian de carácter y ése es el camino que han seguido los cabalistas para separar a las personas y a los profanos.

La significación de las letras hebreas ha sido tomada de *muchos sistemas diferentes, de muchas aplicaciones o realidades de diversos planos*, y por eso ciertas letras se refieren al nombre, como Caf, que muestra el puño cerrado, mientras que otras se refieren a la naturaleza, como el *Samech*, que designa la serpiente astral. En realidad, no existe *clave completa y escrita* del poder real de las letras hebreas, en un solo plano de aplicación y cada estudiante ha de hacer por sí propio una clave de este género volviendo a empezar para cada sistema de realidad, con lo cual el investigador aprenderá a manejar la analogía y a abrir el libro oculto y cerrado con siete sellos.

¿Cómo hay que estudiar la Cábala? – Se comprende que no podemos con esta breve exposición entrar en grandes detalles respecto de la Cábala que forma la base positiva de la iniciación occidental. Hemos expuesto claramente la construcción de la *sephira* y señalado algunas indicaciones respecto de las letras: nos falta dar algunos consejos a quienes deseen ir más adelante en estos estudios.

He aquí, lo que hay que saber indefectiblemente y que es el A B C del asunto: 1º Las diez *sephiroths* y su aplicación a la manifestación divina. 2º Las 22 letras, su nombre, su lugar, su orden y su jeroglífico en el alfabeto. 3º Los *Schemoth*, o nombres divinos, que forman el alma de las *sephiroths*, considerados como individuos. 4º Sabido eso, es útil estudiar el libro de la formación, clave analógica de la ley de vida o *Speher Ietzirah*. 5º Así se podrá comprender primeramente en la *Filosofía oculta* de Agrippa, y luego, en los clásicos, el arte de las trasposiciones o Gematría, el arte de determinar el carácter en los signos o *Notaria*, y, finalmente, el de las presentaciones y combinaciones o *Temura*. 6º estos estudios preparatorio son necesarios para abordar con fruto la lectura de ese libro misterioso y sublime, que se llama el *Libro de la luz, el Libro del coro celeste*: *El Zohar* que nos inicia en los misterior de los universos por el Hombre Celeste, y la constitución del Adam-Kadmon. 7º Las obras de Eliphas Lévi y las de Louis Michel de Figanières (*Clef de la vie*, *La Vie Universelle*), particularmente indicadas a título de comentario y de resúmenes de todas las enseñanzas.

Véase ahora por qué el estudio de la Cábala se ha considerado siempre como uno e los esfuerzos más dignos a que puede consagrars e la inteligencia humana. Se encontrarán los elementos de todo esto en los cuadros siguientes y algunos desarrollos en nuestro *Traité methodique de Sciencie oculte*, así como en las notabilísimas obras de Stanislas de Guaita.

LAS SEPHIROTHS

EN SU APLICACIÓN A LA MANIFESTACIÓN DIVINA

ENSOPH
Lo Absoluto

KETHER
La Corona

BINAH La Inteligencia	CHOCHMAH La Sabiduría
PECHAD El Temor	CHESED La Misericordia

TIPHERETH
La Belleza

HOD	NIZAH
El Honor	La Victoria

IESOD
El Fundamento

MALCHUT
El Reino

LAS 22 LETRAS

Carácter	Nombro	Jeroglífico	Valor
MADRE	1 Alet	El hombre	1
Doble	2 Beth	La boca	2
,,	3 Ghimel	La mano prensora	3
,,	4 Daleth	El seno	4
Sencilla	5 Hé	El aliento	5
,,	6 Van	El ojo-el oído	6
,,	7 Zain	La flecha	7
,,	8 Heth	Un campo	8
,,	9 Teth	Una cabaña	9
Sencilla y Principio	10 Iod	El índice	10
Doble	11 Caf	El puño cerrado	20
Sencilla	12 Lamed	El brazo extendido	30
MADRE	13 Men	La mujer	40
Sencilla	14 Nun	El fruto	50
,,	15 Samech	La serpiente	60
,,	16 Hain	Lazo materializado	70
Doble	17 Fé	La boca y la lengua	80
Sencilla	18 Tzad	Techo	90
	19 Cof	Hacha	100
Doble	20 Rerch	Cabeza de hombre	200
MADRE	21 Schin	Flecha	300
Doble	22 Tan	El seno	400

LOS DIEZ NOMBRES DIVINOS

1 Ehieh.
2 Jah.
3 Ichovah.
4 El.
5 Eloha.
6 Elohim.
7 IAVE Sabaoth.
8 Elohim Sabaoth.
9 Shadai.
10 Adonai.

ALGUNAS NOTAS DE CABALA SUPERIOR

El tratado cabalístico de la *Revolution des âmes*, traducción inédita y comentarios del doctor Marc Haven, uno de los más profundos cabalistas contemporáneos, da, a propósito de los puntos más elevados de estas doctrinas, algunas indicaciones muy útiles de conocer que han ofrecido incompletamente los comentadores de la Cábala. Resumiendo, según su manuscrito, esas enseñanzas, dejaremos en ciertas cuestiones el velo que la paciencia y el esfuerzo personal del estudiante deben levantar.

Los mundos. – Los mundos cabalísticos son tres, tonalizados por un cuarto:

Mundo emanador. – Aziluth.
Mundo creador. – Briah.
Mundo formador. – Iestrah.
Mundo fáctico. – Asiah.

Las personas. – En cada uno de estos mundos existen cinco personas místicas dispuestas de este modo:

	MACROPROSOPO o Longánimo.	
El Padre		La Madre
MICROPROSOPO o Irascible		La Esposa

La reflexión, de arriba abajo, de esta personas, engendra las diez Sephiroths. En el hombre se representan así las Persona:[4]

Chaijah		Jechida
NESCHAMAH (Nous)		RUACH (Epitumia)
	NEPHESCH (Psyquis)	

4 He aquí por qué David dice; *Que mi alma loe cinco veces al Señor* (páginas 103, 104).

Adam.– Adam se manifiesta en tres planos: ADAM KADMON, ADAM BELIAL y ADAM PROTOPLASTO.

Adam Kadmon, es el Adán que ha precedido a la caída. Adam Belial es el Adán de las Cortezas y Adam Protoplasto, es el principio de las almas diferenciadas, al que llama Fabre d'Olivet, el Hombre Universal.

Adam Kadmon se manifiesta en los cinco principios levantados de los mundos y Adam Belial en los cinco principios invertidos. (Esto es un misterio.)

Las almas. – Las almas proceden de la diferenciación de Adam Protoplasto; son 60 miríadas y se generan según los siguientes números místicos:

3–12 70–613–60 miríadas.

Ese y no otro es el origen de los 613 preceptos de la ley.

La generación de las almas o IBBUR es doble según el alma es nueva o reencarnada.

La revolución de las almas o GILGUL completa el misterio del destino humano. Los que conocen este misterio, saben quién es el hombre que tiene trece años y un día.

EL HELENISMO

Al mismo tiempo que Moisés desenvolvía el lado unitario de la tradición, el lado masculino de la divinidad, Orfeo en Tracia desenvolvía el lado múltiple de la misma, la manifestación femenina de la divinidad; el Politeísmo.

Mientras, los *Misterios* se instituían en todas partes para enseñar a los iniciados que los dos aspectos se sintetizaban en una sublime Unidad. Así los de Isis enseñaban los caminos de la intuición a los huraños discípulos del Dios Macho, mientras que los de Mitra y de Apolo enseñaban las vías de unificación psíquica a los imaginativos discípulos del Dios femenino. Se comprende que la historia no haya transmitido más fielmente el esoterismo de los misterios de Egipto que el de los de Jonia. Y sin embargo, cuántas bellezas hay ocultas bajo el velo gracioso de las fábulas del helenismo.

CREACION DE LA GRECIA

La Europa, en parte salvaje, dependía del imperio indio, como el resto de nuestro hemisferio y cuando el cisma de los pastores estalló, fue completamente separada y pasó a la dominación de los fenicios con la comarcas de Asia y Africa vecinas del Mediterráneo.

Estos pueblos, hábiles marinos y audaces mercaderes, recorriendo las costas se apoderaron de las colonias, establecieron otras y penetraron en ellas, así como en las sierras interiores. Los nombres que dieron a sus fundaciones fueron sacados de la Mitología o de los símbolos de su culto. Aquélla, su colonia más floreciente y más extensa, comprendía a la vez los tracios, dacios, toscos y etruscos, nombres todos que no difieren sino por el dialecto y se reducen al mismo, es a saber: un nombre positivo de Tracia, que significa en fenicio el *espacio etéreo*. Grecia, primeramente, no se distinguía de la Tracia; era el mismo nombre más restringido y menos enfático a causa del artículo inicial. El de Jonia, que le fue dado luego, y que designaba el símbolo particular de la secta Jonia, fue común a todas las posesiones fenicias así de Europa como de Asia.[5]

Los jonios, justamente alarmados ante una doctrina (disposiciones de los tetracordos) que tendía a restringir su influencia y que temían ver su imperio, debilitado por tantos desgarramientos, destrozarse de hecho, quiso oponerse a su marcha, pero ya era tarde. El supremo sacerdote lanza en vano sus anatemas. Grecia entera se levanta y comienza a distinguirse desde entonces de la Tracia, fiel a la metrópolis. Se alza un altar contra otro y, rehusando reconocer en adelante al soberano pontificc, residente en la montaña sagrada de la Tracia, se escoge el monte Parnaso y se edifica la ciudad de Delfos, destinada a ser la ciudad santa bajo el nombre de *Pytho*. Allí fue donde la nueva secta que se decía conducida por el espíritu universal *Oleu*, situó el ombligo famoso, símbolo del hermafrodismo divino, y tomó por objeto de su culto al Sol y a la Luna, reunidos en el mismo ser, abajo el nombre de *Œtolnios*. Esta

5 Fabre d'Olivet, *La Musique*.

revolución que hubo de separar para siempre a la Grecia de la Frigia, aislando a esta última de la Tracia, ejerció la más notable influencia en los destinos de Europa y un día habrá de merecer especial atención en las páginas e la Historia.[6]

ORFEO

Orfeo es el primer hombre que constituyo época entre todos los griegos, colocándose en el centro de una esfera moral, cuya influencia se siente aún entre nosotros al cabo de treinta y tres siglos.

Instruido por los egipcios, iniciado en sus misterios más secretos, se elevó al rango de Profeta y de Supremo Pontífice. Supo reunir en un mismo culto una veintena de pueblos enemigos, separados hasta entonces por sus opiniones religiosas, y rivales por sus leyes civiles, fundando esa admirable federación anfictiónica en la que los decretos habían de someterse a la sanción del soberano pontífice de Delfos.

El fue quien creó esa mitología admirable de Grecia, que, a pesar de los esfuerzos enormes de una secta fanática, brilla aún a través de los ridículos harapos con que la hemos cubierto, animando nuestras artes y reinando en nuestra poseía.[7]

LAS MUSAS

Los egipcios parece que no contaron más que con tres musas: Mileto, Mneme y Eda. Es decir, la que produce la guerra, la que conserva o designa, y la que idealiza y hace todo comprensible. Los griegos elevaron el número de las musas hasta nueve, distinguiendo a cada una por sus atributos. Diéronles el nombre de hijas de Zeus y de Nemosina, es decir, del ser eternamente vivo y de la facultad memorativa; y las llamaron *Cleo*, la que celebra; *Melpómene*, la que canta los hechos dignos de memoria; *Talia*, la que se mueve y hace el agrado; *Euterpe*, la que entusiasma; *Terpsícore*, la que se deleita en la danza;

6 Fabre d'Olivet, *La Musique*.
7 Fabre d'Olivet, *La Musique*.

Erato, la que ama; *Caliope*, la que refiere los grandes hechos; *Urania*, la que reina el cielo, y *Polimnia*, la que explica los diferentes astros.

Las nueve musas reconocen por jefe a *Apolo*, el generador universal, y toman algunas veces por guía a *Hércules*, el señor y el dueño del Universo.[8]

PITAGORAS

Cuando Pitágoras apareció en Grecia, enriquecida con todas las luces de Africa y Asia, cerca de nueve siglos después de Orfeo, encontró el recuerdo de este filósofo casi borrado de la memoria de los hombres, y sus instituciones magníficas, desconocidas o referidas a orígenes fantásticos. El miserable orgullo de decirse autóctono y de no deber nada a las naciones vecinas, dio al traste con todas la ideas. Se situó en Creta la tumba de *Zeus*, el dios viviente; se quiso a toda costa hacer nacer en una aldea de Beocia a Dionisio, el espíritu divino, y en una islita del archipiélago a *Apolo*, el padre universal. Se hicieron mil extravagancias de esta clase y el pueblo, soberano, que las creía, mandaba arrogantemente a las luminosas inteligencias que las creyesen. Los misterios establecidos para dar a conocer la verdad a un gran número de iniciados, perdieron su influencia; los sacerdotes, intimidados o corrompidos, se callaron consagrando así la mentira. Y necesariamente la verdad se perdió por completo o no se encontró otra manera de conservarla.

Pitágoras fue el hombre que llegó a conocer este secreto. El hizo por la ciencia lo que Licurgo había hecho por la libertad. Este, como legislador, instituyó en un punto de la Grecia un núcleo de soldados contra el que fue a romperse el despotismo persa. Pitágoras, como filósofo, instituyó una asamble secreta de hombre sabios y religiosos que, extendiéndose por Europa, Asia y hasta Africa, lucharon contra la ignorancia y la impiedad, que se iba haciendo universal. Los servicios prestados a la humanidad fueron inmensos. La secta que creó y que, hoy mismo, no se ha extinguido enteramente, después de haber dejado

8 Fabre d'Olivet, *La Musique*.

como un surco de luz en medio de las tinieblas amontonadas sobre nosotros por los bárbaros, la caída del imperio romano y la erección necesaria de un culto intolerante y supersticioso, hace que la restauración de las ciencias sea antes factible que lo hubiera sido sin su concurso, economizándonos muchos siglos de trabajo.[9]

EL CRISTIANISMO

Considerando con el mayor respeto la corriente de luz y de ciencia derivada de la Cábala y del Helenismo, de Orfeo, Pitágoras y Platón, y algo también de Aristóteles, es preciso prevenirse para no cometer un gran error, menospreciando la importancia, tan grande como la precedente, de la gran corriente de iluminación religiosa basada sobre la pura cultura de las facultades divinas del hombre, aparte de toda ciencia y por encima de toda enseñanza deductiva.

Los Patriarcas y los Profetas en Israel, Cristo, los Apóstoles, algunos doctores gnósticos, los Santos del cristianismo y los Teósofos cristianos iluminados, representan la espléndida sucesión a la cual debemos la clave del Tesoro celestial, como a la corriente anterior debemos la clave del Tesoro terrestre.

Es muy interesante reconocer que si Fabre d'Olivet ha sido el sublime revelador de la primera de estas corrientes, Saint-Yves d'Alveydre fue el profundo apóstol de la segunda.

Sólo por error pueden suponerse de estos grandes espíritus, que el uno sea continuador del otro, pues de modo independiente, cada cual, por su parte, vienen a revelarnos los dos polos cuya unión constituye la Verdad Eterna.

Saint-Yves d'Alveydre, fue el caballero de Cristo y de los Patriarcas. Poseía todas las iniciaciones y supo constituirse campeón de la comunión en Dios por la Vida y por el Amor, formando en el cielo un solo principio: el Amor Vivo.

A su vez, el autor de las «Misiones»: *Misión de los soberanos*, *Misión de los judíos*, *Misión de los franceses*, creó la Sinarquía cristiana viva, fuente de enciclopedismo puramente científico;

9 Fabre d'Olivet, *La Musique*, pág. 81.

y desde luego, puede contar con nuestro tributo de justicia hoy y la que más tarde habrán de tributarle los siglos por su gran labor y sus valerosos esfuerzos.

* * *

Los historiadores no ha tratado de corregir el error que nosotros apuntamos, y ese defecto se agravó por la denominada crítica moderna que, bajo el ascendiente de las ideas materialistas, quiso reducir a su estrecho horizonte las misteriosas realizaciones del plano divino. Es preciso ser historiador profesional para no darse cuenta que una misma causa sólo puede producir efectos iguales. Si el cristianismo no era más que la obra de un hombre vagamente iluminado, secundada por un organizador tan notable como San Pablo, ¿cómo puede ser que este hombre haya desarrollado efectos distintos a los que hubieron de causar todos los iluminados que le precedieron?

La historia conviene en aceptar que el profeta judío *Hillel*, muchos años antes que Jesús existiera, se propuso realizar un esfuerzo semejante. El hecho puede aseverarse afirmado que *Hillel* tuvo en su mano los factores del éxito, medios más poderosos que los que tuvo Jesús; si los medios humanos fuesen por sí solos bastante, ¿cómo fracasó Hillel, a quien nos presentan de este modo?

«Hillel partió de Babilonia a Jerusalén, treinta y seis años antes de Jesús. Pobre y dulce, estaba aureolado de una hermosa leyenda. En Jerusalén, un día, cansado, transido, moribundo, reaccionó a la vida, "a pesar de ser sábado". Se hizo muy pronto simpático a las gentes, se le buscó para oírle con placer, por la elegancia de su palabra, por la sutileza de sus discusiones, por el encanto de su tenue voz, y por lo extraño de su modestia.

»Nadie llegó nunca a encolerizarle. Sólo atacaba a los mercaderes. No admitía como "conocimiento" otra doctrina que la Thora. No reconocía nada –falto de bienes, carente de familia, de mujer–, sólo le cautivaba el "estudio". El dijo, que toda la Ley se resumía en este principio: "No hagas a otro lo que no quisieras que hiciesen contigo mismo".

»Su influencia se extendió rápidamente y fue nombrado jefe de la Asamblea.» [10]

Podrá decirse que Jesús fue un imitador de Hillel, pero esta costumbre de no buscar jamás el lado *secreto* de la historia, hizo cometer, como en el caso que nos ocupa, muchos errores.

Algunos libros iniciáticos enseñan los secretos de este descenso de luz hacia la Raza Blanca. Entre ellos, encontramos, en primer término, esa joya de Valentín, *Pistis Sophia*[11], al que remitimos a los iniciados y mediante el cual hemos logrado esclarecer algunos extremos. De ese libro recogemos las páginas siguientes:

CREACION DEL CRISTIANISMO

Involución de los principios celestes constitutivos de las individualidades terrestres que han de crear el cristianismo.

El hombre posee en sí mismo el principio de su propia ascensión. Que reúna por cualquier medio su Espíritu inmortal a la Virtud celeste que le acompaña durante su vida en el cuerpo físico, y al momento se convertirá en un *participante del primer Misterio*, según Valentín; un *santo* según el catolicismo; *un crestos* o *un cristos* según las escuelas iniciáticas del grado elemental. Ya no *nacerá* más, participará del «Nirvana», dirán los orientales y las escuelas brahmánicas. Aquí se oculta un error que es preciso tener en cuenta.

Toda evolución supone una o dos involuciones, todo hombre que se convierte en Dios, requiere para ello un Dios que se haga hombre, como la evolución de un alimento en el intestino necesita que desciendan dos fuerzas de un origen superior: la sangre y la fuerza nerviosa.

La carencia de esta observación de la *corriente de sacrificio* y *de amor* que precede en el camino rudo de la iniciación y de la evolución del alma humana, es lo que en las iniciaciones naturalistas de Oriente, ha llevado a muchos de sus adeptos a

10 Marins Fontanes, *Le Christianisme*.

11 *Pistis Sophia, de Valentín, traduit du copte par Amilineau 1001 ins.*, Chamuel, 1895; *Ctes. de l'Ame et de son Salut d'aprés Pistis Sophia*, de Papus.

creer que «el estado de Cristo» era un plano de existencia psíquica que todo hombre podía alcanzar, y que no necesitaba del esfuerzo constante del principio celeste Cristo, sólo capaz por su involución, de llevar a él las almas evolucionadas.

Lo mismo que un cometa, verdadero glóbulo sanguíneo del Universo, como diría Michel de Figanières, viene en cierto períodos a dar nueva vida de los centros superiores, a las familias solares, del mismo modo hace falta *otra corriente constante* de involución divina y de evolución de las almas, humanas en ciertas épocas, para dar ocasión a Dios de manifestar su amor absoluto, anticipándose al tiempo de la Reintegración de la Humanidad total.

No ver la existencia *como individualidad celeste* de la Virgen de la Cruz, del Cristo y de los demás principios, es detenerse en el camino, estacionarse en ese *plano mental* que conduce al panteísmo materialista, y cerrar voluntariamente los ojos a la existencia del *plano celeste* que las virtudes del corazón, el amor y la oración alcanzan más rápidamente que las fuerzas mentales, la crítica y el razonamiento.

Unir el amor celeste, manifestado por la Gracia y la Redención al Amor del hombre por el cielo, manifestado por la oración y el sacrificio, he ahí todo el secreto del poder de los cristianos, de los blancos, iluminados por el Cristo, llamados a regir la tierra entera el día en que reemplacen la ley de videncia por la ley de tolerancia y de amor.

Valentín describe el descenso de los principios divinos que van a preparar la salvación de la Raza Blanca instituyendo el cristianismo. He aquí todo un capítulo de esta *Historia secreta* del Salvador, reservado en los primeros siglos para las iniciaciones más elevadas.

ENCARNACION DE JESUS

«Después ocurrió que, por orden del primer misterio, miré nuevamente abajo, hacia el mundo humano. Vi a María, la que se dice mi madre según el cuerpo material. Le hablé bajo la figura de Gabriel, y cuando se volvió hacia mí, arrojé sobre ella la *primera virtud* que había recibido yo de manos de Barbiló, es decir, el cuerpo que traía desde lo Alto, y en lugar del alma, arrojé en ella la virtud que había recibido de mano del gran Sabaoth el bueno, aquel que existe a la diestra.»

LA VIRGEN MARIA

Es de la *Virgen de luz* de donde sale María, la madre de Jesús.

«Tú también, ¡oh, María!, que has tomado forma en Barbiló, según la materia, y has tomado una semejanza en la Virgen de Luz, según la luz, tú y la otra María, la bienaventurada, por cuya causa las tinieblas han existido y de quien ha salido el cuerpo bíblico en que habito y que he purificado.»

Jesús, en cuanto hombre, vivió hasta la edad de doce años la vida terrena. Es sólo a esa edad cuando su virtud divina toma realmente posesión de su ser físico. Los adeptos de las escuelas de iniciación naturalista verán ahí la unión de los principios inferiores con los superiores del hombre para constituir el Cristo. Se dirá que el doctor gnóstico ha previsto, a través de los siglos, el error que debía evitarse; porque mucho cuida de describir con grandes detalles la involución, el descenso de cada uno de los principios celestes que han de materializarse para constituir un ser terrestre.

ENCARNACION DEL ESPIRITU DE JESUS

Moisés toma la palabra y dice:

«Mi Señor, la palabra que por medio de David tu virtud ha profetizado, dice: La piedad y la verdad se han unido, la justicia y la paz se han abrazado, la verdad ha florecido sobre la tierra y la justicia ha mirado desde lo alto del Cielo; tu virtud, en otro tiempo, profetizó esto, respecto de ti.

»Cuando eras pequeño, antes de que el Espíritu descendiese sobre ti, encontrándote con José en una viña, el Espíritu descendió sobre ti desde las alturas, vino hasta mí, a mi propia casa, se te parecía; y como yo no le conociese, ni pensase que pudieses ser tú, díjome: ¿Dónde está Jesús, mi hermano, a quien busco? Y en cuanto dijo esto, yo me sentí inquieta y desconcertada y pensé que pudiese ser un fantasma que tratase de probarme; así, cogíle; le llevé al pie de la cama que en mi casa había, hasta que fuese a buscaros a la viña; allí José trabajaba poniendo la viña en orden. Llegó entonces y habiendo dicho algó a José y tú comprendiendo la cosa, regocijado, dijiste: ¿Dónde está, que quiero verlo? No, yo lo espero aquí. Y como quiera que José oyese tus palabras, se turbó, y nos fuimos juntos de allí, entramos en la casa y en ella hallamos al Espíritu sujeto a la cama, y ante él te miramos y observamos que se te parecía. Y aquel que ligado estaba a la cama se desligó y yendo hacia ti te abrazó, te besó y tú también le besaste, y *sólo fuisteis una sola y única persona.*

»He aquí, pues, la cosa y su explicación: la piedad era el Espíritu que había venido de las alturas por el primer misterio a fin de apiadarse del género humano, y envió a su Espíritu para perdonar los pecados del mundo entero, haciendo por este medio que los hombres recibiesen el misterio y heredasen el reino de la luz. Asimismo fue la Verdad; en mí reside la virtud que es venida de Barbiló; ésta ha llegado a ser tu cuerpo hylico y es el heraldo bajo el lugar de la Verdad. La Justicia es tu Espíritu, quien aporta todos los misterios de Arriba, para entregarlo al género humano. También la paz es la virtud que habita en tu cuerpo hylico, según el mundo; este cuerpo que ha bautizado el género humano a fin de hacerle extraño al pecado y de ponerle en paz con tu Espíritu para que ambos estén en paz con las emanaciones de la luz, o sea a fin de que la justicia y la paz se abracen.

»Y, conforme con lo que fue dicho, la verdad ha florecido sobre la tierra; la verdad, o sea tu cuerpo hylico, es quien empujó en mí la tierra de los hombres, la que hizo de heraldo bajo el sitio de la verdad. Y aun, conforme fue dicho, la justicia ha florecido fuera del Cielo; la justicia, que es la virtud que ha sido mirada por el Cielo, la que ha de dar los misterios de luz al género humano, y los hombres habrán de ser justos, se harán buenos, heredarán el reino de luz.» (pág. 62 y siguientes.)

LOS DOCE APOSTOLES

Lo propio que el alma de Cristo y de María, las almas de los doce Apóstoles no proceden del mundo de los Arqueos, sino del plano celeste, cómo nos lo afirman las páginas siguientes:

«Regocijaos, pues; daos a la alegría puesto que yo he venido al mundo desde el comienzo y conmigo la doce Potencias, como ya os he dicho desde el comienzo; recibí de las manos de los doce Salvadores del tesoro de Luz, conforme al orden del primer misterio, esas doce potencias que yo hube lanzado al seno de vuestras madres desde mi llegada al mundo, y que son ahora las que están en vuestros cuerpos.

»Y las doce virtudes de los doce Salvadores del tesoro de luz, que yo hube recibido de las manos de los doce Decaus del medio, láncelas en las esfera de los Arqueos, y los Decaus de los Arqueos con sus Liturgos, creyeron que eran las almas de los Arqueos y los Liturgos se las llevaron; yo las uno a los cuerpos de vuestras madres y cuando vuestro tiempo se haya cumplido, se os pondrá en el mundo sin que tengáis en vosotros almas de Arqueos.»

MISION DE LOS APOSTOLES

«En verdad de verdad, o digo: Yo os haré perfectos en todos los Pleromas, desde los misterios del interior, hasta los misterios del exterior; yo os llenaré del Espíritu, de modo que se os llamará Pneumáticos perfectos de todos los Pleromas; y en verdad os digo: Yo os daré todos los misterios y todos los cielos de mi padre y el de todos los lugares de los primeros misterios, *a fin de que, aquí aquel que vosotros introduzcáis en la tierra sea introducido en la luz de lo Alto, y aquel que vosotros arrojéis de la tierra sea arrojado del reino de mi Padre que está en los Cielos* (p. 32).»

Así es, cómo Valentín, el doctor gnóstico, autor de *Pistis Sophia*, se expresa. Todas las manifestaciones terrestres que han precedido al nacimiento del Cristianismo son *Personajes* del plan celeste. Por una sublime involución divina, es como la evolución de las almas puede ser posible.

He aquí el elevado y particular carácter del Cristianismo y el origen de los más profundos misterios. Cada Raza humana puede ser objeto de un mesianismo especial, pero a cada nuevo mesianismo, la nueva Raza se presenta sobre un plano más elevado de la espiral evolutiva. La Raza Blanca es la que ha sido llamada a la última manifestación divina. ¿Es justo conforme a las leyes de la evolución en el tiempo y en el espacio, que esta manifestación sea más elevada que las precedentes? Como consecuencia, le es necesaria una involución de orden, igualmente más elevado.

Dejaremos a los lectores la meditación de estas ideas y a quienes sepan verdaderamente lo que es el método analógico y las misteriosas leyes que traduce.

Jesús procedía de un plano demasiado superior para descender a los viles medios empleados por los hombres al efecto de asegurar su potencia, y Fabre d'Olivet hace muy justamente esta reflexión:

«Observemos aquí que si Jesús hubiese querido proseguir la ruta de las conquistas que se abrió ante él, cuando los pueblos de la Galilea le ofrecieron la corona, para que se pusiese a la cabeza de los indios que aguardaban un Mesías conquistador, inevitablemente hubiese llevado a cabo la conquista de Asia; pero Europa le hubiera rechazado, y como era en Europa donde él debía principalmente ejercer su ascendiente, debió preferir una victoria bastante precaria en principio, pero trascendental en lo futuro: por eso resolvió acomodarse a la fatalidad del Destino, en vez de servirse a sí mismo.»[12]

Y no obstante el gran maestro siguió hasta tal punto el sendero histórico y sobre todo crítico, que llegó a no hacer uso de las fuerzas secretas que se manifestaban a través de los Apóstoles.

«Estos doces apóstoles que Jesucristo ha dejado, no tenían la fuerza requerida para cumplir su apostolado. El cristianismo, debe, pues, a San Pablo, su fuerza dogmática y moral y su doctrina espiritual. Más tarde recibió sus ritos sagrados y sus

12 Fabre d'Olivet, *Hist. Philosophique*, vol.2º.

formas de un teósofo de la escuela de Alejandría llamado Ammonio.»[13]

Si, todo esto es cierto, pero lo que debe interesar al iniciado es precisamente lo contrario. Esas son las fuerzas en acción del otro lado, los resortes útiles, merced a los cuales, el gigante científico, filosófico, y digámoslo con orgullo, religioso del Politeísmo en su principio, va a demolerse en unos años bajo la presión de esos hombres de poco saber, pero de una fe ardiente de los primeros cristianos.

Más tarde el Imperialismo tomará sus represalias, merced a ciertos obispos de Roma, pero la idea pura dominará siempre sobre los errores pasajeros, y las corrientes místicas serán cultivadas con celo, por algunas Ordenes religiosas.

Al Helenismo debemos la Ciencia y el Arte, pero no debemos olvidar que al Cristianismo le somos deudores del Amor vivo. He aquí lo que no se cansa de enseñarnos Saint-Yves d'Alveydre.

INFLUENCIA DE ZOROASTRO

Odin. – Acabamos de ver cómo se efectúa la lenta constitución de las tradiciones de la Raza Blanca. sus acopios de las viejas razas; su personalidad propia infundada por Cristo, y a pesar de todo esto, el edificio apenas se destaca, obligándonos a proseguir nuestra inquisición.

Cuando el Cristianismo inicia su obra en Roma, la devastadora corriente de los bárbaros irrumpe en el Imperio, aherrojando al Oriente toda la tradición científica para ser adaptada a su intelectualidad la tradición religiosa lo mejor posible.

Los bárbaros son nuestros antecesores. Estos feroces descendientes de los celtas indómitos, no buscaron la Ciencia ni en la India ni en el Egipto, pero esa Ciencia, no obstante, tenía en ellos una causa distinta.

Un iniciado de la tradición de Zoroastro, ODIN o Frighe, fue a revelar a los Celtas la verdad de los lejanos santuarios, y adoptó su revelación al carácter feroz de sus discípulos.

13 Loc. cit.

Frighe era un sectario de Zoroastro, conocía todas las tradiciones de los caldeos y de los griegos, como varias de las instituciones que dejara en Escandinavia lo prueban absolutamente. Era un iniciado en los misterios de Mitra.

La tradición de Odín sólo tuvo una débil influencia en nuestra raza. Los extractos siguientes ponen de manifiesto cómo los pueblos anglosajones se hallan impregnados de esta revelación, que en estos últimos tiempos fue tan elevadamente glorificada por el genio de Wagner.

Los cambios experimentados por la vieja religión de los celtas, no fueron notables. El mayor fue sustituir a Teutad, el gran antepasado céltico, por un Dios supremo llamado *Wôd* o *Goth*, del cual toda la nación – la gótiga – recibió en seguida el nombre.[14] Era el místico que Zoroastro llamada el *Tiempo sin límites; la Gran Eternidad;* el *Boudh* de los indios que Ram halló conocido por toda el Asia. De este nombre de Dios, supremo Wôd, llamado también el *Padre Universal*, el *Diostivo*, el *Creador del Mundo*, de donde Frighe tomó el nombre de Wodan, del que más tarde salió *Odín*, o sea el Divino.

La legislación de los escandinavos se enlazó por la fuerza y la sagacidad de Zoroastro con la antigua de los celtas. Introdujo en su mitología un genio del mal, al que llamó *Loke*,[15] cuyo nombre era la traducción exacta de Ahriman. Dio a los humanos el viejo *Bore* por generador y continuó suponiendo el valor guerrero como fuente de todas las virtudes.

Enseñó positivamente y éste fue el dogma principal de su

14 Ya hablamos de este nombre. Es de notar que en la India se aplicó al planeta Mercurio, y también al miércoles del mismo modo que en el norte de Europa, pero en esos pueblos europeos persistió como designando el Ser Supremo, mientras que en el Indostán era dado a los Enviados Divinos y a los Profetas. Este mismo nombre ha quedado para denominar a Dios en la mayor parte de los dialectos septentrionales, a pesar del establecimiento en ellos del culto del cristianismo, confundiéndose con la palabra *Gut*—bueno—, pero *Got*, *Goth* y *Gut* no derivan de la misma raíz. Los dos primeros —Dios— provienen del atlántico *Whôd*, la eternidad, y el nombre *Gut* o *Good* —bueno— procede del céltico Gut, el gaznate; de ahí *Gust* el gusto (F. d'Olivet).

15 Es decir el encerrado, el comprimido, el tenebroso.

Es de observar que los escandinavos atribuyen a *Loke* el sábado, tratando de asimilar a Saturno, el genio del mal.

culto, que únicamente los héroes gozarían en el *Valhalla*, el palacio del valor, de toda la plenitud de las felicidades celestes.[16]

Aún nos queda que hablar de *Apolonio*.

Mientras que un culto completamente intelectual destinado a dominar la razón se organizaba en Judea, una doctrina anímica, violenta en sus preceptos, se establecía en Escandinavia, como medio de preparar el camino a este culto y de favorecer su propagación. No obstante, un hombre de poderoso instinto, capaz de un enorme esfuerzo de voluntad, recorría el imperio romano predicando que la vida no es otra cosa que una expiación, un castigo, un medio penoso entre dos estados diferentes en sí mismos: el nacimiento y la muerte.

Este hombre, llamado *Apolonio*, siguiendo la doctrina pitagórica, extrajo de las doctrinas de Pitágoras, el maestro, lo que en ellas había de más positivo.

LOS ARABES

El torrente devastador de los bárbaros asoló el Imperio de Roma, y la intelectualidad de la Raza Blanca fue empujada hacia Constantinopla. Era necesario que los beneficios de esa lenta civilización intelectual no se perdiesen.

La simiente del cristianismo necesitaba para fructificar de la soledad del alma, así, era necesario también para su desarrollo, que la nueva corriente puramente intuitiva y mística estuviese en contacto con las viejas corrientes enciclopédicas y racionalistas. Esta fue la obra de los árabes.

Ellos traen, en principio, la tradición de Egipto y de Grecia al Occidente, perdida hasta entonces, produciéndose por este hecho el primer destello de la Ciencia cristiana. Así, a su tiempo, los cristianos se precipitaron furiosamente sobre Jerusalén, creyendo aportar al patrimonio de la raza las tierras enrojecidas por la sangre del Redentor, regadas por la sangre de Cristo. Pero allí sólo hallaron la antigua iniciación con sus progresivos desenvolvimientos de iluminación.

16 Fabre d´Olivet, *Hist. Philosophique.*

Marcharon a Oriente como cruzados, y volvieron a Occidente como Templarios.

Merced a esto infundieron nuevamente en la raza los misterios de la Cábala y de la Gnosis.

Los árabes fueron, pues, los guardianes de la corriente racional (a pesar de ellos) cuando los cristianos eran muy débiles para salvaguardar este sagrado depósito, y más tarde, los árabes fueron también la barrera que se opuso a la invasión del Asia, obligando a los propios cristianos a permanecer en esta Europa, la comarca señalada por la Providencia para su desenvolvimiento, y de la que en toda ocasión trataban de huir.

Jesús sucedió a la inspiración de Moisés.

Asimismo Mahoma sucedió a la inspiración de Moisés y de Jesús. Ambas fueron reconocidas por él como divinas, creyendo, sin embargo, que los sectarios de Moisés habían abandonado su doctrina, y los discípulos de Jesús no habían comprendido bien el espíritu del Maestro.[17]

En consecuencia, restableció la unidad de Dios, tal como los hebreos la hubieron de recibir de la tradición atlántida, encerrando toda su religión en estas pocas palabras: «No hay más Dios que Dios (Alá) y Mahoma es su profeta.»

Estableció primeramente, con la mayor fuerza, la inmortalida del alma y el dogma del castigo y del premio futuro según los vicios y las virtudes de los hombres.[18]

«¡Oh, si los hombres de las Escrituras hubiesen tenido la fe y el temor al Señor, borraríamos sus pecados y los llevaríamos a los jardines de las delicias! Si hubiesen observado el Pentateuco y el Evangelio y los demás libros que el Señor les ha enviado, gozarían de los bienes que hallaban a su paso y por encima de sus cabezas. Hubo entre ellos quienes se condujeron prudentemente, pero la mayoría, ¡oh!, sus actos fueros detestables.»

(Corán, cap.V., v. 70)

17 Es muy digno de señalar que el mismo reproche dirigen los oráculos de los politeístas a los cristianos. Consultados estos oráculos sobre la nueva religión y sobre la intolerancia de sus sectarios, todos responden que no hay que acusar de ello a Jesús; que tales excesos proceden de sus discípulos que habían corrompido su doctrina. Jesús era un hombre divino, el más admirable de los hombres que aparecieron en la tierra.

18 Fabre d'Olivet, *Hist. Philosophique*, vol. 2.

«Aquellos que creen: los judíos, sabeos, cristianos, que creen en Dios y en el día del Juicio final, y que practicaron la virtud, estan exentos de todo temor y no serán atormentados.»

(Corán, cap. V., v. 73)

No trataremos de recordar lo que todos los lectores ya conocen; la influencia de los árabes en el despertar intelectual de la Raza. Señalaremos no obstante, que si el cristianismo no hubiese sido el que moldeaba desde lejos el alma céltica, este despertar de la Raza Blanca no hubiese sido posible.

UNAS PALABRAS SOBRE LA TRADICION ORIENTAL

Tras varias tentativas, los Iniciados que iluminaron el Oriente, reanudaron, sea por sus predicaciones, sea por sus escritos, los primeros lazos, ya de antiguo instaurados por Ram.

En Asiria, en Caldea, en Egipto y luego al aparecer el cristianismo en Alejandría, las misiones enviadas de los centros del Oriente se pusieron en contacto con los Blancos.

Después de la conquista de la India por los cristianos, la conexión fue más estrecha cada vez, y ya hemos visto al comienzo de esta obra cómo los vencidos trataron de imponer a los vencedores los ciclos del Oriente, y, como era nuestro deber, estudiando estos ciclos, hicimos notar que tales ciclos no podían referirse sino al hemisferio oriental de la tierra y que nuestra Raza poseía ciclos propios de evolución personal, absolutamente inversos en el tiempo y en el espacio a los ciclos indios. Sería necesario un volumen entero para hablar de ese Oriente y de las revelaciones que se manifestaron a partir de Ram. Ya hicimos más arriba el resumen del aspecto histórico de dicha cuestión, pero nos es forzoso indicar la conveniencia de conocer las obras de Colebrooke y, sobre todo, el excelente libro de M.G. de Lafont,[19] el mejor escrito desde hace mucho tiempo, si queremos instruirnos en los referente al aspecto filosófico del tema. En estas obras se hallará una historia documentada de las reliquias de la India que bastará, según d'Olivet, para hallar más clara la verdad.

19 G. de Lafont, *Le Bonddhisme*.

Solamente hemos de decir que la mayor parte de los historiadores, al hablar del éxodo de Buda, lejos de su familia y lejos de su palacio, sólo narran episodios alegóricos, indicando que el fundador del budismo abandonó su familia iniciática, la alta Facultad del brahmanismo, antes de terminar el ciclo completo de su iniciación.

Como consecuencia, la revelación búdica tiene su raíz en las facultades morales del hombre y no en la comunión del hombre con el Ser Divino directamente.

En la India sólo hay una iniciación tradicional pura, que es la brahmánica, cuyos centros de enseñanza existen aún, aunque ocultándose a los ojos de los profanos, blancos y amarillos. La completa iniciación sólo puede ser recibida en esos centros, en los cuales no todos los brahmanes son admitidos.

Sólo los brahmanes iniciados poseen la clave de las traducción del sánscrito al hebreo, y del hebreo al chino, es decir, las claves iniciales de toda lengua figurada, que son jeroglíficas y herméticas.

Todo individuo que pretenda haber sido iniciado en un centro indio y que no posea la claves de reversión de esas lenguas, o es un farsante, o víctima de una mixtificación, de un engaño, o quizás un alumno de un convento búdico donde sólo se conoce un plano de evolución: el plano mental, con *la píldora* como instrumento secreto de bilocación. Garantizamos la verdad de nuestras afirmaciones y no tenemos ningún temor de ser refutados, pues *aquellos que saben reconocerse en el mundo luminoso*, no pueden desmentirnos, y en cuanto a los otros, el tiempo se encargará de probarles nuestra verdad.

He aquí ahora las grandes líneas de la revelación, relacionada con los principios del Universo, en las regiones de oriente:

1.er. periodo:

Iswara Lo Absoluto, según los atlantes)	}	Iswara Israel u Osiris de los egipcios

2º periodo.– El cisma de Irschu se basa sobre la diferencia de las dos facultades divinas, seguida de la preponderancia del principio femenino:

ISWARA considerado como la fuente del poder generador y vivificante *(Bijad)*	y	PRANKRITI considerado como la fuente del poder concepcional y formador *(Sakti)*

Las iniciaciones jónicas admiten esta doble división que nosotros encontramos en Sanchiniaton bajo los nombres de:

Hypsistos el muy alto	y de	Beruth la creación de la naturaleza

y los griegos [20] bajo los nombres de:

SATURNO y REA

3.er. periodo. – Los iniciados tratan de enlazar el binario al ternario y de aquí la unitad por el cuaternario (4=10=1), lo cual da lugar a las revelaciones siguientes:

Zaratustra, el primer Zoroastro, constituye en Irán la siguiente revelación:

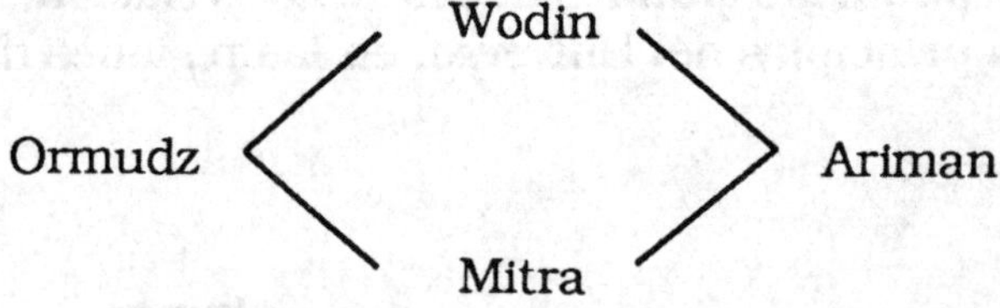

20 Los nombres de *Saturno* y de *Rea* significan el principio igneo y el acuoso. Las dos raíces que los componen se reconocen en los nombres de las dos razas: la judaica y la boreal.

Fo-Hi, civilizador de la China, estableció su revelación de este modo:

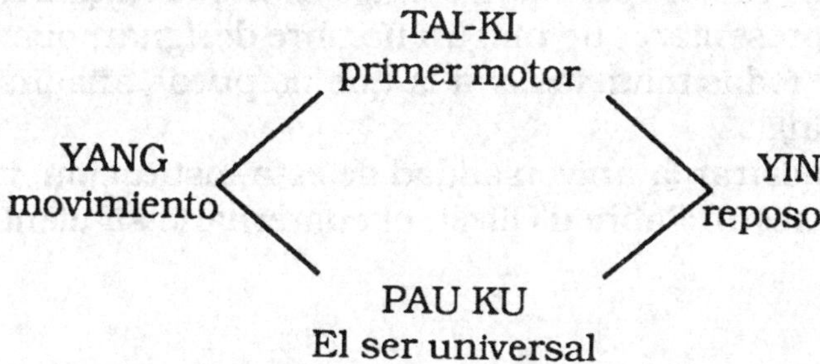

Según *Fo-Hi*, los dos principios iniciados son *Yin* el reposo y *Yang* el movimiento, ambos enlazados por un solo principio, principalmente *Tai-Ki*, el primer motor.

Los dos principios *Yin* y *Yang* dan lugar por su acción recíproca, al nacimiento del tercer principio mediador llamado *Pan-Kou*, el Ser universal: así es que existen tres potencias llamadas *Tien-hoang*, *Ti-hoang* y *Gin-hoang*, o sea: el Reino celeste, el Reino terrestre y el Reino hominal, o en otros términos: la Providencia, el Destino y la Voluntad del hombre, que son los mismos ya establecidos al comienzo de esta obra.

El culto de los antepasados fue admitido en la religión de Fo-Hi más expresamente que en la de Zoroastro. He aquí algunos extractos iniciáticos de los libros sagrados de China, en apoyo de lo que dice d'Olivet:

«El Y posee el gran término, es él el que produce la pareja Y; de esa pareja han salido las cuatro imágenes y de ahí los ocho símbolos» (*Lib.*, Hi-Tse).

«El gran término es la gran unidad y el gran Y; el Y no tiene cuerpo ni figura; y todo lo que tiene cuerpo y figura, ha sido hecho por lo que no tiene cuerpo ni figura». (*Comentario a esta frase de* Hi-Tse *por* Lo-Pi).

«El gran término y la Unidad comprende tres. Uno es tres y tres son uno» (La Tradición).

«El ser que no tiene figura ni sonido es la fuente de donde han salido todos los seres materiales y todos los sonidos sensibles» (Hoai-Nan-Tse).

«El carácter Y no indica aquí un libro llamado Y; pero hay que saber que en el principio, cuando no había ningún término, existía una razón operadora e inagotable que ninguna imagen puede representar, que ningún nombre designar, que es indefinible de todas maneras, y a la que no puede añadirse nada» (Wan Chin).

Para mostrar la universalidad de esta institución, indicaremos sólo según Fabre d'Olivet, el cuaternario siguiente:

REVELACION DE KRISCHEN

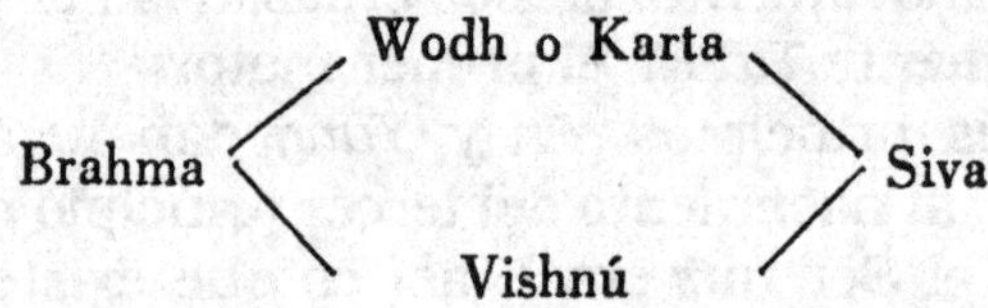

El Egipto:

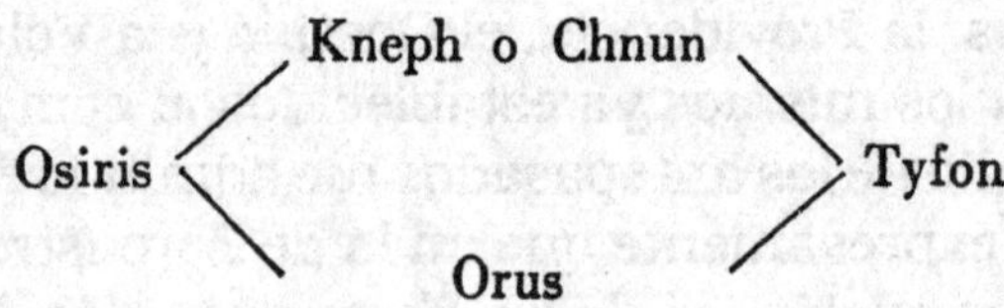

En Grecia:

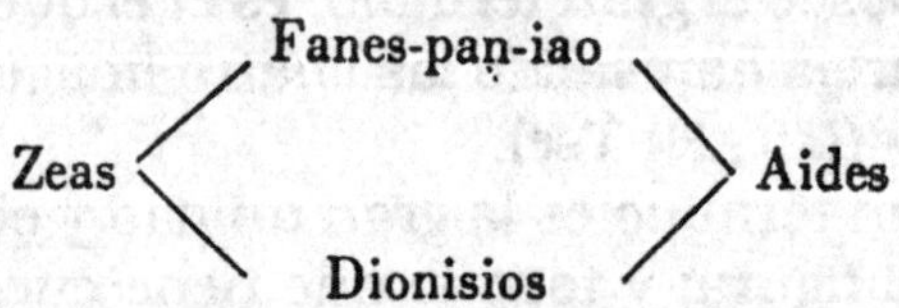

En Roma:

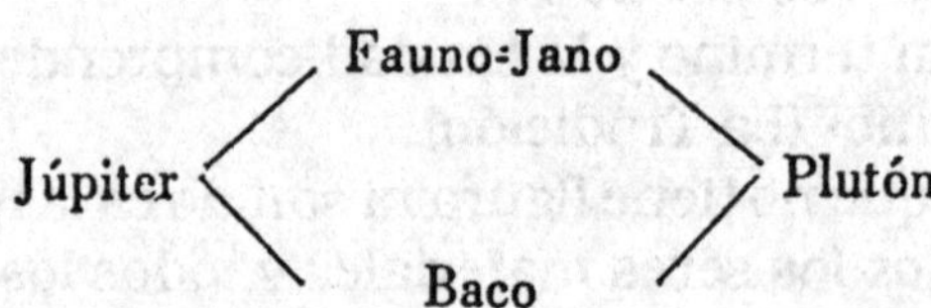

No se debe creer que las fuerzas nombradas por Moisés en el *Génesis* se derivan de los mismos principios. El cuadro siguiente es más explícito sobre el particular. Está sacado de la historia de los pueblos antiguos, de Fourmont (París, 1828).

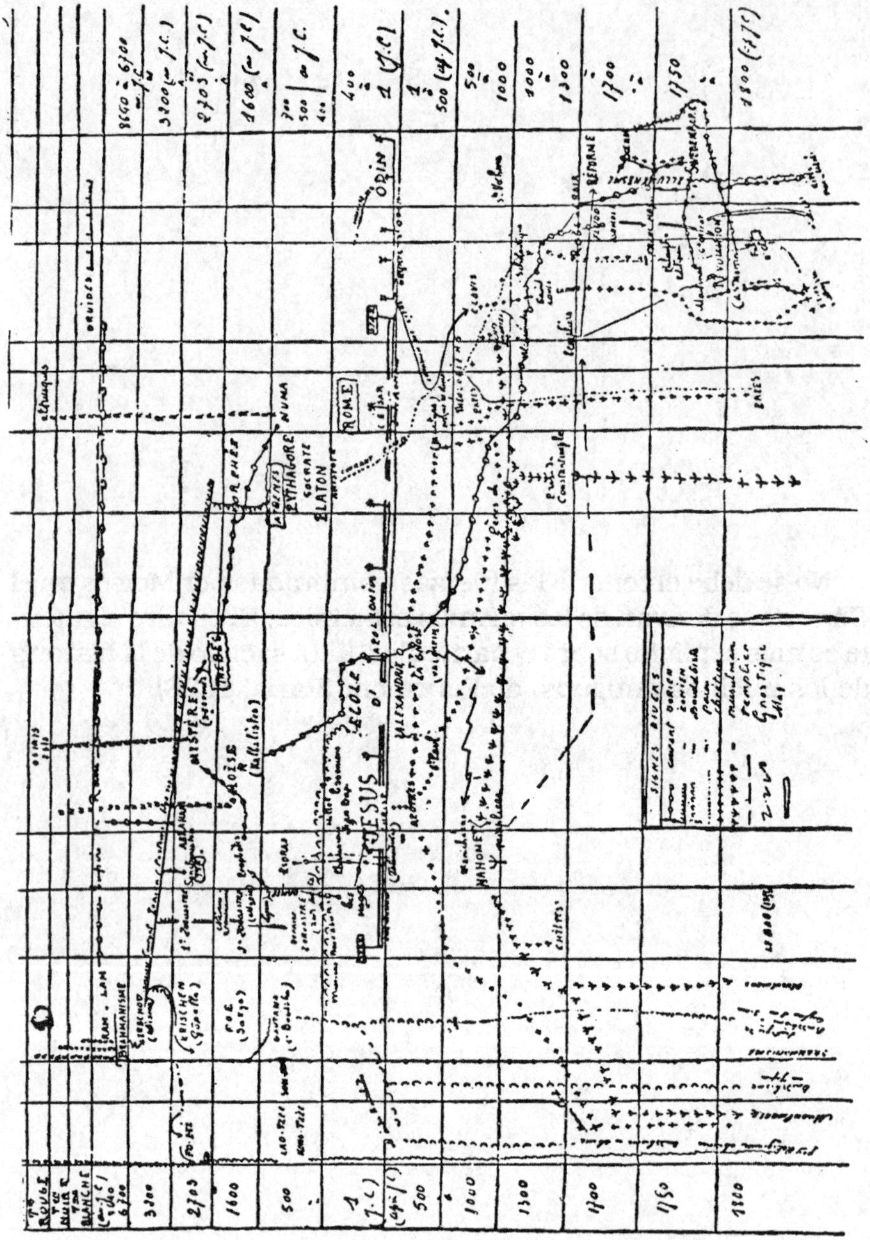

DRUIDES
ROME
ODIN
PYTHAGORE
PLATON
ORPHÉE
NUMA
MISTÈRES
JESUS
ALEXANDRIE
MAHOMET
RÉFORME
SIGNES DIVERS

HEBREO (Moisés)		CALDEO (Buiro)	FENICIO (Sanchoniatas)
1 Adam		1 Alorus	1 Protogonos-Aion
2 Caín-Abel	2 Seth	2 Alasparus	2 Genos-Genea
3 Henoeh	3 Henos	3 Amelon	3 Fos-Pur-Flose
4 } *Omis*	4 Caínan	4 Amenon	4 Kassios-Libanos
5 } *Omis*	5 Malaleil	5 Megaloros { Megaleres	5 Memrumos-Usoos
6 Irad	6 Jared	5 Megaloros { Megalanos	6 Agios-Alieus
7 Maviael	7 Henoch	6 Daorus	7 Krusor y Efaisos
8 Matusael	8 Matusala	7 Alderacus	8 Akos-Acteros
9 { Jabel, Jubas, Tabalcain }	9 Lamech	8 Amphis	9 Amuntis-Magis
9 { Pastor, Músico, Herrero }	9 Lamech	9 Otcarte	10 Misor y Suduka
	10 Noé	10 Xixutros	

RESUMEN DEL CAPITULO VIII

Si se abstrae uno un momento de los pequeños detalles de la historia y echa una mirada de conjunto sobre la estructura de la tradición blanca, para reconstituir la lenta génesis de esa tradición, el espectáculo no carece de grandeza.

Incapaces, por culpa suya, de recibir en su propio lugar de expansión, la revelación anímica e intelectual, los blancos se ven obligados, al precio de un doble éxodo, a constituir en Oriente, en plena Asia, los elementos de esa tradición con los hechos tomados a las razas precedentes. Los grandes mensajeros divinos elaboraron trabajosamente la intelectualidad de la raza. Orfeo difundió la corriente jónica, mientras que Moisés puso bajo una disciplina de hierro al resto de los primeros blancos venidos de Arabia y cruzados después, para constituir el pueblo hebrero, guardián de la tradición cabalística. Pitágoras lanza en Occidente sus fraternidades de iniciados, y el trabajo de fermentación comienza, auxiliado por la concurrencia de todas las revelaciones que se reúnen en Alejandría.

Los misioneros se multiplican y uno de los más grandes discípulos de Zoroastro, Frighe, llamado Odín, viene a sembrar los primeros granos de intelectualidad en la porción de los blancos que no habían dejado su lugar de origen. Cuando la raza está madura para la primera gran y personal revelación, y el Cristo parece, enviando a los apóstoles del Verbo allí donde Pitágoras enviará los suyos, misioneros de la ciencia, es permitido al alma de la raza gracias al torrente devastador de los tremendos discípulos de Odín, impregnarse lentamente de la luz del corazón. Cuando esta acción está bastante avanzada, y el cerebro demanda a su vez alientos, de Oriente llega la ola de los árabes, los emigrados voluntarios de antaño, aportando con su conquista, las artes, las iniciaciones y la industria.

Establecióse la corriente, encendióse la antorcha y la cadena de los astrólogos y de los alquimistas vuelve a anudar los lazos secretos que unen al mundo antiguo, al mundo nuevo, por medio de los gnósticos, los neoplatónicos y los descendientes de Pitágoras.

A su vez los Templarios recogen del Oriente las artes y las fórmulas herméticas; los trovadores son los eslabones vivos de esta sucesión de iniciados y una vez desaparecida la Orden, los centros iniciáticos, no se cerraron jamás en Occidente.

Del bautismo místico, la Raza Blanca ha de pasar por la comunión con las fuerzas materiales, por medio de la experiencia de las guerras, de los ejércitos, de la Ciencia materialista y práctica, y al fin por medio del escepticismo. Así surge del fondo, revelándose, la Materia que reclama de Dios el Matrimonio de la Virgen y del Cordero; la revelación de la tercera persona que ha de señalar para la raza, y después de nuevas y terribles pruebas, el reinado del Espíritu Santo.

La tradición blanca será entonces la más bellas de todas cuantas han aparecido sobre la tierra; pero apenas se inicia y no obstante, cuánta paciencia no es necesaria para seguir su génesis, desde su comienzo hasta nuestros días.

Capítulo IX

CONSTITUCION DEL HOMBRE

Constitución del hombre. –
Triunidad: enseñanza inmutable a la tradición. –
El Microcosmos o el hombre. –
El Macrocosmos o la Naturaleza. –El Macrocosmos o la Naturaleza. – El Arquetipo. – La unidad. – Involución y evolución de los principios. – El reino hominal.

Se encontrará, en el curso de los primeros capítulos de este Tratado, un resumen bastante preciso de la constitución del ser humano en tres principios. Esa es la doctrina fundamental y verdadera. Para permitir al lector advertir las sutilezas de análisis a que han llegado ciertos autores, vamos a estudiar, con algún detenimiento, esos tres principios y su evolución.

El hombre está constituido esencialmente: 1º De un elemento material, procedente del mundo físico: el *cuerpo* o el cadáver. 2º De otro vital, procedente de la naturaleza universal: el *cuerpo astral*, y 3º De un principio espiritual, procedente del mundo divino: el *espíritu inmortal*, generalmente llamado *alma* en filosofía.

El hombre posee, pues, en sí mismo, manifestaciones de los tres mundos o de los tres planos, y posee, por lo tanto, en sí, por consecuencia, todas *las leyes* que obran en esos tres mundos; así se le ha llamado *microcosmos* o mundo en pequeño, porque es el reflejo estrictamente exacto del *macrocosmos* o el mundo en general.

Se puede llegar, pues, *por el estudio exclusivo del hombre*, al conocimiento de todas las leyes físicas astrales y divinas. De ahí el *gnoti seauton* de los griegos y el axioma de Claude de Saint-Martin: «Estudiar la naturaleza por el hombre y no el hombre por la naturaleza.»

La encarnacion de cada alma humana refleja *en pequeño* la historia de la caída del gran Adán con sus dos fases: 1ª Descenso del mundo divino al mundo físico. 2ª Nuevo descenso, todavía posible, si el alma encarnada no resiste a las solicitaciones de acá abajo.

Es muy necesario comprender esta clave, porque las iniciaciones naturalistas de Oriente, que han multiplicado los análisis relativos a la constitución del hombre, perdieron del tal modo la traza de las relaciones analógicas del hombre y de los otros planos, que no ven en el mundo astral y en el mundo divino sino la semejanza de las leyes de la vida humana, sin notar que el hombre no es sino un remedo analógico de las leyes universales, pero bajo una imagen física.

Veamos ahora cómo se han analizado los tres principios constitutivos del hombre. Estos principios obran unos frente a otros, como corrientes eléctricas de nombre distinto, cuyo encuentro produce una chispa. Chispa que no durará más que el contacto de estos tres principios, es decir, una existencia terrestre, por regla general. Se puede dar a esta creación transitoria el nombre de *principio*, y así tienen razón los cristianos con San Pablo al decir que el hombre está *esencialmente* compuesto de tres elementos; *Spiritus*, *Animus et Corpus*. Lo demás son CREACIONES TRANSITORIAS producidas por las reacciones entre esos principios.

Así como en cada una de las tres secciones (cabeza, pecho, vientre) del cuerpo físico, las demás secciones están representadas, igualmente cada uno de los tres principios, una vez que la encarnación se efectúa, está representada en la otra. Así en el abdomen el pecho está representado por sus vasos y la cabeza por el plexo nervioso; éstas son las vías de involución en el vientre, la sangre y la fuerza nerviosa que descienden para permitir que evolucionen las sustancias digeridas.

En el cuerpo físico, el cuerpo astral y el Espíritu están las «imágenes» de ellos mismos y lo propio ocurre en cada uno por separado. Basta recordar nuestro capítulo sobre la Cábala y la creación de los Espíritus para ver la ley de esa acción que vamos a recordar rápidamente.

ANALISIS

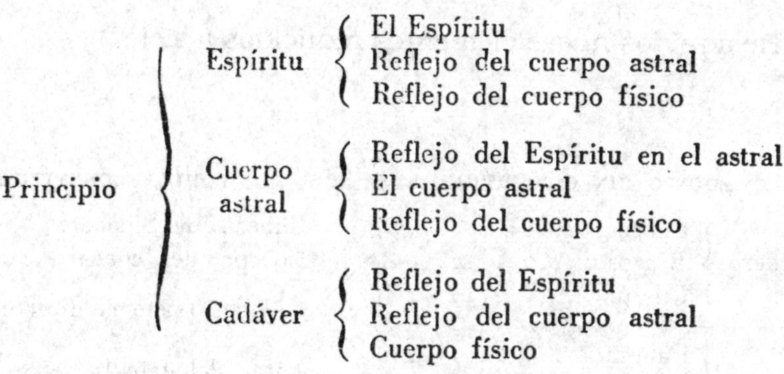

Así los tres principios considerados en su descomposición analítica nos indican *nueve manifestaciones*, y tal es el análisis generalmente hecho por la Cábala.

Pero tal análisis indica la descomposición estática del ser humano. Cuando se estudia éste en marcha, cuando sus diversas manifestaciones se nos presentan sobre el plano dinámico o fisiológico, entonces se comprueba que se funden unas con otras, y el hombre se nos ofrece constituido por *siete manifestaciones*, en lugar de nueve, por la fusión de diferentes reflejos.

Para mostrar la verdad de lo que anticipamos, tomaremos un ejemplo mejor, que todo lo esclarecerá. Un servicio de coche lo constituyen tres principios: el coche, el cochero y el caballo. El coche, pasivo y mudo, es la imagen del cuerpo físico. El caballo, pasivo, pero motor, representa el cuerpo astral, y el cochero, activo y directo, el Espíritu.

Pero el cochero se compone a la vez de tres partes: cabeza,

brazos, cuerpo. El caballo de otras tres: cabeza, cuerpo y patas. Y el coche de otras tres: pescante, asiento y ruedas.

He ahí nuestros nueve principios cuando el coche está parado, el caballo en la cuadra y el cochero en su casa. Pero reunamos esos tres elementos y observemos. *Los brazos del cochero* forman cuerpo con la *cabeza del caballo*, constituyendo por las riendas el sistema director. El cuerpo del caballo, además, se une con el coche por los tiros para constituir el sistema motor.

He aquí los nueve elementos reducidos a siete:

	EQUIPO SIN CONSTITUIR		EQUIPO CONSTITUIDO	
Cochero	Cabeza	9	Cabeza del cochero	7
	Brazos	8	Cuerpo del cochero	6
	Cuerpo	7	Riendas (sistema director)	5
Caballo	Cabeza	6		
	Cuerpo	5	Patas del caballo	4
	Patas	4	Tirantes (sistema motor)	3
Coche	Pescante	3		
	Caja	2	Pescante	2
	Ruedas	1	Ruedas	1

Una observación curiosa: Las riendas y los tirantes (5 y 3) pueden colocarse en la enumeración ya entre 1 y 3 ya entre 2 y 4, para los tirantes, ya entre 5 y 7 ya entre 6 y 8, para las riendas, según el punto de vista que se quiera considerar. También es curioso notar qué especie de equilibrios tienen que hacer los autores que enseñan que el hombre tiene *siete principios* sin tener en cuenta los reflejos y los principios reales. Es curioso, digo, el esfuerzo de esos autores al colocar su 3º y 5º principio. El lugar cambia, y nuestros lectores verán ahora la clave de este juego. Tomemos, pues, nuestro análisis del hombre y apliquémosle el caso. Reduciremos con facilidad los nueve elementos a siete.

	ESTÁTICA		DINÁMICA	
Espíritu	Espíritu	9	Espíritu	7
	Reflejo astral	8	Reflejo físico	6
	Reflejo físico	7	Unión del Astral y del Espíritu	5
Astral	Reflejo espiritual	6		
	Astral	5	Reflejo físico	4
	Reflejo físico	4	Unión del Astral y del Físico	3
Físico	Reflejo espiritual	3		
	Reflejo astral	2	Reflejo espiritual	2
	Físico	1	Físico	1

Se puede también evidenciar la fusión colocando los principios de la manera siguiente:

7. – Espíritu.
6. – Unión astral-espiritual. (Astral superior).
5. – Reflejo físico divino.
4. – Idem íd. astral.
3. – Reflejo espiritual.
2. – Unión astral-física. (Astral inferior).
1. – Físico.

Los dos elementos transitorios que unen a los tres principios constituyen *esas chispas* de que hemos hablado con frecuencia y que cesan de existir en la ruptura de la corriente. La chispa inferior «unión astral-física», sufre la primera muerte, o muerte terrestre, y la chispa superior «astral espiritual» la segunda, o muerte astral, para huir del torrente de las generaciones y entrar en el ciclo, o estado equivalente de las iniciaciones.

Lo que importa notar es que es imposible comprender la constitución real del ser humano si no se parte de este hecho, de que el hombre es un cuaternario formado de un ternario, cuyo segundo término es doble, exactamente como el tetragrama IEVE, cuyo segundo término E es doble. La duplicación del segundo término, da cuenta del complementarismo de los sexos, de las aspiraciones y de las almas, así como de la manera con que los principios se unen entre sí.[1]

Analizando estos tres grandes principios, se pueden determinar siete, nueve, y hasta veintiún elementos de constitución; pero hay que tener cuidado de no tomar el septenario como único punto de partida, porque entonces se evidencia que no se sabe nada de aritmética sagrada, resultando que se oscurecen a capricho los problemas más claros y se llega a la incapacidad de establecer una seria y metódica escala de analogía, que es obligado comienzo de todo estudio ocultista un poco elevado.

CONSTITUCION DEL HOMBRE EN TRI–UNIDAD:

ENSEÑANZA INMUTABLE DE LA TRADICION

Todas las iniciaciones superiores se muestran unánimes a propósito de la constitución del hombre en tres principios, con desdoblamiento del segundo. Las citas que siguen esclarecerán al lector.

CONSTITUCION DEL HOMBRE, SEGUN LOS ANTIGUOS EGIPCIOS

XVIII dinastía. 1500 antes de J.C.

1 El Cuerpo
2 { El doble
  Inteligencia }
3 Esencia luminosa

(Véase M. Fontaine, *Les Egiptes*)

1 La mujer no es superior ni inferior al hombre. Es complementaria. Tal es la verdadera solución del feminismo según la iniciación tradicional.

CONSTITUCION DEL SER HUMANO, SEGUN ZOROASTRO

1. Cuerpo físico.

<table>
<tr><td rowspan="2">2.</td><td>El Jan</td><td>Conserva la forma del cuerpo y mantiene en todas sus partes el orden y la armonía.</td></tr>
<tr><td>El alma
Feruer</td><td>O persona humana, comprendiendo la inteligencia (Boc), el Juicio y la Imaginación (Ruah) y la sustancia propia del alma (Feruer)</td></tr>
<tr><td>3.</td><td>El Akko</td><td>Principio divino e inalterable que nos esclarece sobre el bien que hay que hacer, y el mal que evitar, y nos anuncia una vida mejor.</td></tr>
</table>

CONSTITUCION DEL SER HUMANO, SEGUN LA CABALA

<table>
<tr><td rowspan="2">1.</td><td>Cuerpo físico.</td></tr>
<tr><td>Naphesh. El mediador plástico.</td></tr>
<tr><td>2.</td><td>Ruah. El alma.</td></tr>
<tr><td>3.</td><td>Neschamah. El espíritu puro.</td></tr>
</table>

CONSTITUCION DEL HOMBRE, SEGUN OVIDIO

<table>
<tr><td>1.</td><td>Carne, va a la tierra.</td><td></td></tr>
<tr><td rowspan="2">2.</td><td>Sombra, ronda la tumba.</td><td rowspan="2">Arqueo.
Espíritu animal</td></tr>
<tr><td>Manes, están en los infiernos.</td></tr>
<tr><td>3.</td><td>Espíritu, vuela al cielo.</td><td></td></tr>
</table>

CONSTITUCION DEL HOMBRE, SEGUN PARACELSO

1. Cuerpo elemental.
2. { Hombre astral. / Evestrum. } Arqueo. Espíritu animal
3. Alma espiritual

* * *

Vamos a recordar el análisis de los tres principios del Hombre, con sus relaciones analógicas de la naturaleza y de Dios, tal como lo expusimos en la *Ciencia de los Magos*, y que nos parece útil rememorar ahora.

EL MICROCOSMOS O EL HOMBRE

Nada, al primer golpe de vista, parece más complicado que el ser humano. Difícil es analizar detalladamente su constitución anatómica y fisiológica, sin hablar de su constitución psicológica.

El esoterismo busca en todo la síntesis, y deja el estudio de los detalles a los poderosos esfuerzos de las ciencias analíticas.

Veamos si es posible determinar sintéticamente los principios constitutivos del ser humano.

Generalmente, todos los órganos que constituyen este ser humano se nos aparecen en pleno período de acción. Todo en él funciona, se agita, se nos manifiesta bajo mil distintos aspectos, y sólo con una gran dificultad podemos conocer las causas, poco numerosas, a través de la enorme multiplicidad de los efectos.

Cuando llega la noche, los miembros se distienden, los ojos se cierran, el mundo exterior no tiene ya acción alguna sobre el ser humano, y éste a su vez, tampoco tiene acción sobre el mundo exterior; entonces, duerme. Aprovechemos de ese sueño para comenzar nuestro estudio.

El hombre duerme, y no obstante, sus arterias palpitan, su

corazón funciona y la sangre circula; sus órganos digestivos prosiguen su trabajo y los pulmones inspiran y espiran rítmicamente el aire vivificador. Durante este sueño, lo que nosotros llamamos el hombre, es incapaz de movimiento, ni de sensación, ni de pensamiento; no puede amar, ni odiar, ni ser dichoso, ni sufrir; sus miembros reposan inertes, su rostro está inmóvil, y a pesar de todo esto, su organismo funciona como si nada nuevo aconteciese. [2]

Esto nos lleva a considerar forzosamente, en el hombre:

1º Una parte mecánica que continúa su acción tan bien durante el sueño como en la vigilia; éste es el organismo propiamente dicho.

2º Una parte intelectual que sólo se manifiesta en estado de vigilia, que es a la que llamamos Conciencia, Espíritu.

El dominio del organismo aparece, pues, tan bien determinado, como el referente al espíritu.

¿Qué es lo que ocurre en ese organismo? Todo lo que del Espíritu depende, los miembros, el rostro y sus órganos, la voz, la sensibilidad general misma, todo ello, reposa, como acabamos de ver. Pero todo esto es lo que envuelve al ser humano, esto constituye su periferia. Los fenómenos productores de la marcha automática de la máquina humana, se hallan en el interior del tronco, en los tres segmentos que lo constituyen: vientre, pecho y cabeza.

Como en toda máquina, el organismo humano posee órganos movidos, una fuerza motriz, y un centro de aprovisionamiento y renovación de esta fuerza motriz. Así si consideramos, tomando un ejemplo muy material, una locomotora, hallaremos órganos movidos por el vapor, la renovación de este vapor se hace por una continua cesión de calor. Del mismo modo en el organismo humano, hallamos órganos de una especial constitución (órganos de fibras lisas), arterias, venas, órganos digestivos, etc., movidos por la fuerza nerviosa transportada por las

2 El fenómeno del sueño apenas si turba ese reposo y recuerda la existencia del principio superior.

ramificaciones del gran simpático. Esta fuerza, así como la vida particular de cada una de las células que constituyen los órganos, está alimentada por la corriente sanguínea arterial. Luego, los órganos, los centros de acción de las diversas fuerzas, la fuerza motriz nerviosa y la fuerza animatriz sanguínea son los principios esenciales que constituyen la máquina humana en actuación.

Despierta el hombre y una cosa más parece que viene a unirse a las fuerzas precedentes. Los miembros que reposaban, se agitan; el rostro se anima y los ojos se abren; el ser humano que yacía tendido, se incorpora, se levanta y habla. Va a comenzar una nueva vida, en tanto que la vida orgánica, ya descrita, proseguirá su acción mecánicamente.

El principio que acaba de aparecer, difiere esencialmente de los anteriores; tiene en el cuerpo sus órganos especiales (órganos de fibras estriadas); tiene un sistema nervioso particular, se sirve del cuerpo, como un obrero utiliza sus herramientas, como el mecánico se sirve de la locomotora, gobierna todos esos centros y órganos periféricos que hace un instante reposaban. Este principio es al que llamamos Espíritu consciente.

Si reunimos todo lo expuesto, hallamos en el hombre tres principios: *aquel que soporta todo*, o sea EL CUERPO FISICO. *Aquel que todo lo anima y lo mueve todo*, formando los dos polos de un mismo principio, o sea el ALMA. Al fin, *lo que todo lo dirige y todo lo gobierna*, el ser entero, o sea EL ESPIRITU.

El cuerpo físico, el alma o mediador plástico doblemente polarizado y el espíritu consciente, son los tres principios generales que constituyen el ser humano.

Si tenemos en cuenta que el mediador plástico es doble, podemos decir que el hombre está compuesto por tres principios orgánicos: el que soporta, el que anima y el que mueve, o sea: El Cuerpo, el Cuerpo astral y el Ser psíquico, sintetizados y enlazados a la unidad de acción por un principio consciente: *aquel que gobierna y dirige el* ESPIRITU.

He aquí un ejemplo de lo que llamanos la Trinidad en la unidad, o sea la Tri-Unidad en Ocultismo.

LOS TRES PRINCIPIOS

El ser humano está compuesto de tres principios: el cuerpo físico, el mediador plástico o alma, y el Espíritu consciente. Este último término sintetiza los términos precedentes y transforma en unidad la Trinidad orgánica.[3]

No hay que olvidar que los ocultistas de todos los tiempos, y de todas las escuelas, están de acuerdo sobre la división fundamental en tres principios. No obstante el análisis de esos elementos, el estudio de acción física, pasional o intelectual de su localización anatómica o fisiológica, condujo a varias escuelas a subdivisiones puramente analíticas. Pero la base inmutable de la enseñanza esotérica es la doctrina de los tres principios.[4]

El cuerpo físico *soporta* todos los elementos constitutivos del hombre encarnado. Su centro de acción se halla en el abdomen.

El cuerpo astral *anima* todos los elementos constituyentes del hombre encarnado. Tiene su centro de acción en el pecho, y constituye el principio de la cohesión de Ser humano.

El ser físico *motor* de todos los elementos constitutivos del hombre encarnado, a excepción de los situados bajo la dependencia del espíritu, tiene su centro de acción en la parte póstero-inferior de la cabeza. [5]

El espíritu sintetiza en sí los tres principios precedentes, *gobierna*, iluminado por la inteligencia y ayudado por la Volun-

3 Hay una trinidad y una unidad en el hombre, al igual que en Dios. El hombre es una persona; es triple es esencia; tiene un soplo divino o el alma;el espíritu sideral o el cuerpo (Paracelso, siglo XVI).

4 La ley de todas estas subdivisiones está dada desde el punto de vista matemático por Wronski, en 1859, bajo el título de Ley de la Creación. La unidad se manifiesta como en nuestro primer análisis del ser humano. De los tres elementos primitivos, derivan los cuatro elementos secundarios (384=7), llegando a siete los elementos del primer análisis.

Pero Wronski determina tres nuevos elementos, derivados de la acción de los elementos positivos sobre la serie negativa, e inversa, lo que eleva a diez los términos del análisis. (Las diez Sephiroth de la Cábala.)

Sintetizados estos términos por la unidad se obtiene la serie completa de Hoené Wronski, el autor que ha logrado la síntesis más completa que se ha producido en el siglo XIX.

5 Tres madres hay en el hombre: la Cabeza, el Vientre y el Pecho. La Cabeza fue creada del Fuego; el Vientre, del agua, y el Pecho, intermedio entre ambos, del Espíritu (*Sepher Jesirah*, siglo II, según Ad. Franck).

tad, todo el organismo . El espíritu tiene su punto de apoyo en el cerebro material, pero, salvo raras excepciones, no se halla completamente encarnado en el Ser humano.[6]

EL CUERPO FISICO

El que soporta todos los elementos constitutivos del ser humano sobre la Tierra, es el cuerpo físico.

El cuerpo físico suministra a su propia constitución; el esqueleto, los músculos, los órganos digestivos y con éstos todos sus dependientes. Suministra al cuerpo astral los hematíes, los órganos circulatorios y todos sus correspondientes. Suministra al ser psíquico todos los principales materiales del sistema nervioso ganglionario y, por fin, al Espíritu los principios materiales del sistema nervioso consciente.

Los elementos materiales del ser humano se renuevan bajo la influencia de los alimentos transformados por el aparato digestivo en *Quilo.*

El centro de renovación y de acción del cuerpo físico está situado en el abdomen.

El cuerpo físico circula en el organismo por el sistema de los vasos linfáticos, en cuyo trayecto se hallan situados los ganglios, centro de reserva material.

El cuerpo físico dirigido en su marcha orgánica por el *instinto,* se manifiesta al Espíritu consciente por las necesidades.

EL CUERPO ASTRAL

El que anima todos los elementos constitutivos del ser humano es el *cuerpo astral.* Resulta ser exactamente el duplicado del cuerpo físico. Constituye una realidad orgánica y posee sus órganos físicos, sus centros de acción y sus localizaciones.

Los órganos físicos afectos especialmente al cuerpo astral

6 La Cabeza es la sede del alma intelectual; el Pecho, del alma vital, y el Vientre, del alma sensitiva. Robert Fludd (siglo XVI).

son los órganos de la respiración, de la circulación y todos sus dependientes.

El centro de acción del cuerpo astral se halla en el pecho. Sus funciones orgánicas se producen mediante la influencia del aire atmosférico, transformado por el aparato respiratorio en fuerza vital, fijada sobre el glóbulo sanguíneo (oxihemoglobina).[7]

El aparato circulatorio difunde la fuerza vital en todo el organismo y provee al ser físico de los principios necesarios para la elaboración de la fuerza nerviosa.[8]

El cuerpo astral, dirigido por el sentimiento, se manifiesta al Espíritu consciente por la Pasión.

EL SER PSIQUICO

Lo que mueve todos los elementos constitutivos del organismo humano, es el *ser psiquico.* Este, hablando con propiedad, es el centro de sublimación y de condensación del cuerpo astral. Tiene sus órganos físicos de acción y de circulación, que son los que constituyen el sistema nervioso ganglionario y todos sus dependientes: cerebelo – *Gran simpático. Nervios vasomotores.*[9]

El centro de acción del Ser Psíquico, se halla, pues, en la Cabeza (en la parte posteroinferior), sus funciones orgánicas se producen mediante la influencia de la fuerza vital aportada por

7 El alma sensitiva o elemental, reside en la sangre y es el agente de la semación, de la nutrición y de la reproducción, o sea de todas las fuerzas orgánicas. Robert Fludd (siglo XVI).

8 Pitágoras enseña que el alma tiene un cuerpo, dado, según su buena o mala condición, por el trabajo interior de sus facultades. Llama a este cuerpo la carne sutil del alma, del que el cuerpo mortal es una grosera envoltura. Añade que sólo practicando la virtud, la verdad, absteniéndose de toda impureza, puede cuidarse el alma y también el cuerpo luminoso. Hierocles. *Aurea Carmina,* vol. 68 (siglo V).

9 Hay dos inteligencias en el hombre: la *material,* cuya misión es dirigir, coordinar los movimientos del cuerpo, no pudiéndose, por tanto, separar de la materia, y la *inteligencia adquirida o comunicada,* indepedendiente del organismo y emanación directa de la inteligencia universal.

El atributo especial de la *comunicada,* es la Ciencia propiamente dicha, el conocimiento de lo absoluto y de lo inteligible puro, los principios divinos de donde toma su fuente. Maimónides (siglo XII).

la sangre y transformada por la acción del cerebelo en fuerza nerviosa.[10]

El aparato nervioso de la vida orgánica difunde el movimiento en todo el organismo y suministra el Espíritu consciente los elementos necesarios a la elaboración del Pensamiento.[11]

El Ser psíquico, guiado por la Intuición, se manifiesta al Espíritu por la Inspiración.[12]

EL ESPIRITU CONSCIENTE

Lo que gobierna al ser humano todo entero, lo que siente, lo que piensa y lo que quiere, llevando la trinidad orgánica a la unidad de la Conciencia, es el Espíritu Inmortal. El espíritu tiene un dominio, un radio de acción bien delimitado, con una contracción de los órganos y de los conductores particulares.

Los órganos físicos, afectos especialmente al espíritu, son los que constituyen el sistema nervioso consciente con todas sus dependencias. El Espíritu tiene, pues, por centro de acción la cabeza. El cuerpo físico le suministra la materia del sistema nervioso consciente; el cuerpo astral, la fuerza vital que anima a esta materia, el ser psíquico, la fuerza nerviosa necesaria a su acción. De cada uno de los tres principios, se provee el espíritu de uno o varios órganos de los sentidos. [13]

Le provee el cuerpo físico del tacto y del gusto; el cuerpo

10 Hay dos clases de alma: la *sensitiva* común a los animales y al hombre; la *intelectual*, inmortal o simplemente el *espíritu* (mens que sólo pertenece al hombre. Van Helmont (siglo XVI).

11 De ahí esos sentidos (sentido común e imaginación) que tienen sus órganos en la cabeza; en ella el sentido común y la imaginación tienen sus lugares preferentes, las mejores residencias o células del cerebro (ya quiso Aristóteles que fuese el corazón el órgano del sentido común, pero es el cerebro su morada) y el pensamiento o la facultad de pensar, está situada en lo alto y en el centro de la cabeza y en seguida la memoria, ocupa el último lugar o sea la parte trasera de la cabeza. Agrippa (siglo XVI).

12 Respecto al Cuerpo Astral, véase el notable artículo de Barlet publicado en la revista *L'Initiation*, enero de 1897.

13 El hombre es mortal en relación con su cuerpo; pero es inmortal en relación con su alma que constituye el hombre esencial. Como inmortal tiene poder sobre todas las cosas, pero condicionado; la parte material y mortal de él mismo está sometida al destino. *Poimandres*, de Hermes (siglo II, según la crítica universitaria).

astral, del olfato; el ser psíquico del oído, y de la vista. Estos diversos sentidos ponen al Espíritu en relación con el mundo exterior. Además, el Espíritu está en relación con el mundo interior, que se manifiesta a él por el impulso sensual, pasional o intelectual.

Por medio de la médula (parte posterior) se establecen las comunicaciones con cada uno de los tres centros orgánicos del ser humano: Vientre, Pecho y Cabeza.

Lo esencial del Espíritu estriba en su libertad para dejarse llevar de los impulsos emanados del ser interior o bien para sentirlos. En esta facultad primordial es en lo que esencialmente consiste el Libre albedrío.

El espíritu, aunque independiente por sí mismo de cada uno de los tres centros orgánicos, actúa sobre ellos, no inmediatamente, sino de un modo mediato. Así éste no puede directamente modificar la marcha de los órganos digestivos, aunque actúe en la elección de los alimentos; y la boca, puerta de entrada del abdomen, se halla bajo la dependencia directa del Espíritu, teniendo al gusto como coadyuvante sensorial.

Tampoco puede el Espíritu modificar directamente la marcha de los órganos circulatorios; pero, no obstante, puede actuar en la elección del ambiente respiratorio, y las fosas nasales, puerta de entrada del pecho, están bajo la dependencia del Espíritu, con el olor como auxiliar sensorial.

De todo lo cual resulta que el espíritu puede voluntariamente modificar la constitución del cuerpo físico al modificar por la elección los alimentos (1ª fase de Magia práctica), y puede también actuar sobre el cuerpo astral, obrando sobre el ritmo respiratorio y modificando por medio de especiales perfumes el aire que se respira en la atmósfera (2ª fase de Magia práctica).

El Espíritu puede, por último, actuando sobre los ojos y sobre los oídos desenvolver la clarividencia y la clariaudiencia celestes (3ª fase de Magia práctica).

Por los alimentos, por la respiración, por las sensaciones, puede el Espíritu actuar sobre el ser interior y mediante los miembros, sobre la Naturaleza.

La laringe, la boca, los ojos, considerados como órganos de expresión, únense a los miembros de la acción consciente del espíritu sobre los demás hombres, y sobre el mundo exterior: sobre el No-yo.

El resumen, las funciones del espíritu se reducen a los datos siguientes:

Anatomía y fisiología filosófica	Gracias a los elementos vitales y psíquicos sometidos a él por los tres principios del ser interior, el Espíritu posee medios de acción especiales.
Lo que siente.	*Recibe* del ser interior impulsos sensuales anímicos e intelectuales. Del No-yo, variaciones diversas.
Lo que piensa.	*Percibe* ideas que vienen de esos diversos estados psíquicos, las compara, clasifica, hace juicio y formula, en fin, su voluntad.
Lo que quiere.	Obra sobre el ser interior por las puertas de entrada de los tres centros, puertas que están bajo la dependencia y los elementos introducidos en cada uno de esos centros. Puede también obrar sobre la periferia de su ser por los miembros. Sobre el No-yo por los miembros colocados bajo su dependencia y por otros órganos de expresión: La Voz, el Gesto, etc.

Lo que quiere y lo que siente están en relación directa con los órganos corporales. Lo que piensa lo domina por lo contrario.

De la acción del abdomen sobre el No-yo (alimento) resulta el quilo; de la acción del pecho sobre el No-yo (aire) resulta el dinamismo de la sangre, y de la acción de la cabeza sobre el órgano (la sensación) resulta la idea.

¿Qué resulta de la acción del Espíritu consciente sobre el ser interior y el mundo externo?

DEL DESTINO

El ser humano concebido como un todo fabrica por el libre empleo que hace de su voluntad, y de los elementos que le son confiados, la suerte o la desgracia para su evolución futura. Es el libre albedrío lo que regula por sí mismo el destino de la Mónada humana.

EL MACROCOSMOS O LA NATURALEZA

El hombre ha edificado soberbias ciudades, alrededor de ellas ha extendido campos bien cultivados; en las praderas ha visto pastar hermosos rebaños; y una sociedad humana, con sus órganos sociales y sus fuerzas nacionales se ha establecido en ese maravillosos país de Egipto.

Pero el eje magnético de las civilizaciones se ha desplazado un grado; la guerra y el incendio llevaron sus estragos a las ciudades; las ruinas han reemplazado a las soberbias ciudades; las hierbas y el boscaje ocupan el espacio de los campos cultivados; las bestias feroces y las serpientes venenosas sustituyen a los grandes rebaños, y ahora ninguna sociedad humana aparece en esos desiertos. ¿Cuál es, pues, ese poder misterioso que deshace así las obras de los hombres? ¿Quién es ese adversario oculto que toma palmo a palmo posesión de su bien, desde que el hombre cesa de luchar? La Naturaleza. La Naturaleza es la fuerza fatal que dirige todo lo que el hombre ve alrededor de sí en el universo, desde el sol hasta la brizna de hierba. No es sino a costa de la lucha en todos los instantes, y desplegando todos los esfuerzos de su voluntad como el hombre llega a dominar la Naturaleza y hacer de ella un auxiliar eficaz para el porvenir. La voluntad humana es tan poderosa como la fatalidad natural. Son dos fuerzas cósmicas, y las más elevadas que manifiestan en lo Absoluto.

Consideremos un lugar cualquiera de nuestro globo, en el que haya manifestado su poder la naturaleza sin la participación del hombre, y veamos si no existen allí los principios y las leyes generales ocultas bajo la muliplicidad de esfuerzos aparentes. He aquí un rincón del trópico. La tierra y sus capas geológicas entremezcladas con venas metálicas forman su base, el soporte de la casi totalidad de cuanto podemos percibir. Un riachuelo traza silenciosamente su ruta entre los árboles y plantas que surgen por todas partes. Sin el agua fertilizante, obrando en el planeta como el quilo en el hombre, nada habría sobre la tierra deseada. Entre esas plantas, circulan los insectos, rápidos y afanados en la lucha por la existencia. Sobre los árboles vuelan los pájaros, y en las profundidades del bosque se oye el silbido de las serpientes y el rugido de las fieras.

Entre todos esos seres vegetales y animales, circula un fluido vital sutil, impalpable, invisible: el aire atmosférico, origen del movimiento vital que anima a toda la naturaleza. Por encima, arriba, en el cielo, el sol envía sus rayos ardientes a este rincón de la tierra. Los rayos solares aportan el movimiento al planeta entero, movimiento cuyas combinaciones, más o menos intensas con la materia, produce todas las físicas conocidas. El sol se condensa en la sustancia de los árboles, de donde el hombre le extraerá más tarde a estado de calor al quemar la encina o la hulla. El movimiento llegado del sol se condensa en el interior de la tierra bajo forma de magnetismo y se manifiesta en su superficie bajo la forma de atracción molecular.

Resumamos. – Una tierra que *soporta*; agua y aire, que *animan*; fuego solar que *mueve* y crea todas las fuerzas físicas, y la fatalidad *que gobierna* la marcha de esas fuerzas y de todos los seres; he ahí lo que nos enseña la contemplación de este lugar de la tierra. ¿Es eso todo?

No. Todas esas fuerzas, esos elementos circulan a través de tres reinos. Los minerales son lentamente descompuestos por las raíces de los vegetales que se los asimilan y transforman en sustancia vegetal. Los rayos solares la transforman en principios dinámicos, y el aire de la atmósfera viene a darle vida. Pero los animales, a su vez, toman la sustancia vegetal que digieren y transforman en animal. Y la vida universal idéntica para todos los seres, circula a través de todos y de todos los reinos, animando los mismos a la última brizna de hierba que al cerebro del hombre.

Tres reinos constituyen el cuerpo material de cada uno de los continentes de nuestro planeta, y cada uno de ellos manifiesta un centro particular del organismo terrestre. El reino mineral está en el esqueleto, su centro de digestión y de secreción; el reino vegetal está en en el centro anímico dirigiendo el mineral y purificándolo sin cesar en el aire atmosférico, indispensable a todos los seres. En fin, el reino animal está en el centro intelectual, evolucionando el instinto y la inteligencia a través de la ascensión penosa hacia la conciencia. [14]

Lo que soporta todos los principios en acción sobre el planeta, es la tierra en evolución triple; mineral, vegetal y animal. *Lo que anima* son el agua y el aire. El agua, obrando como obra la parte líquida de la sangre del hombre y el aire como el glóbulo sanguíneo en el mismo. *Lo que mueve* son las fuerzas psicoquímicas originadas por las combinaciones de los rayos solares con la materia orgánica e inorgánica. Tal es el movimiento en su esencia, que los antiguos llamaban fuego.

Tierra, agua, aire y fuego, son los elementos, los cuatro principios que vemos obrar en la naturaleza, si abandonamos el campo de análisis para quedar sobre un terreno esencialmente general. No tememos ser tachados de ignorantes o de afrontar el ridículo, osando volver, a fines del siglo XIX, a los cuatro elementos de la antigua física de los iniciados. Pero acabamos de investigar solamente un rincón de nuestro planeta. Las fuerzas psicoquímicas, aire, agua y tierra, constituyen los principios en acción en la parte de la naturaleza que nos circunda inmediatamente, o sea la que los antiguos llamaban el *mundo elementario*. Prosigamos nuestro análisis.

Acabamos de ver los hechos que ocurren en una pequeña parte del planeta. El empleo de la analogía nos permite esperar que la misma ley que dirige la marcha de una célula y la de un órgano del hombre, debe dirigir la marcha de un continente y la de todo planeta, considerado como un ser orgánico especial.

Nuestro planeta, aislado en el espacio, baña alternativamen-

14 El alma de los minerales se desenvuelve bajo la acción de los planetas. «El alma de los vegetales, bajo la acción del sol, desenvolviéndose y multiplicándose; porque cada grano de semilla encerrado en el cáliz de las flores, es un alma distinta que recubre una ligera cubierta de agua y de tierra.» Robert Fludd (siglo XVI.)

te la mayor parte de uno de sus hemisferios en el fluido solar. De ahí la existencia del día y de la noche, correspondiente a una inspiración y espiración del ser viviente. En el organismo humano, el fluido reparador, la sangre, circula a través de los órganos que baña. En el organismo del mundo al contrario, son los planetas (órganos del sistema solar) los que circulan en el fluido solar reparador. La tierra inspira el movimiento por el ecuador y espira por los polos.[15]

Nuestro planeta recibe del mundo exterior tres influjos especiales: 1º, del sol; 2º, de la luna, satélite de tierra, y 3º, de los demás planetas del sistema solar. (Consideramos a las estrellas fijas como demasiado lejanas, para ejercer una acción especial sobre los planetas.)

El estudio de esas corrientes fluídicas y de su acción fisiológica, constituye la Astrología. pero nuestra tierra desprende mucho fluidos: 1º, está inmediatamente rodeada de una capa atmosférica especial. 2º, es luminosa vista desde otros planetas y 3º, posee una fuerza de atracción particular, que obra sobre los cuerpos colocados en la superficie del planeta así como sobre la luna, y especialmente sobre los demás planetas del sistema.

Siendo la luna una dependencia cósmica de la tierra, entra en su esfera de atracción; el planeta unido a su satélite forma un sistema planetario. La luna actúa respecto de la tierra, como el gran simpático actúa respecto del organismo humano. Regulariza y distribuye la fuerza dinámica y preside el crecimiento y decrecimiento de todos los organismos vivos del planeta.

Pero la tierra y su satélite no constituyen más que uno de los órganos de nuestro sistema solar, que por sí solo constituye un todo, un organismo especial en el Universo.

Un sistema está compuesto de órganos materiales, jerarquizados en tres categorías:

15 La luz, mezclándose con el aire invisible, ha producido el éter, especie de fuego sutil y más activo, principio de la generación y el organismo, vehículo de la vida en toda la extensión del universo.

El éter no es propiamente hablando un cuerpo, sino un término medio, un mediador entre el cuerpo y la fuerza vivificante de que están penetrados; es decir, el alma del mundo. Robert Fludd.

1º Los satélites, sometidos a la atracción de un planeta.

2º Los planetas, sometidos a la atracción de un sol.

3º Un sol, sometido a la atracción de un centro particular.

Entre los satélites y los planetas, actúan las fuerzas físico-químicas y los fluidos llamados elementales.

Entre los planetas y el sol, actúan las fuerzas cósmicas y los fluidos llamados astrales.

Entre el sol y el centro de atracción más elevado, actúan las fuerzas psíquicas y los fluidos llamados iniciales.

Sobre un planeta de un sistema solar, el satélite obra como el abdomen actúa en el hombre; el sol como el corazón, y el centro de atracción del sol, como la cabeza.

En resumen, un sistema solar comprende tres clases de principios: Lo que soporta, los órganos del sistema, satélites, planetas y Sol.

Lo que anima: fluido dinámico emanado del Sol.

Lo que mueve: fuerza de atracción localizada en los satélites del planeta y en el Sol, emanada del centro de atracción del Sol.

Lo que gobierna o dirige: La potencia cósmica, llamada Naturaleza o Destino.

La antigua física de los herméticos considera el Universo, constituido por tres planos o *mundos*:

1º El mundo elemental formado por las fuerzas en acción sobre nuestro planeta, llámase también mundo sublunar, cuya acción se extiende de la Tierra a su satélite, La Luna (extensión de las fuerzas físico-químicas).

2º El mundo de los orbes, constituido por las fuerzas actuantes en el sistema solar y cuya acción se extiende desde el Sol a los planetas del sistema (extensión de las fuerzas astrales).

3º El Mundo empíreo integrado por las fuerzas que actúan sobre el Universo entero y cuya acción se extiende desde el centro (no determinado aún científicamente) de atracción de nuestro Sol, a los otros soles situados en la misma esfera de atracción (extensión de las fuerzas iniciales).

Pero estos tres planos no constituyen centros de acción estrictamente definidos. De igual modo que en el hombre, en todas las partes del organismo hallamos: linfa, sangre, acción nerviosa, lo mismo en el abdomen que en el tórax y en la cabeza, a pesar de que cabeza, pecho y abdomen sean los planos que centralizan la acción de los tres elementos, asimismo en el planeta más insignificante hallamos fuerzas físicas, atracción y vida, aunque cada una de éstas sea la respectiva manifestación del mundo elemental, del mundo de los orbes y del mundo del empíreo.

EL ARQUETIPO

Cuando queremos imaginarnos al hombre, se nos ofrece siempre la imagen de su cuerpo físico. Y sin embargo, reflexionando un poco, comprendemos que ese cuerpo no hace más que soportar y manifestar al hombre verdadero a quien gobierna el Espíritu.

Se pueden substraer millares de células de su cuerpo sin que la unidad de conciencia padezca nada. El hombre intelectual es independiente de los órganos que en el estado presente, tales órganos son indispensables para remontarse a la acción del Espíritu y comprenderle. Sin esa base física nuestras deducciones tomarían el carácter vago y místico de los datos exclusivamente metafísicos.

Pero un análisis somero sólo puede conducirnos a confundir al hombre intelectual con el orgánico, o hacer a la Voluntad enteramente solidaria de la función de los órganos. De aquí que al tratarse de la cuestión de Dios, se cae, la mayoría de las veces, en uno de esos excesos que acabamos de señalar al ocuparnos del hombre.

El conjunto de seres y de cosas existentes, supone y manifiesta a la Divinidad, como el cuerpo físico del hombre supone y manifiesta al Espíritu.

Querer hablar de Dios sin apoyarse en todas esas manifestaciones físicas, es exponerse al embrollo de las nebulosidades metafísicas, y a resultar incomprensible para la mayor parte de las inteligencias. Será, pues, preciso apoyarnos en la constitución del hombre y en la del Universo, para conseguir hacernos una idea de Dios.

En el hombre ya hemos visto un ser físico o más bien orgánico, que funciona de un modo maquinal, lo mismo en vigilia que en reposo.

La parte orgánica del ser humano corresponde a la idea que nos hemos hecho de la Naturaleza; es la misma ley fatal y regular que dirige la marcha del hombre orgánico, del mismo modo que la del Universo, formada esta última por órganos cósmicos en vez de órganos humanos.

El ser intelectual en el hombre responde consecuentemente, pero de un modo muy elemental, a la idea que nosotros podemos hacernos de Dios.

Las relaciones del hombre físico con el hombre intelectual nos iluminarán sobre las relaciones de la Naturaleza con Dios; del mismo modo, las correspondencias entre el ser físico y el Espíritu en el hombre, pueden ilustrarnos lógicamente respecto de las relaciones del hombre con Dios. Por estas relaciones podemos sentar en principio que si nuestra analogía es verdadera, Dios, aunque ya por la humanidad o por la Naturaleza, o ya actuando sobre esos dos grandes principios cósmicos, no obstante tiene una existencia propia e independiente. Pero la Unidad Primera concebida de este modo, no interviene en las leyes naturales, como el Espíritu consciente del hombre no interviene en el estado normal, en las funciones del corazón o en las del hígado.

El hombre es el único creador y único juez de su destino. Libre es de obrar como quiera dentro del círculo de su fatalidad; le acontece lo que a un viajero en un tren o en un navío, que puede proceder a su antojo en el espacio que corresponde a su cabina, a su camarote o a su compartimiento. Dios no puede ser cómplice de las faltas humanas, como el maquinista del tren o el capitán del barco no pueden ser responsables de los actos particulares de los viajeros que transportan.

Así es preciso, para evitar nuevos errores, advertir que Dios, tal como en principio se nos manifiesta, es el conjunto de todo cuanto existe; como el hombre, a su vez, es el conjunto de todos los órganos y de todas las facultades que aparecen a primera vista.

Pero el verdadero hombre, el Espíritu, es diferente del cuerpo físico, del cuerpo astral y del ser psíquico, a los cuales percibe y también domina. Igualmente Dios-Unidad es distinto de la Naturaleza y de la humanidad, a las cuales también percibe y señorea. Hablando en forma vulgar, diríamos que Dios tiene por cuerpo a la Naturaleza y que la Humanidad es la vida de Dios; pero del modo que el cuerpo material es el cuerpo del hombre, y el cuerpo astral y el ser psíquico los principios vitales; trátase aquí del hombre orgánico y no del hombre espíritu, que, digámoslo una vez más, no usa de esos principios sino como medio de manifestación.

No es menos cierto, sin embargo, que el Espíritu del hombre está en relación, por el sentido interno, con la menor parcela de su organismo, parcela sobre la que no puede obrar, pero que puede manifiestarse al Espíritu por el sufrimiento. Igualmente Dios está presente, mediata o inmediatamente, en la menor parcela de la creación, y en cada uno de nosotros, como la conciencia humana está presente, a título de receptora o de motora consciente en cada una de nuestras células corporales.

La naturaleza y el hombre obran, pues, libremente, rodeadas en todas partes por la acción que dirige el universo hacia el progreso, sin intervenir despóticamente en las leyes naturales o en las acciones humanas. Así el capitán del barco que obra sobre el timón, boga hacia el fin de su viaje, sin intervenir en el detalle de la maquinaria motora (imagen de la naturaleza), o en las ocupaciones de los pasajeros. El capitán gobierna circunferencialmente el sistema general; no tiene por qué preocuparse de lo que pasa en los camarotes.

Sin embargo, la acción del capitán se ejerce si no inmediatamente, de un modo mediato: 1º, sobre la maquinaria por la bocina. 2º, sobre los viajeros por las órdenes y disposiciones de a bordo.

En la Cábala se llama *Padre* al principio divino que obra sobre la marcha general del universo. *Hijo* al principio en acción en la humanidad, y *Espíritu Santo* al principio en acción en la naturaleza. Estos términos místicos indican las diversas aplicaciones de la fuerza creadora universal.

LA UNIDAD

El universo concebido como un todo animado, se compone de tres principios: La naturaleza, el hombre y Dios: o para emplear el lenguaje de los herméticos; el Macrocosmos, el Microcosmos y el Arquetipo.

El hombre se llama microcosmos o mundo en pequeño, porque contiene analógicamente las leyes que rigen el universo. La naturaleza forma el punto de apoyo y el centro de la manifestación general de los demás principios.

El hombre, obrando sobre la naturaleza por la acción, sobre los demás hombres por el Verbo, y elevándose hasta Dios por la oración y el éxtasis, constituye el lazo de unión ante la creación y el creador.

Dios, abarcando con su acción providencial los dominios en que obran libremente los demás principios, domina el universo; así pues, refunde todos elementos en la unidad de dirección y de acción.Dios se manifiesta en el universo por la acción de la Providencia que ilumina al hombre en su marcha; pero que no puede oponerse dinámicamente a ninguna de las otras dos fuerzas primordiales.

El hombre se manifiesta en el universo por la acción de la voluntad que le permite luchar contra el Destino y hacerle servidor de sus concepciones. En la aplicación de sus voliciones al mundo exterior, el hombre tiene entera libertad para acudir a las luces de la Providencia o para desentenderse de ellas.

La naturaleza se manifiesta en el universo por la acción del Destino que perpetúa de una manera inmutable y en un orden estrictamente determinado los tipos fundamentales que constituyen su base de acción.

Los *hechos* pertenecen a la naturaleza; las *leyes*, al hombre, y los *principios*, a Dios.

Dios no crea más que en principio. La naturaleza desenvuelve los principios creados para constituir los hechos; y el hombre, estableciendo, por el uso que hace de su voluntad y de las facultades que posee, las relaciones que unen los hechos a los principios, transforma y perfecciona esos hechos por la creación de leyes.

Un hecho por sencillo que sea, no es jamás sino la traducción natural, de un principio emanado de Dios, y el hombre puede siempre restablecer el lazo que une el hecho visible con el principio invisible mediante la enunciación de una ley. (Fundamento del método analógico.)

* * *

Un barco se lanza al mar y marcha hacia un fin que es el de su viaje. Todo lo que lleva dentro con él camina, y sin embargo, cada viajero puede arreglar su camarote como quiera. Cada uno es dueño de subir al puente y contemplar el infinito o bajar a cubierta. El avance se efectúa cada día para la masa total; pero cada individualidad es libre de obrar a su antojo en el círculo de acción que le corresponde.

Todas las clases sociales van sobre este barco, desde el pobre emigrante que lleva su hatillo, hasta el rico *yankee* que ocupa un buen camarote. La velocidad es igual para todos y llegarán al mismo momento.

Una máquina inconsciente, cumpliendo leyes estrictas, mueve todo el sistema. una fuerza ciega (el vapor) canalizada en los tubos y los órganos de metal, generada por un factor especial (calor) anima a la máquina. Una voluntad dominante dirige la máquina y el conjunto de los pasajeros, gobernándolo todo: el capitán.

Indiferente a la acción particular de cada uno, el capitán, atento a su objetivo, conduce el enorme organismo al término del viaje, dando órdenes al ejército de inteligencias, que le obedece.

El capitán no acciona directamente a la hélice que mueve el barco, ni efectúa una acción directa sobre el timón.

Igualmente el universo puede compararse a un inmenso barco cuyo timón tiene Dios. La naturaleza es la maquinaria sintetizada en la hélice que hace marchar al sistema según leyes estrictas, y los hombres son los pasajeros.

El progreso existe, general, para todo el sistema, pero cada uno es libre en el círculo de su fatalidad. Tal es la imagen que pintan muy claramente las enseñanzas del ocultismo respecto de esta cuestión.

INVOLUCION Y EVOLUCION DE LOS PRINCIPIOS

Cada uno de los tres principios viene de un mundo o plano diferente y vuelven a él, más o menos tarde, después de la muerte.

El cuerpo físico (cadáver) saca sus elementos del plano material al que volverán después de la muerte física. Se puede precipitar esa reintegración por el fuego (cremación) o retardarla por medio de sustancias que adormecen a las células materiales (momificación). Todo eso depende del fin que persiga quien se entregue a una cualquiera de esas prácticas.

El cuerpo astral que viene del mundo de los orbes, del plano del destino, de la esfera de los arqueos, dice Valentín en *Pistis Sophia*, se divide después de la muerte según la imantación que se le ha dado durante la encarnación. Si el ser no se ha purificado por el sacrificio o el sufrimiento, el cuerpo astral queda sujeto hasta la segunda muerte del principio superior. El ser forma entonces un elementario al que puede evocar en determinadas condiciones. [16]

El destino del Espíritu depende de la imantación que se le ha dado. Si ha sido constantemente atraído por los placeres materiales y las satisfacciones egoístas se habrá embotado y habrá de perderse con certeza en los torbellinos astrales. Si por lo contrario, ha evolucionado hacia el altruismo por las vías dolorosas del sacrificio y del dolor, estará preparado para huir del torrente de las generaciones y para llegar a ser, por la fusión con el alma hermana, el primer elemento de reintegración divina de una serie de almas.

16 Véase *El templo de Satán*, de Stanislas de Guaita.

EL REINO HOMINAL

El hombre no debe considerarse aisladamente, porque en tal estado no forma sino una célula de la humanidad total. Al conocimiento de los lazos que unen las células humanas a la Humanidad, es a lo que Fabre d'Olivet llama el *reino hominal*, que forma la base de la moral reguladora de las relaciones entre todos los hombres. Esto es lo que aparecerá con claridad en los siguientes extractos de la enseñanza del mismo d'Olivet.

No considero al hombre en su aislamiento individual sino en la universalidad de su especie, que llamo *reino hominal*. Este reino se me presenta siempre como un ser único, gozando de una existencia inteligible, sensible, por la individualización. Cuando los filósofos han dicho que la naturaleza no hacía más que individuos, han dicho la verdad, aplicando ese axioma a la naturaleza inferior. En el reino hominal las especies son las razas distinguidas por el color, las formas fisiognomónicas y el lugar de nacimiento; los géneros son las naciones o los pueblos, diversificados por el lenguaje, el culto, las leyes y las costumbres; los individuos son los hombres particularizados por su posición respectiva en sus naciones o en sus razas, teniendo en esa posición sus facultades propias y su voluntad individual. Todos los hombres que componen un ser racional son sus miembros sensibles. Lo que se llama *cuerpo político, pueblo nación* posee una doble existencia moral y física, y puede considerarse, así como el hombre individual, bajo la triple relación de su cuerpo, su alma o su espíritu, como ser corpóreo e instintivo, anímico y apasionado, espiritual e inteligente. Esta doble existencia no está siempre en proporciones armónicas, pues comúnmente uno es fuerte, mientras el otro es débil, y aquél vivo, cuando el otro está muerto. La misma desigualdad que existe entre los hombres, la hay entre los pueblos: en los unos las pasiones están más desarrolladas que en los otros; los hay puramente instintivos, como los hay puramente intelectuales.

Pero existen dos grandes medios de elaboración que, aunque empleados bajo diversas formas y designados por diferentes nombres, surgen de una misma causa y llegan al mismo resultado: Estos medios son:

La Unidad y Divisibilidad obrando en los *Principios*.
La Atración y Regulación obrando en los *Elementos*.
La Formación y Disolución obrando en la *esfera política*.
La Vida y la Muerte obrando en el *individuo*.

Por medio de la *formación* es como el reino hominal tiende a arruinar a los individuos que le componen, después de la particularización más absoluta, es decir, desde ese estado de aislamiento individual donde el hombre no conoce más que a sí propio, ni tiene idea del lazo conyugal, el primero de todos, hasta la universalización social, donde el mismo culto, las mismas leyes y el mismo lenguaje une a todos los hombres.

Por medio de la disolución es por lo que el movimiento contrario tiene lugar y hace que el reino hominal, después de haber recogido los frutos de universalización social, caiga en la particularización absoluta pasando por todas las fases políticas, desde el imperio universal hasta la más estrecha individualización del hombre salvaje.

El reino hominal contiene también en sí todo el universo. No hay absolutamente fuera de él más que la ley divina que le constituye y la causa primera de donde procede. Esta causa primera se llama Dios, y esta ley divina lleva el nombre de Naturaleza. Dios es uno; pero la Naturaleza parece ofrecer al pronto un segundo principio diferente de Dios y contener un triple movimiento de donde parecen resultar tres naturalezas diferentes: la naturaleza providencial, la naturaleza volitiva y la naturaleza fatídica, se sigue de esto que el hombre individual no puede tomar nada que no sea doble en sus principios o triple en sus facultades. Cuando por un gran esfuerzo de inteligencia, llega a la idea positiva de Dios, asciende al famoso cuaternario de Pitágoras, fuera del cual nada existe...

La necesidad *providencial* obra por asentimiento; la necesidad fatídica por sensación. El sentimiento que depende de la voluntad se adhiere libremente a una o a otra de esas necesidades o las rechaza para quedar en su centro. La voluntad puede permanecer en su centro anímico mucho tiempo mientras no se divide.

Fabre d'Olivet ha echado así las bases de la tradición

pitagórica. Considerando el problema en sus principios vivos e iluminándole a la luz de la Iglesia de los patriarcas y de las fulgurante revelación cristiana, el autor de las *Misiones*,[17] el marqués de Saint-Yves d'Alveydre ha revelado a los intelectuales la única vía política compatible con la iniciación: la *sinarquía*. Gracias a esta luz social nuestros amigos Barlet y Lejay [18] han podido determinar con precisión las leyes de vida, crecimiento y muerte de la sociedad, *considerada como un organismo que tiene la facultad de crear y de destruir sus órganos*. Tal es la ruta trazada para los que quieren conocer, fuera de las luchas estériles de los partidos, el arte sagrado de la organización de la colectividad humana.

17 *Misión de los soberanos.; Misión de los judíos; Misión de los franceses.*
18 *Sociología sintética.*

Capítulo X

EL PLANO ASTRAL

El plano astral. – Los flúidos: Los agentes elementales y elementarios. – La imagen astral. – Relaciones del alma humana con el astral terrestre.

No hay que considerar al hombre individual o colectivo como aislado del resto de la naturaleza visible e invisible. Ese es el error de los materialistas. Hubiéramos podido finalizar aquí los nuevos capítulos incorporados a este tratado elemental, pero nos ha parecido indispensable recordar las nociones que todo estudiante debe poseer acerca del plano invisible de la naturaleza y de los seres invisibles con los que el hombre puede relacionarse.

Se encontrarán todos los detalles que hayan de interesar al lector sobre este punto, primeramente en la notable obra de Stanislas de Guaita: *La clave de la magia negra*,[1] que es el trabajo más completo que se ha publicado sobre el particular hasta el día, y en nuestros ensayos *Tratado de magia práctica* y sobre todo en *La magia y la hipnosis*. Las notas siguientes no son sino un breve resumen destinado a fijar los principales puntos.

La parte visible del hombre nos manifiesta la invisible, como

1 Stanislas de Guaita. *La Clef de la magie noire*. Chamuel. Paris, 1896.

el receptor del telégrafo reproduce el despacho enviado desde lejos.

En la naturaleza hay igualmente, según el ocultismo, una parte completamente invisible junto a las cosas y las fuerzas físicas que afectan a nuestros sentidos corporales.

Lo mismo que en el hombre invisible circulan fluidos y células (fluidos sanguíneo y nervioso, hematíes y leucocitos), factores incesantes del organismo, igualmente en la naturaleza invisible circulan las fuerzas y los seres, factores incesantes del plano físico.[2]

El ocultista que ha comprobado en el hombre la existencia de un cuerpo astral, factor y conservador de las formas orgánicas, no habrá de limitarse en el estudio de la naturaleza, a la comprobación de las fuerzas físico-químicas o de los resultados de la evolución. Esas cosas visibles no son más que el resultado de los invisibles para nuestros sentidos corporales.

Recordemos que la parte invisible del hombre comprende dos grandes principios: el cuerpo astral y el ser psíquico de una parte, y de otra, el Espíritu consciente.

Concebida la naturaleza como una entidad viva, comprende igualmente en su parte invisible un plano astral, un plano psíquico de una parte, y de otra, un plano divino.

El conocimiento del plano astral es indispensable si se quieren comprender las teorías dadas por el ocultismo para explicar todos los fenómenos, aparentemente extraños, susceptibles de ser producidos por el hombre, que se ha desarrollado de una manera particular.

El asunto es oscuro de por sí. Sin embargo, basta tener muy presentes los detalles de la constitución humana para comprender lo que nos queda por exponer.

¿Qué se entiende por plano astral?

Vamos a servirnos de algunas comparaciones, groseras, si se quiere, es cierto, pero muy sugestivas, para ponernos en camino de obtener una interpretación comprensible de estas palabras.

2 El alma hace su propio cuerpo, es decir, que no sólo le gobierna y le anima, sino que le forma. Porfirio (siglo III).

He aquí un artista que tiene la idea de hacer una estatua. ¿Qué necesita paro ello? Materia: un poco de barro, por ejemplo. ¿Eso es todo? Sin duda sí, en el primer momento; pero suponed al artista infeliz, manco o paralítico. ¿Qué ocurrirá? Ocurrirá que su idea de estatua estará siempre bien clara en su cerebro. Por otra parte, el barro estará dispuesto a recibir y manifestar esa forma; pero el *intermediario*, la mano, por no obedecer al cerebro no podrá actuar sobre la materia y no hará nada útil.

Para que la idea del artista pueda manifestarse en la materia, la existencia de un intermediario entre la idea y lo material es absolutamente precisa. Y recordando una de nuestras comparaciones más comunes, la idea del artista puede equipararse al cochero que guía; y la materia al vehículo. El intermediario entre el cochero y el coche, es el caballo. Sin caballo, el cochero, sentado en el pescante, no puede guiar el coche, como sin brazos el artista no puede modelar el barro. Tal es el papel de intermediario en las comparaciones precedentes.

Volvamos a nuestro artista y a su estatua. Imaginemos que la materia, vencida por el trabajo, se pliega a los impulsos de la mano y que la estatua se termina. ¿Qué es, en suma, esa estatua? Una imagen física de la idea del artista existente en su cerebro. La mano ha hecho el oficio de un molde en el que la materia se ha modelado, y eso es cierto de tal modo que, si un accidente rompe la estatua, el artista encontrará la forma original siempre viva en su cerebro y podrá rehacerla según la idea que le sirve de patrón.

Hay un medio de prevenir la pérdida de la estatua una vez terminada: es el vaciado. Así se obtiene un clisé, un negativo, de la imagen que ha sido modelada, de modo que siempre que se reproduce la operación en el molde surge la forma primitiva sin que intervenga la mano del artista.

Basta, pues, quc haya un solo negativo de la idea original para el posible nacimiento de multitud de imágenes positivas. Pues bien; cada forma orgánica o inorgárnica, que se manifiesta a nuestros sentidos, es la estatua de un gran artista que se llama el Creador, o más bien la obra de un plano superior que llamamos el plano de la creación.

En el dominio de esta plano de creación primordial, no hay

sino ideas, principios, igual que ocurre en el cerebro del artista.

Entre ese plan superior y nuestro mundo físico visible, hay un *plano intermedio* encargado de recibir las impresiones del plano superior y de realizarlas actuando sobre la materia, así como la mano del artista está encargada de recibir las impresiones del cerebro y de fijarlas sobre la materia.

Este plano intermedio entre el principio de las cosas y las cosas mismas, es lo que se llama en ocultismo el plano astral.[3]

No hay que suponer a este plano astral en una región metafísica imposible de percibir fuera del razonamiento. No dejaremos de repetir que todo está estrechamente enlazado en la naturaleza, como lo está en el hombre, y que cada brizna de hierba lleva en sí su plano astral y su plano divino. La necesidad del análisis nos obliga a reparar cosas absolutamente conexas. Acabamos de determinar la cualidad del *intermediario* de ese plano astral, pero no es eso todo.

Si se ha comprendido bien la comparación, fácil es formarse una idea de lo que se entiende en ocultismo por la segunda propiedad del plano astral: la creación de las formas.

Toda cosa está desde luego creada en principio, en el mundo divino, es decir, en potencia, cosa semejante a la idea en el hombre. Ese principio pasa al plano astral y se manifiesta en él «en negativo», de suerte, que todo lo que era luminoso en el principio se torna oscuro, y recíprocamente todo lo que era oscuro se hace luminoso. No es, pues, más que la imagen exacta del principio que se manifiesta. Una vez terminado y obtenido el molde, la creación «en astral» ha concluido.[4]

Entonces comienza la creación sobre el plano físico, en el mundo visible. *La forma astral*, obrando sobre la naturaleza, origina la *forma física*, como el molde produce las estatuas. Y el astral no puede cambiar los tipos a los que da nacimiento, como

3 Ormud no ha producido directamente los seres materiales y espirituales del Universo; los ha producido por medio de la palabra, del Verbo divino, del santo *Hanover*. *Zend-Avesta.*

4 Por debajo del Verbo divino, de la Inteligencia o de la Razón Universal que ha preexistido y *preside* a la formación de las cosas, encontramos los feruers, es decir, las *Formas divinas*, los tipos inmortales de los diferentes seres. El fuego y los animales tienen sus *feruers* como el hombre las naciones, las ciudades, las provincias, así como los individuos mismos. *Zend-Avesta.*

el molde no puede hacerlo con las imágenes que reproduce. Para modificar la forma, habrá que crear un molde nuevo. Es lo que podrá hacer Dios inmediatamente y el hombre de un modo mediato.

LOS FLUIDOS: LOS AGENTES: ELEMENTALES Y ELEMENTARIOS

Además de los fluidos, fluidos creadores del Arquetipo, y fluidos conservadores, del astral, hay agentes particulares que accionan en los fluidos.

En nuestra comparación anterior, los dedos del operador, las mil células que mantienen el movimiento y la vida de esos dedos representan los agentes de que hablamos. Dado que todo lo visible es la manifestación y realización de *una idea* invisible, el ocultismo enseña que hay en la naturaleza una jerarquía de seres psíquicos lo mismo que hay en el hombre, desde la célula ósea hasta la nerviosa, pasando por el hematíe, una verdadera serialización de elementos figurados.

Los seres psíquicos que pueblan la región en que obran las fuerza fisicoquímicas, reciben el nombre de *elementales* o espíritus de los elementos. Son análogos a los glóbulos sanguíneos y sobre todo, a los leucocitos en el hombre. Los elementales, que estén en las capas inferiores del plano astral actúan en relación inmediata con el plano físico.

El que los elementales obedezcan a la buena o mala voluntad que los dirige y que sean irresponsables de sus actos, aun siendo inteligentes, ha promovido curiosas polémicas en repetidas ocasiones. las citas de autores antiguos que siguen, prueban que el ocultismo ha conocido y enseñado hace muchísimo tiempo la existencia de las entidades astrales. [5]

5 Suscitaré quizá muchas gentes contra mí, si digo que hay criaturas en los cuatro elementos, que no son ni puros animales ni hombres, aunque tengan su figura y razonen sin tener alma razonable. Paracelso habla claramente de ellos, lo mismo que Porfirio.

Se pretende que estas criaturas extraordinarias son de naturaleza espiritual no de una espiritualidad que excluya toda materia, sino de una espiritualidad que no admite por fundamento sustancial, más que materia infinitamente diluida e imperceptible en el aire . (*Pequeño Alberto*).

Basta recordar que en nuestro plano físico un animal muy inteligente, el perro, desempeña idéntico papel. ¿El perro de un ladrón no atacará a un hombre de bien, por instigación de su amo, como el del cortijero se echará sobre el ladrón que quiera entrar en la finca? Los dos perros ignoran si se trata de un hombre honrado o de un bandido, son irresponsables de sus acciones, y se contentan con obedecer a sus amos, a quienes pertenece toda la responsabilidad. Tal es el papel de los *elementales* en el astral.[6]

La dominación de los *elementales* puede compararse a la disciplina militar. El capitán ha sabido agrupar alrededor de sí, por el amor o el terror, a los seres conscientes y responsables, que han querido servirle de buen grado, o que han sido forzados a ello. Esta segunda acción es más difícil que la del perro. Lo mismo ocurre en el astral donde lo elemental no obedece más que por amor o temor; pero quedando siempre libre de resistir a la voluntad del necromántico.

Los *elementales* están en circulación, casi continua, en los fluidos del astral. Además de estas entidades, hay, según los videntes, otras llamadas las *inteligencias directoras*, formadas por los espíritus de los hombres que han sufrido una evolución considerable. Estos seres equivalentes a las células nerviosas de los centros simpáticos, han recibido diversos nombres en todas las cosmogonías. Nosotros nos limitaremos a consignar su existencia.

Hay, además, en el plano astral, según la enseñanza de la Cábala, entidades dotadas de conciencia y que son los restos de hombres que acaban de morir y cuya alma no ha sufrido todas sus evoluciones. Estas entidades responden a lo que los espiritistas llaman los *espíritus*, y los ocultistas los *elementarios*.[7]

6 Habitan un lugar cerca de la Tierra; están también en sus entrañas. No hay maldad que no tengan la audacia de realizar. Les distingue un humor tan violento o insolente que, con frecuencia, tienden lazos y ocasionan peligros tremendos y repentinos y cuando hacen sus apariciones de ordinario se ocultan a medias, gozando en todas partes donde reina la injusticia y la discordia.Porfirio (siglo III.)

7 Cuando uno tiene razones sólidas para creer que son éstos los espíritus de los hombres difuntos, guardadores de tesoros, es conveniente tener entonces cirios benditos encendidos en vez de candelas comunes (*Pequeño Alberto*, Grimorio del siglo XVI).

Los *elementarios* son, pues, entidades humanas evolucionadas, mientras que los *elementales* no ha pasado aún por la humanidad, cosa importantísima que hay que tener presente.[8]

LA IMAGEN ASTRAL

La teoría de las «imágenes astrales» es una de las más especiales expuestas por el ocultismo para la explicación de los fenómenos más extraños.

A propósito del ejemplo citado, hemos visto que una de las funciones del plano astral era conservar los tipos de las formas físicas, y reproducirlas como el molde reproduce las estatuas. Esta propiedad hace que el plano astral sea considerado como un espejo del mundo divino, que reproduce en negativo las ideas principios, origen de las fuerzas físicas futuras.

Pero el ocultismo enseña que así como todas las cosas proyectan una sombra sobre el plano físico, todo proyecta a su vez un reflejo en el plano astral. Cuando una cosa o un ser desaparece, su reflejo en el astral persiste y reproduce su imagen, tal como era en el momento de desaparecer. Cada hombre deja, pues, en el astral un reflejo, una imagen característica. Al morir el ser humano, sufre un cambio de estado que consiste en la destrucción de la *cohesión* que mantenía unidos principios de origen y tendencias muy diferentes. El cuerpo físico, o envoltura carnal, vuelve a la tierra de donde había salido, y el cuerpo astral y el ser psíquico, esclarecidos por la memoria, la inteligencia y la voluntad de los recuerdos y de las acciones terrestres, pasan al plano astral, sobre todo a las regiones superiores, donde constituyen un *elementario* o *espíritu*.

La suma de aspiraciones más nobles del ser humano, desprovisto de la memoria de las cosas terrestres como el

8 La reintegración será universal. Renovará la naturaleza ya acabará por purificar el principio monstruo del mal. Sin embargo, para esta obra los seres inferiores necesitan el auxilio de los espíritus que pueblan el intermundo, entre la tierra y el cielo. Hay que entrar en comercio con ellos. Establecer las comunicaciones por grados hasta que lleguen a ser poderosas. Martínez Pascually (siglo XVIII).

sonámbulo se despoja de los recuerdos de la vigilia, se ofrecen como una entidad dinámica que nada tiene que ver con el YO actual del individuo y que pasa al mundo divino.

Este es el ideal, más o menos elevado, que será la fuente de las existencias futuras, y que determinará en él el carácter.

Poniéndose en relación con esas *imágenes astrales*, es como el vidente encuentra toda la historia de las civilizaciones perdidas e ignoradas. Un descubrimiento reciente, el de la *Psicometría*, ha venido a mostrar que estas afirmaciones del ocultismo, que se podrían tomar por metafísica pura, responden a realidades absolutas.

Suponed que vuestro reflejo en un espejo persiste, después de vuestra partida, con su color, expresiones y todas las apariencias de la realidad, y tendréis una idea de la que puede entenderse por «la imagen astral de un ser humano».

Los antiguos conocían perfectamente estas cosas y llamaban: *sombra*, a la imagen astral que evoluciona en las regiones más inferiores del plano astral; *mane*, a la entidad personal, al YO que evoluciona en las regiones superiores del astral y, en fin, *espíritu* propiamente dicho, al ideal del ser.

Que los incrédulos, o los que se imaginan que el ocultismo es una pura invención moderna, oigan a Ovidio: «Hay cuatro cosas que considerar en el hombre: los manes, la carne, el espíritu y la sombra. Estas cuatro cosas están colocadas en su lugar: la tierra cubre la *carne*, la *sombra* ronda alrededor de la tumba, los *manes* están en los infiernos y el *espíritu* sube hacia el cielo.»

En la evocación de un muerto hay que tener cuidado de si se hace a su «imagen» o a su Yo verdadero. En el primer caso, el ser evocado se comportará como el reflejo en un espejo. Será visible, gesticulará y podrá fotografiarse, pero *no hablará*. Tal es el fantasma de Benquo en *Macbeth*, fantasma visible sólo para el rey. Shakespeare estaba al corriente de las enseñanzas del ocultismo. En el segundo caso, el ser creado hablará y muchos mortales podrán verlo al mismo tiempo. Es el caso del fantasma del padre de *Hamlet*, del mismo Shakespeare.

Los fenómenos espiritistas llamados de *materialización*, han sido conocidos en todos los tiempos. Agrippa, en el siglo XVI, da una teoría completa de ellos, según el ocultismo, en su *Filosofía oculta*. Sin embargo, de época anterior, el lector puede leer todos los detalles de una evocación, en canto XI de la *Odisea* de Homero, donde la imagen astral se llama: *Eidolon*.[9]

RESUMEN

En conclusión, el plano astral intermediario entre el plano físico y el mundo divino, contiene:

1º Las entidades directoras que presiden la marcha de cuanto evoluciona en el astral. Esas entidades psíquicas están formadas por los hombres superiores de las humanidades anteriores, evolucionados por su propia iniciativa. (Espíritus directores de la Cábala).

2º Los fluidos particulares formados de una sustancia análoga a la electricidad, pero dotada de propiedades psíquicas: la *luz astral*.

3º En estos fluidos circulan seres diversos, susceptibles de sufrir la influencia de la voluntad humana: los *Elementales*, comúnmente constituidos por las *ideas utilizadas* de los hombres.

4º Además de estos principios propios del plano astral, encontramos: las formas del porvenir prontas a manifestarse en el plano físico, y las formas constituidas por la reflexión, en negativo, de las ideas creadoras del mundo divino.

9 He aquí, a título de curiosidad, la descripción de una conversación "por medio de golpes" en 1528:
"Ocurrió algunos días después que Antonieta notó que algo hacía un ruido cerca de ella, como si bajo sus pies diesen algunos golpecitos, o como si con la contera de su bastón diera sobre una baldosa. El ruido parecía de lo más profundo. Y el ruido fue oído cuatro días, siempre bajo los pies de la misma joven. Yo le he oído muchas veces y me ha respondido con tantos golpes como he pedido» (ADRIANO MONTALEMBERT, año 1528).
Sigue luego una conversación entre el alma de la muerta y las monjas, comunicación enteramente obtenida por medio de golpes.

5º Las imágenes astrales de los seres y cosas, reflexión, en negativo, del plano físico.

6º Los fluidos emanados de la voluntad humana, o del mundo divino, actuando en el astral.

7º Los cuerpos astrales de los seres sobrecargados de materia (suicidas), de seres en vías de evolución (elementarios) y de entidades humanas que atraviesan el astral, ya para encarnar (nacer), ya para desencarnar (morir). Se pueden encontrar también los cuerpos astrales de los adeptos o de los brujos en momentos de experimentación.

* * *

Como ampliación y aplicación de los datos precedentes, terminamos este capítulo con un extracto del completísimo estudio del *Astral* publicado por el maestro F. Ch. Barlet en *Initiation* (noviembre de 1896 y enero de 1897).

NOTAS SOBRE EL ASTRAL

Está en su propia manera de ser que el alma, después de haber formulado algún deseo, busque el éter necesario para incorporarle, y le encuentra al operar sobre el fantasma o parte inferior de su cuerpo astral (*Linga Sarira*, *Tan Nephesh*) por medio de su principio magnético central (*Karma*, *Khi* o *Ruach*). Entonces puede, como hemos visto, actuar, traducir su deseo en acto o en gesto del cuerpo material, con el recurso de la fuerza vital que la impregna al mismo tiempo que al cuerpo astral.

Pero sea que no quiera a que no pueda, el alma no acaba nunca esa realización exterior, aunque tampoco renuncie a ella. En este caso, puede al menos exteriorizar un esbozo astral, y a este fin, aspirar el éter ambiente con un ardor proporcionado a su ansiedad; informarle por su Verbo en un torbellino astral, sin núcleo, impregnar esa forma con su propio magnetismo y lanzarlo, por su centro intermediario, como hemos dicho (por el alma del cuerpo espiritual *Karma, Khi, Ruach*) a la busca de un organismo más capaz que el suyo de la realización soñada.[10]

Así se forma un ser más en la atmósfera astral. A esta especie de elemental llama la filosofía entidad *Kama-manásica*, como nacida de *Kama* (el alma humana, lugar del deseo), con el concurso de *Mana* (la fuerza magnética).[11]

Para resultar un ser completo, le falta el cuerpo de átomos que su forma espera y, como por su propio origen, desea más o menos ardientemente, constituye en el astral una *fuerza potencial*[12] móvil, que se traducirá en fuerza viva así que encuentre las condiciones propias para esta transformación de energías.

Esto es lo que se indica representando los elementos de esta

10 Esta es la doble corriente de aspiración y proyección astral que el doctor Baraduc acaba de poder fotografiar, y que llama *Exergon*. M. Descrepe (*Initiation*, septiembre de 1895).

11 Para aclarar este asunto es útil precisar el término *fuerza*, empleado aquí como representando un ser, sin que hayamos tenido ocasión de definirlo.

Hay que imaginar que según los principios establecidos, todo en la naturaleza está personificado, espiritualmente, hasta el átomo. El alma es una mónada y sabemos que la materia no es más que un juego de resistencia de las mónadas.

Ahora bien; se llaman *fuerzas* a los seres monádicos desprovistos no de potencia (es decir, de movimiento por consecuencia), sino de inicitativa, entregados a la de los demás. Se puede decir que son como los *esclavos* en el mundo de las mónadas.

Refiriéndose a la constitución humana, se comprenderá mejor quizás esta definición, observando que cada una de las tres trinidades comprende una espontaneidad, una *fuerza* y un instrumento de información. Cada uno de esos elementos está compuesto de un conjunto de átomos, y por ende de mónadas.

Por ejemplo, en caso de sensación para el cuerpo físico, la espontaneidad es exterior y aparece por el cuerpo material, trasmitiéndose por la fuerza vital y traduciéndose por el cuerpo astral

Para el alma, la espontaneidad está en el espíritu. Se transmite por la *fuerza* del espíritu interior y se traduce en deseo en el alma antepasada.

Para el cuerpo espiritual, la espontaneidad tanto está en el fantasma como en el alma antepasada (según el sentido), Karma es siempre la *fuerza*.

12 Según la precedente definición, se puede representar la fuerza potencial como el átomo etéreo que ha recibido un cierto impulso definido, especial, pero actualmente obligado por una fuerza contraria más poderosa.

Continuando la misma comparación con las mónadas esclavas encargadas de una misión que no pueden desempeñar inmediatamente, pero a la que no renuncian, resultan mandatarias fieles de la voluntad que las ha dirigido y la cumplen.

clase como seres inocentes, pero ávidos de existencia, persiguiendo individualidades encarnadas que puedan darles una realidad corpórea; uniéndose luego con toda la furia de la posesión, como verdaderos vampiros del alma.

Estos seres etéreos pueden recibir de su creador, mediante ciertas condiciones, un fin determinado. Es lo que explica, por ejemplo, el efecto de las bendiciones, de las maldiciones y de los hechizos de todo género. Pero generalmente, esa dirección precisa les falta, no tienen más que un impulso indefinido que les deja errantes y a la ventura, por decirlo así, en el medio astral, en el ambiente de los vivos, capaces sólo, por su origen, de ser atraídos por los deseos, la fuerza y los elementos del mismo género.

Así es como los pensamientos son seres dotados de existencia propia desde el momento que son *expresados*, es decir, exteriorizados por su autor.[13]

Reunidas por simpatías analógicas, según la ley mecánica de la fuerza de igual dirección, se multiplican concentrándose en una resultante común. Es entonces cuando todo el mundo, con una conciencia más o menos oscura, siente que *hay una idea en el aire*, o cuando menos los sensitivos la perciben y la enuncian, a veces, como una realidad ya efectuada, pero que en el presente es aún invisible. Entonces se recibe un presentimiento, una previsión de las cosas futuras, un oráculo.

Los deseos humanos no son los únicos que pueden formar esos *elementales*: la mayoría de los animales, manifestándose adaptados a la naturaleza de sus deseos, y quizás inspirados también por medio de órganos más perfectos, tienen a actuar cerca de los demás seres terrestres. Así puede explicarse la abundancia de esos órganos aislados y de esos monstruosos acoplamientos de órganos, que se manifiestan flotando en el astral, a casi todos los principiantes en clarividencia. Son los deseos, no realizados todavía por el Universal, del ser inferior en

13 Es casi inutil añadir que podemos proyectar fuera de nosotros una fuerza magnética cargada de fuerza vital sólo (es decir, tomada del cuerpo) o del cuerpo astral; sin intervención del deseo resulta de magnetismo puro o de exteriorización del cuerpo astral más o menos difuso. Este último caso es el de los médiums.

aspiración ideal hacia nuevos perfeccionamientos; los esfuerzos de la *Naturaleza* por elevarse hasta la potencia de la unidad del Ser, esfuerzos que habrán de traducirse por modificaciones diferenciales, que Darwin también nos ha explicado.

En fin, el mar astral que contiene esta innumerable población, está agitada, al propio tiempo, en todos los sentidos, por movimientos ondulatorios de otra especie. Los actos, las emociones de los seres encarnados, así como los deseos y los movimientos consecutivos de los seres etéreos, producen vibraciones luminosas, caloríficas, eléctricas y, sobre todo, magnéticas, que se propagan como sabemos en ese medio, desarrollándose sin destruirse; que se conservan, en parte, reflejadas por la envoltura del turbión superior y persistiendo durante un tiempo prudencial según su intensidad y energía.

Así la forma etérea o los actos que la llevan a cabo, convirtiéndola en materia, sólo tiene una duración finita. La fuerza que los ha creado se esfuma actuando sobre la masa en la que flota; parecen roídas, por decirlo así, por las olas del inmenso mar en que nacen, reabsorbidas por el fuego astral; pero la influencia que engendraron les sobrevive propagada en el estado de vibraciones de un carácter personal, y éstas modifican el régimen de ese medio común, creando las *líneas de fuerza*, las *costumbres* nuevas y con éstas nuevos deseos. De tal suerte no hay seres, gestos o actos que no contribuyan, como los pensamientos particulares, a transformar el *cuerpo astral* del planeta y por medio de él las aspiraciones de sus habitantes.

Por dicho medio el astral recoge todas nuestras manifestaciones vitales, haciendo en la biología de nuestro astro la función de la memoria, para mayor provecho de la evolución que venimos obligados a realizar.

RELACIONES DEL ALMA HUMA CON EL ASTRAL TERRESTRE

Representémonos ahora al alma encarnada, sumergida en ese medio del que todo el planeta está impregnado, ya que ésta es la ley general: lo más sutil penetra en lo más denso que le envuelve.

Dijimos que el órgano central de nuestra constitución (*Ruach*, *Kama* o *Khi*) es capaz de absorber, con la misma facilidad que emitir, toda producción etérea, vibración o condensación. Es un órgano tanto de recepción como de emisión del astral terrestre;[14] así, pues, nosotros, merced a él estamos penetrados por una verdadera asimilación nutritiva, que expande inmediatamente sus efluvios de una a otra parte en el alma animal y en el cuerpo astral.

Vitalizadores o vampiros, los microbios astrales penetran todo nuestro organismo corporal y anímico, aportándonos la vida o deslizando el veneno del hechizo. Por él, el terapéutico nos inyecta los efluvios vivificantes sacados de las fuentes benefactoras de la Naturaleza; por él, el mago negro nos asesina cobardemente, apelando a la sorpresa de fuerzas enemigas invisibles.

Por ese órgano magnético, penetran en nosotros una multitud de deseos de pasiones ávidas de acción, que extendiéndose por nuestra alma pasional, hasta el fondo de nuestra alma espiritual, la turban con sus inquietudes y la sojuzgan con sus determinaciones.

He aquí nuestra alma humana (*Neschamah*, *manas*, *Thân*) solicitada de tres direcciones diferentes que corresponden a los tres mundos en que nosotros vivimos.

Las sensaciones del mundo físico percibidas por nuestro cuerpo, producen una actitud que puede penetrar por mediación del alma animal hasta la voluntad y determinarla poderosamente, presentándola, por decirlo así, toda preparada por la reacción refleja del gesto solicitado. La sugestión hipnótica por el ademán, no es más que la producción experimental y exagerada de este efecto. En el polo opuesto, la efervescencia de nuestra imaginación, saturada de formas etéreas que crean nuestras emociones, y las mismas intuiciones descendidas de los mundos superiores, es trasmitida por el alma animal y el cuerpo astral hasta nuestras fuerzas vitales para provocarlas.

En fin, los efluvios emocionales recibidos de fuera por el centro magnético repercuten, como se acaba de ver, en cada

14 Como la boca es para el aire: así los chinos lo definen diciendo que es "soplo de vida"; conocemos, efectivamente, la potencia magnética particular del soplo.

uno de nuestros otros dos centros para engendrar en ellos otras fuerzas y virtualidades en vías de realización.

He ahí centros en los que la potencia de nuestra mónada directiva, de nuestra voluntad, que nuestro verdadero Yo, debe luchar constantemente regulando a su vez los desórdenes, dominando las resistencias o consensos, oponiendo su soberanía a los poderes de todas las mónadas soberanas que forman su imperio.

¿Pero cómo puede útilmente ejercerse esa soberanía? ¿Cómo puede triunfar de todas oposiciones, gobernar sobre todo el astral interior o exterior? Sabemos con cuánta frecuencia somos juguete de las emociones. La mayoría de nuestros actos no son sino reflejos, no tenemos conciencia de ellos mientras dominan sobre nuestras fuerzas etéreas que nos inundan.

Es siempre la voluntad, la mónada principal quien dispone el acto, pero es raramente la nuestra propia. Con frecuencia obedecemos a un querer ajeno, para que domine el nuestro es preciso un aumento de energía que Schopenhauer, en su lenguaje sutil, hace surgir, diciendo que *queremos* siempre un acto, pero falta saber si NOSOTROS *queremos querer*. Y concluye afirmando que la *Voluntad Universal* es la que quiere en nosotros.

He aquí un sofisma de pura forma que es importante señalar porque la filosofía panteísta se encierra en él fácilmente. Es cierto que es la Voluntad universal, el deber *Dios*, quien quiere en nosotros, cuando nuestro *Yo* manda todo lo inferior; pero hay que añadir que es por nuestro beneplácito, con nuestro asentimiento, y sólo por él. Dicho de otro modo: nuestra *Voluntad* cuando se ejerce realmente, es sobre la tierra el instrumento de la voluntad divina, y, recíprocamente, no puede mandar a otras voliciones, sino a condición de ser una con la voluntad divina, de ser la *Buena Voluntad*.[15]

15 Aquí se ofrece el grave error presentado por el conde de Gabalis con tanta ironía, y desgraciadamente puesto en práctica por algunos extraviados. Consiste en creer que esta elevación debe consistir en una incorporación híbrida. Se entregan así comp presa a los elementales, so pretexto de hacer de ellos seres humanos, lo que es renovar el sacrilegio inútil de una singular leyenda que nos refiere cómo Buddha, convertido en hierba, se entrega a una pantera para que alimente a sus hijos.

Esa es la razón suprema, por la que nuestro fin, la razón de ser del hombre terrestre, es coadyuvar con el planeta a la gran obra de la vivificación de la Nada, cumpliendo en su dominio, como cualquier otra mónada, la *Voluntad* divina, por la elevación de los seres inferiores.[16] Unicamente, al contrario de las voliciones que le preceden en la cadena evolutiva, el hombre es libre de aceptar su papel sublime o de rechazar su concurso, a condición de que su suerte depende de su elección. Si se rehusa a la elección pretendiendo tener un poder propio, independiente y capaz de todo, cae entonces en una falta imperdonable. ¡Debe ceder o desaparecer! En estas dos renuncias está el origen de todo el mal terreno.

LAS POSIBILIDADES HUMANAS

Pero veamos con algunos detalles el funcionamiento de la lucha, cuyo campo es el alma, entre los instintos ciegos de la naturaleza, el no deseo de poder inmediato, y las solicitaciones providenciales hacia los esfuerzos definidos de su liberación. La inmortalidad es el precio conquistable.

Esta lucha, la mayoría no la siente, pues vive por el instinto, perezosamente entregados a los llamamientos de la Providencia. Entre los mismos que los sienten y sufren las influencias ancestrales, hay muy pocos que sepan comprenderla o aprovecharse de ella.

Nos ocuparemos únicamente de éstas. Se dividen en cuatro clases: dos activas o masculinas y dos pasivas o femeninas. En cada una de ellas se distingue una clase más particularmente sensible a las fuerzas superiores y otra a las inferiores. Ambas tienen una superabundancia de fluido etéreo en su constitución, pero unas son aptas para retener con exceso o proyectarlo fuera cuándo y cómo quiera; y en otras, al contrario, se escapa

16 Esta afirmación parece a primera vista en contradicción con toda operación mágica, pero no lo está más que en apariencia. Si la operación es de orden superior, es que somos corporales divinos; si inferior, no pudo obtenerse precisamente sino abandonando nuestra voluntad a los demás poderes. Esto se aclarará más adelante. Es por lo que se dice aquí: "cuando nuestra voluntad se ejerce realmente..."

constantemente a oleadas, sin dirección especial para dejar sitio a nuevos efluvios. Sus deseos exceden a su facultad de concentración. En vez de proyectar el éter ambiente, como los anteriores, le aspiran para compensar sus irremediables pérdidas. Estos son los *médiums* de todas las clases, que pueden vaticinar, ser bardos, y hasta profetas, si pertenecen a una región más elevada capaces de atraer el éter dinamizado por las fuerzas superiores. Son los *magnetizadores*, si los fluidos que concentran y proyectan pertenecen a las fuerzas corporales; son los *iniciados* de todos los grados, si son capaces de recoger el éter elaborado por las potencias anímicas y las de orden superior. El siguiente cuadro permite comprender esta clasificación:

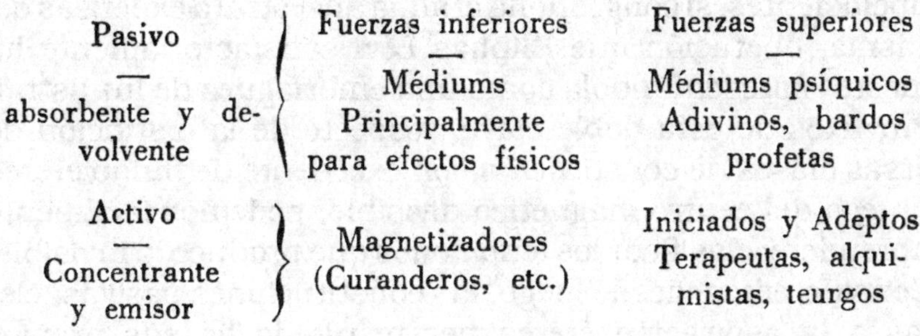

Pasivo — absorbente y devolvente	Fuerzas inferiores — Médiums Principalmente para efectos físicos	Fuerzas superiores — Médiums psíquicos Adivinos, bardos profetas
Activo — Concentrante y emisor	Magnetizadores (Curanderos, etc.)	Iniciados y Adeptos Terapeutas, alquimistas, teurgos

Estas distinciones no son superfluas y nos permiten comprender lo que pueden y deben ser las relaciones del hombre con el astral.

Para la inteligencia de las realizaciones permitidas a la constitución humana con relación al astral, hay que recordar que nuestro aparato magnético (*Ruach*, *Kama* o *Khi*) es un órgano esencialmente central capaz de extenderse en toda dirección hacia el cuerpo, o el alma, para modificar el equilibrio de nuestra constitución hasta trasnformarla por entero.

Esta fuerza, especie de reserva general, está a disposición de la mónada principal o Yo, llamada también Voluntad, y espontaneidad individuales. Pero por su extrema movilidad escapa fácilmente a tal imperio, ya por defecto constitucional, ya bajo la influencia de potencias más considerables, como hemos dicho y resumido en el cuadro anterior.

En esos movimientos, este órgano etéreo, entraña siempre alguna porción de uno de los otros dos elementos extremos del cuerpo espiritual (el fantasma *Nephesh*, *Linga Sarira* o *Than*, y el alma ancestral, *Meschamah*, *Manas* o *Thân*) y hasta de ambos. Dicho desplazamiento, que puede hacerse hacia el alma o al cuerpo, o hacia fuera, depende, en cantidad y dirección, de la voluntad del Yo, o de una fuerza exterior. Así, por ejemplo, obrando directamente sobre ese centro de gravedad del organismo, es como el magnetizador produce todos los fenómenos que obtiene: curativos, si dirige la reserva sobre la fuerza vital, a la que añade siempre una parte de la suya; fascinadoras y estupefacientes, si congestiona el alma ancestral a expensas del fantasma, operación que Eliphas Lévi satisfactoriamente ha expuesto representándola como una embriaguez de luz astral.

Provistos de esta doble clave, respecto de la distinción de diversas clases de constitución con excedente de fluido etéreo y el juego del centro magnético divisible, podemos fácilmente comprender y clasificar los fenómenos que produce lo invisible.

Consideremos, desde luego, las constituciones pasivas, elevadas a la aspiración etérea por resultado de sus propios desgastes. Las fuerzas o átomos diseminados que se cruzan en el éter ambiente, dando en el centro magnético, le desvían constantemente de su impresionabilidad exagerada. Si su constitución moral y sus hábitos anímicos facilitan ese desplazamiento hacia los órganos corporales, tendiendo al mismo tiempo a aislarla más o menos de los órganos espirituales poco ejercitados, el sensitivo se hace un médium de efectos físicos, un sujeto magnetizable, hipnotizable, fácil a la sugestión, a la obsesión y a la letargia.[17]

17 La extrema movilidad bastará sola para llevar temporalmente toda fuerza sobre el cuerpo, aun cuando esté muy desarrollada en inteligencia y espiritualidad el alma. Así le ocurrió al médium Home. Un médium de efectos físicos no es pues, necesariamente, de tendencias materiales; pero inversamente, un médium material producirá, por necesidad, efectos físicos.

El desplazamiento además de tender hacia las regiones anímicas del espíritu interior (*Chayad*, *Buddhi*, *Tiuh*) reteniendo el alma ancestral (*Neschamad*, *Manas*, *Thân*) tiene cierta conciencia, según su espiritualidad de las fuerzas que la han asaltado. Asistiremos entonces a los fenómenos de lucidez, clarividencia, clariaudiencia, precursión, profecía quizá.[18]

Estos fenómenos presentan una multitud de matices según la intensidad de la influencia exterior, la movilidad constitucional y el grado de espiritualidad el sujeto. Así uno no verá los seres inmediatos, y otros los más alejados; uno los objetos materiales, y otros los astrales y las vibraciones etéreas.

Puede ocurrir que esos desplazamientos del centro magnético se produzcan bajo la influencia de fuerzas accidentales, es decir, de fuerzas que no dirige ninguna voluntad especial. En tal caso no habrá más que sencillas alucinaciones, dando al azar la apariencia de un pensamiento.

A la inversa, puede ocurrir que una voluntad muy superior al sujeto se apodere de él enteramente, bastando con que ocupe un centro magnético. Se asiste entonces a los fenómenos lamentables de *obsesión*, y hasta de *posesión*, de que la mediumnidad da grandes ejemplos. Es el caso de las apariciones, donde un invisible, generalmente desconocido, se apodera de un fantasma, y hasta del alma del médium en letargia para manifestarse en apariciones tangibles y activas.

En fin, si el pasivo añade a la facultad absorbente de su constitución una gran energía de deseos (procedentes del predominio del *alma ancestral* o del *manas* inferior), viene a ser un verdadero vampiro astral para todos los que se le acercan, porque llama sobre sí la acción de su voluntad. Así se explica la acción particular y sorprendente de alguna mujeres sobre los seres masculinos, y ahí está, en un grado superior, la explicación del encanto femenino en general. Los antiguos habían simbolizado muy bien la influencia particular sobre las almas

18 Solamente hay que añadir a esta observación muy bien desarrollada en un sabio trabajo de M.G. de Massul en el *Journal du Magnetisme* (7 de octubre de 1896), que la profecía es un acto espontáneo de las potencias superiores, en que la voluntad del profeta no interviene, mientras que las demás facultades son susceptibles de desarrollo voluntario.

viriles, por el dominio de Venus sobre Marte, de Dalila sobre Sansón y otras leyendas.

Observemos ahora el temperamento activo.

Es inútil repetir lo que hemos dicho: que será magnetizador o psicólogo según que su centro magnético se dirija al cuerpo o al alma, y que psicólogo, dispondrá a su antojo de ese desplazamiento. Lo que nos importa conocer es el uso que puede hacer de la fuerza que sabe absorber, concentrar y dirigir. Puede proyectarla sobre sus semejantes pasivos, constriñéndoles, poseyéndoles por sorpresa con la complicidad de su centro magnético. Producirá así una suerte de obsesión, más o menos irresistible, de la que Donato ha dado ya pruebas públicas conocidísimas.

Mal haya quien ejerce esa facultad relativamente fácil con el fin de dañar a sus semejantes. Además de la degradación de su alma, corre el riesgo de un choque por retroceso, de una reacción igual que recae sobre el autor del crimen, invisible y sorprendente. Tal es el caso del hechizamiento, fácil de comprender.

El activo puede, a la inversa, forzar las emanaciones magnéticas de los que él influencia a tomar una dirección que le permita absorberlas. Tal es el magnetismo por atracción, encanto difícil de practicar, pero más potente y eficaz que su opuesto, el magnetismo por imposición, porque tiene la fuerza del amor que domina toda la creación.

En un grado elevadísimo y más difícil en proporción, esta práctica da al operador el don de leer el pensamiento, dejando, por lo general, al sujeto inconsciente respecto de las intimidades que descubre.[19] Es fácil concebir que este ejercicio requiere tanta elevación espiritual como voluntad, puesto que la fuerza central se ha de transferir a un espíritu interior desarrolladísimo. Es una de las funciones preciosas del psicólogo.

En vez de obrar el activo sobre sus semejantes, puede hacerlo sobre sí. Lleva entonces sus fuerzas magnéticas sobre su organismo corporal, produce todos los efectos curativos y hasta

19 El médium puede leer así el pensamiento; pero cuando lo hace, es inconscientemente, mientras que se trata aquí de una lectura deseada.

esos prodigios en que descuellan los fakires de la India y de Africa, y que consisten en curar instantáneamente las heridas más graves. Podrá también, por su sola voluntad ponerse en estado de sonambulismo de cualquier grado y hasta efectuar entonces salidas del cuerpo astral, donde el cuerpo espiritual interviene integralmente (fantasma, centro magnético y alma ancestral), entrañando una parte del espíritu interior (*Chayah, Buddhi* o *Tinh*) para realizar la ubicuidad completa, apareciendo con todas las facultades humanas en algún lugar distante de donde yace el cuerpo dormido.

Fácil es comprender las dificultades de dichas prácticas. La fuerza de voluntad no basta siempre para prevenir el ataque de seres invisibles de voluntad superior, deseosos de ocupar la forma corporal abandonada. Puede resultar un trastorno orgánico, frecuentemente mortal si el operador se precipita bruscamente en socorro del cuerpo despojado, o por lo menos la *alianza mental* si no puede reintegrarse pronto a él.

Debe pensarse, además, qué desarrollo psíquico es necesario para realizar una actividad espiritual como la que supone la ubicuidad voluntaria. El éxtasis que permite al alma penetrar hasta en regiones ultraterrestres, es un hecho del mismo orden.

Estos hechos están reservados a los psicólogos más elevados; pero, si por azar, el pensamiento del mal presta fuerza a una inteligencia tan poderosa como hay que suponerla, debemos lamentar amargamente que un alma se ejercite en semejantes adiestramientos.

En fin, el activo puede dirigir sus efluvios magnéticos sobre seres invisibles y las mismas fuerzas naturales, produciendo entonces fenómenos mágicos. Le está permitido así al hombre, activar la vegetación como hacen corrientemente algunos fakires, o a la inversa, sustraer al vegetal, o al animal, una parte de sus efluvios cargados de magnetismo y de fuerza vital, para colocarla en otra parte. Puede modificar las mismas fuerzas físicas, hasta hacerse invisible, en la atmósfera, elevarse por levitación, producir o modificar los fenómenos meterológicos, descomponer la materia, reduciéndola a su estado etéreo, haciéndola invisible y permeable, para restituirla en seguida donde quiera, y otras cosas por el estilo. La alquimia pertenece, como se ve a este género de fenómenos. Esto da ocasión a una observación general muy importante.

Es una ley universal que la extensión de los poderes acordados a una criatura, está oportunamente proporcionada a su avance sobre la ruta indefinida, que se extiende desde la nada a las beatitudes conscientes del Ser. Las funciones de la naturaleza se operan, en gran parte, por el Espíritu mismo, porque la nada es demasiado débil para tener una iniciativa suficiente. Las funciones cósmicas, sobre todo las fisicoquímicas, meteorológicas, que son de orden universal, de interés general, no pueden ser abandonadas a criaturas incapaces aún de comprender el fin, y el funcionamiento y de verificarlo con desinterés. El imperio sobre las fuerzas y los espíritus naturales pertenece a quienes se les exige la mayor perfección moral, la más elevada espiritualidad, a quienes no pueden ejercerlo sino para bien universal, como auxiliares aceptados de la voluntad divina. A ese orden pertenecen los fenómenos teúrgicos tan raros como sublimes, porque suponen un alma superior, pronta a entrar en las regiones celestes. Sin embargo, la ambición y el orgullo humanos son tan grandes, que pocos poderes desea más que los que cree poder usurpar, y lo puede, en efecto, ya que tan grande es la latitud en que ha dejado al hombre su creador. Pero ¿a costa de qué? Vamos a verlo.

Esta usurpación constituye la *obra mágica* y la base de las obras de brujería. Después de las explicaciones anteriores, pocas palabras bastarán para definirlas. La magia ceremonial es una operación por la que el hombre trata de obligar por el juego mismo de las fuerzas naturales, a las potencias invisibles de diversos grados para que actúen según lo que él quiera de ellas. A este efecto las toma, las sorprende, por decirlo así, proyectándolas por el efecto de las *correspondencias* que supone la unidad de la creación; fuerzas de las que no es dueño, pero a las que puede abrir caminos extraordinarios. De ahí esos pantáculos, esas sustancias especiales, esas condiciones rigurosas de tiempo y de lugar, que hay que obedecer so pena de exponerse a los más grandes peligros, porque el audaz está expuesto a la acción de las fuerzas ante las cuales no viene a ser más que un grano de arena.

La magia ceremonial es de un orden absolutamente igual al de nuestras ciencias industriales. Nuestro poder es casi nulo ante el del vapor, el de la electricidad o el de la dinamita; pero mediante combinaciones apropiadas a las fuerzas naturales, por potentes que sean, las concentramos, almacenamos y las obligamos a transportar o a romper las masas que nos anularían; a reducir a unos minutos de tiempo distancias que habríamos de recorrer en centenares de años; a prestarnos mil servicios.

La magia supone, pues, una audaz confianza en la ciencia, y sólo en ella. No pide más que inteligencia, conocimiento de las fuerzas individuales. Usurpa, sí, su uso, porque debe reservarse a quienen el *bien* de Ser ha elevado a la altura del propio sacrificio (Arcano XII del Tarot). Es por lo que la *Luz de Egipto* nos la representa, con razón, como el suicidio de los elementos femeninos del alma. Los antiguos la habían simbolizado en la rebelión y castigo de Prometeo.

Prometeo, no obstante, había conquistado la ciencia que le hace orgulloso, pero para un Prometeo, cuántos pobres mágistas ignorantes existen, miserables cocineros del astral, perfectamente ignorantes de esas reacciones de las que no han sacado más que la rutina y el quemarse.

La segunda vía creada que conduce a la producción de prodigios es la del *Naturalismo*. Lejos de exigir audacia alguna, es completamente pasiva, aunque intelectual. Inversa de la precedente se la puede representar como el suicidio de los elementos *masculinos* del alma. Tal es el proceder de los fakires y de los médiums en general.

Claro es que por medio de él se podrá actuar como actúan esos espíritus, y aun mejor que ellos, puesto que se les presta una fuerza superior, consistente en todo lo que puede engendrar su potencia con el socorro de un organismo encarnado; crecimiento veloz de los vegetales, curaciones instantáneas, alucinaciones por corrientes poderosas de elementos *kamanásicos* sobre el centro mágnetico de los espectadores y prodigios del mismo valor que efectúan, en la India sobre todo, los adiestrados de muy inferior especie.

Tales prácticas no carecen de seducción. Hace falta necesariamente cierta religiosidad, cierta santidad, una espiritualidad aparente para someterse a los invisibles etéreos, poderosísimos en sus esferas, y para obtener así su concurso. ¿Pero cuál es el precio de esas inutilidades?

Adorar los espíritus naturales, identificarse con ellos, prestarles el organismo humano, es hacer un acto de regresión contra natura. Es, idénticamente, renovar la caída del ángel contada por Lamartine. Sin duda ayudan poderosamente la acción de esos espíritus de orden inferior, y su acción es universal como la nuestra, pero descompónese uno mismo en cuanto personalidad consciente, para descender a su nivel. Es al mismo tiempo un acto de ingratitud hacia la Providencia, cuyo socorro divino ha llevado al hombre hasta las puertas del cielo. En fin, ¿no puede por menos de reconocerse en ese esfuerzo una ambición miserable, una especie de bajeza que nos pone por debajo de las audacias, nobles al menos, de la magia ceremonial?

La *brujería* es otra forma de pasividades más repugnantes todavía, donde la debilidad del procedimiento se une a la ignominia y la perversidad del mal que se oculta para satisfacer las más viles pasiones. Es perfectamente inútil recordar los terribles resultados. Basta con considerar los espíritus a quienes el brujo entrega su alma.

CONCLUSIONES

Si abarcamos de una ojeada esas posibilidades activas o pasivas, que constituyen la serie de los fenómenos ocultos, fácil será ver cuáles son deseables y lo que suponen.

El *médium* nos parecerá más digno de lástima que de admiración, en tanto no sea dirigido y cuidado por algún iniciado de orden superior y de alta ciencia capaz de arrancarle a las influencias nefastas que amenazan a la pasividad, en tanto que el individuo no logre por sí mismo una espiritualidad lo bastante desarrollada para escapar en cuanto es posible, a las influencias inferiores. Entonces, solamente entonces, como vidente, como explorador de lo invisible, podrá ser de alguna utilidad dada la penuria de los adeptos para suplir la insuficiencia de los iniciados, pero esas exploraciones siempre han de ser discutidas. Cuando llegue el individuo al más alto grado de pureza, aparecerá como un vidente, pero debemos recordar que la profecía es un don absoluto, espontáneo y accidental del Universo, y su ejercicio regular no puede ser metodizado.

No obstante rindamos homenaje a los médiums espiritistas reconociendo en ellos, no sólo la buena fe sino la pureza moral, y hasta el sacrificio, en la mayor parte de las ocasiones. Si alguna vez, el amor propio o la ambición, entra en los móviles que determinan su debut, siempre ocurre que los más dignos de distinción ponen en sus actos la mayor voluntad y esfuerzo, prodigando sus facultades, y con gran frecuencia realizan su cometido al precio de la salud y aun de la vida.

Fuera de las condiciones de la más alta moralidad a que hemos hecho referencia, no podemos conceder ninguna certidumbre a las visiones, a los discursos, ni siquiera a las apariciones que proceden de la mediumnidad. Sabemos que estos fenómenos pueden ser productos de simples alucinaciones, o la expresión de esos deseos no satisfechos, de que hablamos anteriormente (*elementales Kammanásicos*), que flotan alrededor nuestro, o la manifestación de alguna pobre alma en pena, encerrada por el dragón de fuego en la espesa atmósfera astral. Puede el médium darnos como celestes, y casi con más razón que los casos anteriores, las inspiraciones inconscientes de su propio espíritu, descendidas por medio del alma espiritual y del órgano magnético, según la vía que hemos trazado, hasta la expresión hablada, escrita o mímica.

Sabemos también que los pensamientos y los deseos de un mismo orden, al multiplicarse y al asemejarse en un cuerpo bastante potente, pueden, en muchos casos, darnos la impresión de una personalidad fuertemente acusada y bien precisa; entonces producen sobre el alma astral de nuestros médiums el cuadro que hemos expuesto de los seres, que en la atmósfera etérea quizá no sean más que un efímero potencial. [20]Así vemos

20 Véase en la *Initiation* de junio de 1896, bajo el título de "Generation du Futur", el admirable artículo de nuestro querido colega Guaita, sobre este asunto.

cómo en las épocas turbulentas, como la nuestra, se manifiestan vagas ansiedades públicas, múltiples aspiraciones, que pueden ser fecundas en falsas profecías; expresión de temores y de deseos variables del alma nacional. El evangelio nos lo dice, preceden a los tiempos de alta espiritualidad, pero no los anuncian sino por el deseo de las criaturas que los presentan, no por la inspiración directa del Universal divino, que nos aporta con las profecías reales, la bendición de supremas esperanzas.

Debemos admitir con la misma reserva las manifestaciones hipnóticas y magnéticas que no tienen por exclusivo fin la utilidad de nuestros semejantes. En este orden la experiencia que la ciencia justifica, reclama una parsimonia y una extrema humanidad: el estado intelectual de nuestra época es lo único que puede excusarlas. En cuanto a la magia ceremonial y al naturismo, tendremos que condenarlas, tanto por su inutilidad, como por los formidables peligros que arrastran consigo y el estado de alma que suponen. Pero, advirtámoslo bien: los límites de esta condenación no se refieren en ningún caso al empleo de recursos mágicos (pantáculos, correspondencias, etc.), el Iniciado de alta categoría, cooperador y ejecutante de la voluntad divina: éste no hace, en tal caso, más que observar las leyes universales y dentro de un común interés general. Su operación es pura *Teurgia* y no la *magia ceremonial.* Entenderemos aquí, bajo esta última manera de denominar la operación donde la *Voluntad humana* y la *inteligencia humana* entran solas en actuación, sin el concurso divino.

Esta es la distinción que la historia ha hecho entre Moisés y los magistas del faraón, y más claramente aún, entre San Pablo y Simón el magista, cuando nos presenta a este último pidiendo al Apóstol que le venda el secreto de su poder. Si en vez de Magista hubiese sido Mago, verdaderamente, hubiese sabido que hay cierta índole de facultades que sólo la Santidad de un *Perfecto* puede concederles.

Nos resta recordar los hechos de alto magnetismo atractivo que produce la lectura del pensamiento; el automagnetismo que desarrolla o las facultades espirituales de lucidez en plena consciencia, o al éxtasis en el sueño magnético especial con conocimiento directo; y la acción impuesta a las fuerzas naturales, de la que la Alquimia es una de las manfiestaciones más comunes.

Así todos los prodigios de este orden suponen, ya lo hemos dicho, un estado moral de lo más elevado, y la voluntad más pura; todos necesitarán la espiritualidad, digamos más, la santidad, la unión más o menos íntima con la universal, con la Voluntad divina. Veamos también cómo la Santidad mística, es decir, esta sola unión, sin ningún ejercicio especial, aporta la mayor parte de esos dones especiales, tras lo que corre en vano, la ambiciosa vanidad del magista: la lucidez, la lectura del pensamiento, el don de curar, la ubicuidad, el éxtasis, el conocimiento directo. El iniciado aprende a perfeccionar estas facultades por medio de prácticas adecuadas; pero sólo las perfecciona, no las crea; sólo el amor místico del Divino es quien las da *«por añadidura»*.

¡Esto es lo que con tanta propiedad como razón, expresa nuestro querido colega Amo, cuando nos encomia el *Amor* como medio de alcanzar la *Unidad* directriz de todas las fuerzas del mundo!

El motivo debe parecernos claro si tenemos en cuenta el origen y el fin del Universo, tal como se nos manifiestan en las bellas teorías remozadas por el sabio P. Leray.

Dios nos ha creado para que cumplamos en él la espiritualización de la Nada. Llevados con su socorro providencial hasta los confines de los mundos en los cuales el alma se agita aún en las confusas sombras del destino, en posesión de la Libertad, en presencia de la Ley y de la *Unidad*, respecto de la que todas las Unidades se asemejan en los transportes del amor, nosotros sólo tenemos un fin: arrancarnos de las garras de la fatalidad y por medio de nosotros mismos hacer salir el mundo etéreo que debemos llevar y llevamos, más allá de los anillos del Dragón. Y para esto sólo tenemos un recurso: llevar a cabo merced a nuestra propia Voluntad la Voluntad divina, comprendida y acatada.

Si nuestra debilidad no nos permite ser suficientes para el cumplimiento del fin, la Providencia suple por medio de los castigos o de las solicitaciones de la vida común colocada al abrigo de las temibles fuerzas astrales. A los más enérgicos les ofrece una vida más rápida, pero también más penosa, la triple vida rústica, al fin de la cual, son armados caballeros de la milicia celeste, y dueños de los poderes que este estado lleva anexos: el mantenimiento de la fuerza plástica del Cosmos, del Astral, en cooperación con el Eterno. pero a los ambiciosos, a los imprudentes, a los perversos, la más dulce respuesta que la Providencia puede darle, es el rayo que les arranca de sus obras impías, antes de que puedan tener tiempo de retrasar o de perder su inmortalidad.[21]

21 F. Ch. Bartet, «El *Astral*» (*Initiation*), de enero de 1897.

Capítulo XI

LA CIENCIA OCULTA Y LA CIENCIA CONTEMPORANEA

La Ciencia oculta y la Ciencia contemporanea. – La imaginación y el realismo. – Bacon, Trousseau, Claude Bernard. – Las sociedades de iniciación en el siglo XIX. – El Martinismo. – Los Maestros. – Los milagros de la unidad.

Hemos llegado al fin que nos proponíamos. Algunos textos auténticos de autores antiguos nos han revelado una ciencia casi tan rica como la nuestra, en el concepto experimental, y sobre todo, teóricamente. Deseosos de adentrarnos más aún, hemos llegado hasta los santuarios de la iniciación egipcia, encontrando el secreto que contienen la existencia y puesta en práctica de un agente universal, único en su esencia y triple en sus manifestaciones.

Conocicndo los elementos de la teoría, hemos querido saber cómo se efectuaba la práctica.

Y entonces la ciencia antigua se nos ha revelado completa, provista de métodos especiales, basados en el empleo de la analogía y de sus diversos nodos de difusión. El sacerdote egipcio nos ha revelado con cuanta astucia la historia simbólica transmite los grandes secretos del hermetismo; los cuadros de correspondencia nos han entregado las claves de la magia teórica; en fin, los pantáculos y su explicación han hecho caer ante nosotros el tercer velo tras del cual se ocultan los secretos del santuario.

Los tres primeros capítulos nos han dado a conocer la teoría; los tres siguientes nos han impuesto en la realización. En fin, la tercera parte nos revela la realización de la Ciencia antigua.

Creemos haber demostrado las razones que nos llevan a proclamar la existencia de una ciencia real independiente del dominio de las ciencias contemporáneas. Pero sólo a esto no puede reducirse nuestro estudio.

Veamos la situación que ambas ciencias ocupan por sus mutuas relaciones.

Sabemos que ambas no forman en realidad sino los aspectos opuestos de una misma y sola ciencia. Una de ella, la ciencia oculta, se ocupa sobre todo, de lo general y de la síntesis. La otra, la ciencia contemporánea, se ocupa principalmente de lo particular y del análisis. Estas consideraciones bastan por sí para mostrar claramente la posición respectiva de esos dos aspectos de la Verdad.

Cada vez que la ciencia experimental, por sus métodos, ha querido establecer una síntesis, no ha llegado sino a resultados verdaderamente irrisorios, habida cuenta del trabajo empleado. Entonces ha abandonado el estudio de lo general a los soñadores de toda clase, contentándose con el conocimiento del mundo sensible; de modo que la ausencia de relaciones entre las dos ramas del saber, se hace sentir cada vez más. La sugestión a distancia, las manifestaciones de una energía aún ignorada por los espiritistas, estudiadas por los sabios más eminentes de todos los países, han introducido a la fuerza la ciencia de la materia en el dominio del Espíritu.[1] Los últimos escépticos, temiendo tener que declararse vencidos, no quieren ver inexplicados los fenómenos y creen impedir así que resplandezca la Verdad. Invocan a toda hora la opinión del fundador oficial del método experimental, de Bacon, quien precisamente les ha revelado las ilusiones a que conduce el irreflexivo empleo de las Matemáticas:

«En lugar de exponer las razones de los fenómenos celestes, no se ocupa sino de observaciones y demostraciones matemá-

1 Véase *La magia y la hipnosis.*

ticas; así estas observaciones y demostraciones, pueden suministrarnos algunas hipótesis ingeniosas para ordenar todo eso en su cabeza y formarse una idea de ese conjunto, pero no saber justamente cómo y por qué todo eso es realmente en la naturaleza: ellas indican cuanto más los movimientos aparentes, el conjunto artificial, la combinación arbitraria de todos esos fenómenos, pero no las causas verdaderas y la realidad de las cosas; y en cuanto a esto respecta, con poca razón la Astronomía se ha incluido entre las ciencias matemáticas, clasificándola fuera de su dignidad» (Bacon, *De Dign. et Incremdeienc.* I. III-CIV).

Todos los grandes hombres dicen que el estudio de lo visible no basta, que sólo lo invisble contiene las verdades útiles que importa conocer. Todo eso no había escapado a la maravillosa sagacidad de los iniciadores antiguos, que sabían mostrar con tanto arte, la diferenecia entre el mundo sensible y el inteligible:

«Antes de la apertura de los Misterios de Isis, se daba al recipiendario una cajita de piedra que representaba por fuera un animal simbólico, un insecto o un escarabajo.

»¡Bah!, hubiera dicho un escéptico moderno. Pero al abrir el modesto jeroglífico, se hallaba dentro de un huevo de oro puro, conteniendo esculpidos en piedras preciosas, los Cabires, los Dioses reveladores y sus doce casas sagradas.

»Tal era el exquisito método por el cual la antigua Sabiduría encerraba piadosamente en la Palabra y en el Corazón el conocimiento de la Verdad; y este símbolico velo, este hermetismo cerrado con triple llave, se hacía más sapiente cada vez, a medida que el grado de la Ciencia se aproximaba más al divino Misterio de la Vida Universal.»[2]

Por todos los lados las ciencias evocan al mundo de las causas primeras, y, por la falta de deseo de estudiarlas científicamente, paralizan el progreso.

Esto aparece muy claramente en una de las ciencias más útiles a la humanidad, ciencia a la cual nos vemos obligados a considerarla aún como un arte: la Medicina.

La Medicina tiene que estudiar tan de cerca el mundo

2 Saint-Yves d'Alveydre.

invisible, y las causas primeras, que más tarde o más temprano, ha de llegar a su dominio.

En estos últimos tiempos esta ciencia cierra los ojos, lanzándose al Materialismo, protestanto con justa razón de las fantasías de la Metafísica, en cuya órbita antes gravitaba. La anatomía patológica ha respondido, con éxito, al llamamiento de los audaces innovadores y de descubrimiento en descubrimiento, cierra la boca a los partidarios de un animismo incomprendido o de un vitalismo que no ha de ser admisible, sino es en gracia a los milagros del método homeopático, que aparece más tarde.

La topografía de los centros nerviosos, ya descubierta; la estrecha alianza de la clínica y de las demostraciones fisiológicas, probada al fin, han hecho que la medicina materialista, orgullosa de sus victorias, tratara de proclamarlas, cuando ese mundo de lo invisible, que se hubo de condenar para siempre, hace de nuevo su aparición.

La sugestión a distancia, innegable, pese a la sistemática oposición de los retardatarios; la existencia, cada vez más probable, del fluido, negado en principio, con tanta saña; los fenómenos producidos por los espíritus, estudiados y comprobada su realidad por los sabios oficiales[3] de todos los países, obligan a los investigadores imparciales, como ya he dicho, a abordar los dominios de lo inmaterial y a aumentar los elementos de la futura síntesis que ha de llevar a cabo la reunión del fenómeno al noúmeno.

Por esto no temo afirmar que sean cuales fueren los esfuerzos que se lleven a cabo para hacer nuevas investigaciones, como así mismo cualquiera que sean los nombres con que se decoren los descubrimientos, es ineludible acudir a los dominios de la antigua Ciencia oculta.

¿Qué puede resultar de todo esto? Una reacción contra el materialismo, la mayor de cuantas jamás se hayan visto y, como es difícil permanecer en un justo medio, esa reacción se orientará hacia el Misticismo.

Yo quisiera demostrar que la Verdad no ha de surgir ni de un extremo ni del otro, y hacer comprender a las gentes la

3 En Inglaterra, Crookes; en Alemania, Zoelner; en Francia, el doctor Gibier. (Véase *La Magia y la Hipnosis*.)

elevadísima idea contenida en la frase de Louis Lucas, que sirve de epígrafe a este Tratado: *Conciliar la profundidad de los puntos de vista teóricos antiguos, con la rectitud y el poder de la experimentación moderna*, eso es todo.

Cuando fijo así los dos dominios en los cuales debe apoyarse la Medicina: el idealismo y el materialismo, no se crea que me entrego a los delirios de mi imaginación. Todos los maestros han sentado esta distinción y los que afirman que la hipótesis nada tiene que ver con la Ciencia, desconocen esta bella observación de Trousseau: «En cuanto logréis un hecho, un solo hecho, aplicadle todo lo que poseáis de inteligencia, buscad en él las partes salientes, ved lo que en él hay iluminado, dejaros llevar de las hipótesis, y corred ante él si es preciso.»[4]

El profesor Trousseau comprendió perfectamente la inutilidad de los estudios médicos para la mayoría de los que se entregan a ellos siguiendo los métodos contemporáneos, y habría que citar páginas enteras para mostrar cómo se irrita porque eso pase: «¿Cómo es que la inteligencia se vuelve más perezosa a medida que las nociones científicas se multiplican, ufanándose de exponer y de reunir, y descuidando la misión de elaborar y engendrar?»[5]

«Vosotros, rodeados de abundantes medios, mimados, enervados, saciados por lo que tan abundantemente se ofrece, no sabéis más que tragar y engullir, y vuestra inteligencia perezosa se ahoga en la obesidad y muere improductiva.

»¡Por favor, un poco menos de ciencia, y un poco más de arte, señores». [6]

Ved cómo un gran maestro vislumbra esos dos dominios de que hablo constantemente y los señala bajo los nombres de Arte de la medicina, correspondiente al idealismo, y de Ciencia de la medicina, correspondiente al realismo. Todos los pensadores, repito, han comprendido este distinción, y la fisiología proclama la unidad de la imaginación y de la ciencia, por boca de Claude Bernard cuando dice:

4 Introducción a la clínica del Hotel Dieu, pag. 33.
5 Loc. cit., pág. 38.
6 Loc. cit., pág. 39.

«La Ciencia no contradice a las observaciones y los datos del arte y yo no podría admitir la opinión de los que pretenden que el positivismo científico debe matar a la inspiración. A mi juicio, ocurrirá necesariamente lo contrario; y tengo la convicción de que cuando la fisiología esté más avanzada, el poeta, el filósofo y el fisiólogo se entenderán.»[7]

De cualquier modo, es imposible no reconocer a Claude Bernard una sagacidad maravillosa en la manera de dirigir sus investigaciones. Sentía admirablemente la Verdad y es curioso comprobar la justeza con que ha visto la inutilidad del materialismo experimental, diciendo:

«Si no tuviera que separarme de las investigaciones que prosigo, mostraría fácilmente que en fisiología el materalismo conduce a no realizar nada.»[8]

«Las propiedades de los tejidos constituyen los medios necesarios para la expresión de los fenómenos vitales; pero de ningún modo tales propiedades nos pueden dar razón del primer punto de arranque funcional de los aparatos. La fibra del músculo no nos explica, por su propiedad de recogerse, el fenómeno de la contracción muscular; y esta propiedad de la contractilidad, que siempre es igual, no nos dice por qué hay aparatos motores diferentes, construidos uno para producir la voz, otros la respiración, etc., y desde luego, no resultará absurdo decir que las fibras musculares de la lengua y de la laringe tienen la propiedad de hablar o de cantar, y las del diafragma la de respirar. Y lo mismo para las fibras y las células cerebrales, que tienen las propiedades generales de inervación y contractilidad, pero no se les podrá atribuir las de pensar, sentir y querer.

»Hay que guardarse bien de confundir las propiedades de la materia con las funciones que cumplen».[9]

He recogido estas citas para mostrar que, sin ser un alucinado, se puede llevar la materia a la idea y la Ciencia al Arte; así como las ciencias generales que caen en el dominio del ocultismo deben entrar por mucho en el estudio de las ciencias especiales dependientes del mundo sensible.

7 Claude Bernard, *Science experimentel*, pág.366.

8 Idem, 361.

9 Claude Bernard, pág. 429.

La ciencia oculta tiene por este hecho una utilidad práctica. Por lo demás, las aplicaciones que de ellas ha hecho Louis Lucas bastarán, a mi entender, para convencer a los más incrédulos.

Admitido esto, rêstanos saber cuáles son las dificultades que presenta el estudio de la ciencia oculta y cómo se puede llegar a su conocimiento.

Se observará que, en las aplicaciones prácticas de la ciencia oculta, no se ha hablado sino poco de los poderes extraordinarios que se pueden adquirir por su uso, y nada de la fabricación del oro por la piedra filosofal; y eso porque no considero actualmente el ocultismo sino como una de nuestra ciencias contemporáneas y que trato de fundarme entre datos, si no admitidos, por lo menos admisibles por la mayoría de los contemporáneos. Por esta razón no quiero hablar de las dificultades del estudio de esta ciencia sino en la adquisición de la teoría.

Ved las barreras que se levantan a la entrada de todas nuestras ciencias modernas; tratad de aprender la física o la astronomía si ignoráis las matemáticas; tratad de estudiar la medicina sin franquear los temibles obstáculos de la nomenclatura anatómica. Por todas partes encontraréis el camino, tanto más cerrado cuanto más los que han llegado quieren tener menos concurrentes. Cuando hayáis juzgado atentamente estas dificultades, considerad la ciencia oculta y buscad francamente por el estudio las grandes leyes del ternario y de la unidad universal.

La verdadera ciencia debe ser accesible a todos, la luz del día basta para aprender la verdad y los libros no sirven con frecuencia más que para hacer vanidosos. La erudición es buena, lo reconozco, pero no basta. El estudio de la naturaleza bien dirigido, conduce más pronto al fin que el estudio sobre los libros. ¿Pero cómo dirigir ese estudio? He aquí lo que nos lleva a hablar de las sociedades de iniciación.

Antiguamente el instructor se limitaba a lanzar al recipiendario en la vía que él prefería después de haberle suministrado suficientes conocimientos para iluminar su camino. Los misterios menores llenaban tal objeto. Hoy, los métodos de instrucción difieren. El hombre que trata de desarrollarse solo es considerado como un aherrojado y merece bien pronto el epíteto adulador, para quien sabe apreciarlo, de original.

La educación antigua miraba únicamente el hacer gentes originales; la de hoy, tiende a agrupar las inteligencias por grandes clases. ¡Adiós, aherrojados!

¿Dice esto cuáles son los medios que un curioso puede emplear, al presente, para aprender la ciencia antigua u oculta? Esos medios son de dos órdenes distintos: 1º, instrucción personal; 2º, instrucción por las sociedades.

La instrucción personal es la única verdadera, útil, y el trabajo de las sociedades debe limitarse a guiar el postulante. Uno adquiere tal instrucción estudiando ya la naturaleza, ya en los libros, una vez en posesión de ciertos datos.

Estos datos constituyen el fondo de todas las iniciaciones y este Tratado no tiene más objeto que facilitar la tarea de los recipiendarios e iniciadores. No me hago ilusiones sobre los defectos inherentes a mi trabajo; pero el lector me excusará, vista la dificultad de la empresa. De todos modos, el investigador consciente duda siempre en seguir los consejos de los libros y un guía vivo le parece preferible a todas las bibliotecas del mundo. Entonces es cuando se dirige a las sociedades de iniciación.

La primera que se presenta ante sus ojos es la francmasonería. Lejos de mí considerar esta gran asociación, como desprovista de todo interés desde el punto de vista de la ciencia oculta, como hacen algunos autores modernos. La francmasonería, como he demostrado en mi *Tratado metódico de ciencia oculta*, posee los símbolos y los secretos más elevados, pero sin saberlo sus miembros. Estos han perdido la clave que descubre el sentido de la PALABRA misteriosa INRI, y los Rosacruces francmasones pueden continuar llorando esa pérdida. Algunas inteligencias superiores, como Ragon, han hecho grandes esfuerzos para elevar la intelectualidad de la asociación desde el punto de vista oculto, ¿pero cómo enseñar la parte más elevada de la ciencia a gentes que no conocen las primeras nociones?

La luz que la francmasonería promete a sus adeptos bajo el juramento más riguroso, no puede suministrarla sino a los bastante instruidos para adquirirla y que por lo tanto no tienen necesidad de comprometer su libertad.

El curioso que quiere verdaderamente ser iniciado entre los H .·. de la V .·. pierden su tiempo. Teóricamente hablando, cualquiera sociedad, sin embargo, no le suministrará tan abundantes recursos para la práctica diaria de la vida. Dicho esto, debemos a la fracmasonería gran reconocimiento por sus servicios al pensamiento, obrando contra el sectarismo y el despotismo en todas la épocas.

¿Sabrá continuar su camino en lo porvenir? ¿Dónde habrá que dirigirse para encontrar los guías vivos para el estudio del ocultismo, a falta de la francmasonería?

LAS SOCIEDADES DE INICIACION

Notamos, desde luego, que cierto ritos masónicos del extranjero han conservado un gran valor simbólico; en Francia mismo el rito cabalístico de Misraim se yergue como guardia fiel de las elevadas enseñanzas simbólicas, frente a los políticos ignorantes que han invadido los templos.

La francmasonería ha sido creada por los *iluminados* Rosacruces[10] para servir de centro de cultura y observación de las órdenes más puras y elevadas. Cuando los alumnos quieren remontarse hasta sus maestros y rompen los símbolos tradicionales para inventar los adecuados a su medio, entonces los maestros abandonan a los imprudentes a su rápida disolución y hacen salir de la sombra de los santuarios secretos las fraternidades supremas, autorizándolas a crear los círculos exteriores. Los *Superiores desconocidos* están ahí.

Los verdaderos iniciados de Oriente u Occidente se reconocen siempre y saben comulgar en una misma fuente, porque ambos conocen la misión divina del Cristo. Pero algunos europeos han querido presentar como una pura iniciación oriental una adaptación completa de elementos heteróclitos esparcidos, y ése ha sido uno de los mayores errores de la Sociedad Teosófica, cuyos iniciados franceses se alejaron en seguida. Nadie más que el autor de esta líneas respecta la

10 Ashmole y R. Fludd eran hermanos iluminados de la Rosa-Cruz.

convicción leal y sincera, nadie mejor que él reconoce que hay en Oriente iniciados de gran sabiduría; pero esos iniciados se adscriben a los santuarios secretos del brahmanismo y jamás al budismo.

Entre los brahmanes, pocos se inician en los grandes misterios, y reconocen en seguida que no poseen las claves de la lengua atlante primitiva, el *watan*, que sirve de raíz fundamental al sánscrito, el hebreo y el chino, así como a la escritura jeroglífica.

Cuando afirmamos que las doctrinas propagadas por la *Sociedad Teosófica* son el resultado, no de una iniciación, sino una compilación, no queremos negar la existencia de una iniciación, ni de un esoterismo oriental. No queremos tampoco hacer un paralelo. Pretendemos que esa sociedad no representa un centro de iniciación de Oriente, porque hemos *visto* verdaderos iniciados orientales que nos han probado, dándonos la clave real del arcano AZT gracias al *watan*, que iniciación y compilación son dos cosas.[11] Ahora bien, reconocemos los esfuerzos realizados por esta sociedad para propagar en Occidente el estudio de la terminología sánscrita.

Las sociedades iniciáticas occidentales más accesibles y que se pueden nombrar sin indiscreción, son: la Rosa-Cruz, la Orden Martinista, las sociedades alquímicas, astrológicas y herméticas derivadas del martinismo o afiliadas a él.

La Orden cabalística de la Rosa-Cruz, cuyo gran maestre es Stanislas de Guaita, consagrábase exclusivamente al estudio. Hoy está completamente cerrada.

La Orden Martinista es un centro activo de difusión iniciática, para propagar rápidamente y de una manera extensa las enseñanzas ocultas y las grandes líneas de la tradición occidental cristiana. Está centralizada en un consejo de veintiún miembros, residente en París, con delegados generales y especiales, logias, grupos e iniciadores libres de la Orden Martinista

11 Para probar la realidad de nuestra opinión, véase en *Revue des Revues*, abril de 1897, el artículo del indio Zeaeddin Akmal de Lahere, muy severo para lo que llama "la plegaria del ocultismo oriental". Véase el resumen de las opiniones de Max Müller y de los grandes orientalistas en el *Bouddhisme*, de Laffont-Paris-Chamuel.

en Europa, Africa y América. Ninguna otra sociedad iniciática tiene en Occidente tanto número de logias y gracias a sus afiliaciones está en relación con los babistas de Persia, con las sociedades ocultistas de China y con todas las asociaciones religiosas del Islam y muchos centros de la India.

Sobre la orden Martinista funciona el *Grupo independiente de estudios esotéricos* con 104 ramas y corresponsales y paralelamente a la orden está la *Facultad de Ciencias herméticas*, que desde París se distribuye en escuelas anexas en Lieja, Madrid, Berna, Buenos Aires, Lyon y Burdeos, suministrando una enseñanza progresiva, facilitando, previo examen, los títulos de bachiller, licenciado y doctor en ciencias herméticas.

Los estudios especiales de alquimia se prosiguen, por otra parte, bajo la dirección de la *Sociedad Alquímica francesa*, dirigida por un comité de investigadores competentes, del que es secretario Jollivet-Castelot.

Así se dirige la enseñanza espiritualista y hermética, frente a la enseñanza atea y materealista. Así se forma ese potente estado mayor de intelectuales que, en casos de crisis social, serían los guardianes del depósito de las verdades vivas que les fueron confiadas.

Pero en estos últimos tiempos, un cuerpo más considerable fue intentado: bajo el nombre de *Unión idealista universal*, todos los jefes de los grandes movimientos filantrópicos de Europa y América se han unido agrupando en un solo haz un ejército de treinta mil intelectuales con periódicos en todas las lenguas.

LOS MAESTROS

Las sociedades iniciáticas tienen por objeto principal desarrollar la naturaleza humana y hacerla apta para recibir las influencias directas de los planos superiores. Deben desarrollar, sobre todo, la intelectualidad sin descuidar la espiritualidad; de ahí uno de los axiomas que enseñan: la *iniciación es siempre individual* y la sociedad no puede más que indicar la ruta, para evitar los senderos peligrosos.

¿Hay en Europa verdaderos *maestros* al lado, fuera y dentro de los centros iniciáticos? Respondo afirmativamente. En Francia hay verdaderos maestros del orden intelectual como del espiritual. En este momento hay dos que viven en medio de la sociedad una vida especial, cuyo retrato voy a esbozar. Pero antes debo responder a una objeción de algunos ignorantes que pretenden que un verdadero maestro no podrá vivir en nuestra atmósfera social, como viven en nuestra atmósfera física.

Eso sería cierto para un maestro de egoísmo desarrollado sobre el solo plano mental y que no sienta el poder del sacrificio necesario para abandonar el paraíso etéreo que se ha creado, para llegar a participar en el sufrimiento y la vida envenenada de las criaturas que quiere salvar. Esos maestros se contentan con obrar por *inspiración* sobre los cerebros de ciertos hombres que traducen esas impresiones con más o menos claridad, lo cual se debe a un refinamiento cerebral, pero no a una consagración total.

En el umbral de la nueva idea de Occidente, se levanta una figura, sublime ejemplo de todos los actos, no sólo superhumano, sino divino: es el Cristo. El sufrimiento más terrible que pudo experimentar la persona del Dios-Salvador no fueron los tormentos absolutamente humanos de la pasión y de la cruz, o sea el descendimiento total a la materia, o la limitación del principio de toda extensión, o la sumisión constante del principio espiritual a las exigencias del cuerpo y de la carne, comenzado por el vértigo necesario al embrión y la pérdida de contacto con el plano divino, hasta reunirse con el Padre, mantenido en toda su integridad durante los tres años de vida terrestre. Este es el sufrimiento absoluto, imposible de lograr por un Fakir o por un *evolucionado* sea cual fuere el plano a que pertenezca. Este es un misterio tan terrible y tan luminoso que *aquellos quienes* lo ignoran lo niegan coléricos, con rabia, ante la posibilidad para un ser supra-humano de vivir en el medio físico, no pudiendo comprender la limitación en el tiempo y en el espacio del Ser Divino. Y ahora se verá por qué yo me he propuesto destruir estas objeciones antes de hablar de los dos maestros de quienes deseo decir algunas cosas. De esos dos hombres a quienes he tomado por ejemplo, el uno representa el dominio intelectual y el otro la absoluta posesión de la espiritualidad.

El maestro intelectual es un hombre de cabellos blancos cuya figura emana bondad y en cuyo ser todo resplandece la calma y la tranquilidad del espíritu. La vida de iniciación siempre fue el tránsito del dolor y del sacrificio. Fue iniciado en la tradición occidental por los centros más elevados y en la tradición del Oriente por dos de los más grandes dignatarios de la Iglesia brahmánica, uno de los cuales fue el Brahma de los santos centros de la India. Como todos los discípulos de la verdadera iniciación oriental, poseía todos los métodos de enseñanza, y cada página estaba suscripta por el Brahmín responsable de la transmisión de la Palabra Santa. La lectura de estos cuadros de enseñanza necesita el profundo conocimiento, no sólo del sánscrito y del hebreo (que esos brahmines por sus grandes principios iniciáticos conocen a fondo), sino de las lenguas primitivas, de las que los hieroglifos y el propio chino no son más que adaptaciones.

Además, los conocimientos de los Vedas, y como consecuencia de éstos, de los más santos mantras, de los siete sentidos del Sepher y de las claves Cabalísticas, daban al maestro intelectual la prueba cierta de su grado, la clave viva, que permite al hombre transformar en adaptación inmediata así como al arte y a la sociedad, esos conocimientos, sin los cuales, se formaría una enciclopedia de cosas bellas; pero muertas y frías, que son privilegio de las academias, pero no las verdades de los iniciados. Bajo sus dedos, los ritmos de los viejos cantos druídicos, se forman, y nacen prodigiosos y encantadores los misterios de las antiguas formas góticas y de las futuras arquitecturas de hierro y cristal, traduciendo en lenguaje arquitectónico las palabras vivas de Cristo, como ángeles de la revelación. Podría continuar llenando páginas y más páginas, sin llegar al fondo de esta ciencia prodigiosa, que lo es, por cuanto es viva, y no vive sino porque toma su esencia en el Principio del Amor.

Decir a costa de cuántos atroces sufrimientos este maestro intelectual está entre nosotros, cuando la mitad de su alma está reintegrada, sería hacer temblar a los hombres que sólo de nombre conocen los misterios de los *dwidjas*, que esotéricamente traduciremos por *los nacidos dos veces*, pero cuya verdadera significación es la de *seres que viven en dos planos a la vez.*

Sólo me resta hablar del maestro espiritual. Este descendió en cuanto el otro se hubo elevado. Este lo sabe todo, pero nos enseña a descender y adquirir la certeza de que el hombre que sólo posee un catre y presta su catre al que ninguno tiene, es más rico que todos los ricos. El maestro espiritual cuando trata de enseñar, puede hacerlo mediante la palabra, lo cual es muy raro; lo más general para él consiste en hacer ver sus verdades y sus doctrinas. Poseedor de los bienes físicos, que le permitirían vivir en la ociosidad, el maestro consagra toda su vida a la curación de los pobres y de los afligidos. Y estas curas mismas nos indican, hasta al más ciego, que su plano desciende del Espíritu que gobierna a la enfermedad y hasta a la misma Muerte.

Por la calles del pueblo en que habita, se le ve pasar humilde entre los humildes, así sólo las pobres gentes lo conocen y lo bendicen. Ese obrero que con respeto le saluda le debe la pierna que trataban de cortarle, y fue curado en menos de una hora; aquella mujer del pueblo que acude presurosa a su paso, fue a buscarlo cuando su hijo, diftérico, se ahogaba, y el maestro le dijo: «Mujer, eres más rica por tu solicitud incesante y por tu valor antes las pruebas de los infortunios, que los ricos más ricos de la tierra: vete, que tu hijo está curado.» Y cuando entró en su casa, la madre atribulada constató el milagro, que en nuestro días desconcierta e irrita a los médicos. Aquella familia de artesanos humildes, corrió entonces a él, cuando hacía dieciocho horas su único hijo había muerto, y él acudió al llamamiento y ante diez testigos verificó el prodigio: el muerto querido sonrió y abrió de nuevo sus ojos a la luz. Preguntad a todas esas gentes cuál es el nombre de ese hombre y os contestarán: Es el *Padre de los pobres*. Preguntad a ese hombre quién es; interrogadle y os responderá: *Yo soy menos que una piedra. Hay tantos seres sobre esta tierra, que son alguna cosa, que yo me siento dichoso de no ser nada. Yo tengo un amigo que es, y él, sí es algo. Sed buenos, pacientes en la adversidad, sumisos a las leyes sociales y religiosas de vuestra patria; dad y compartid lo que tengáis, cuando os halléis con hermanos que tengan necesidad, y mi amigo, el que es, os amará. En cuanto a mí, pobre enviado, escribo en el libro evidente de cuanto en mí hay de mejor y suplico al Padre, como antes lo hiciera nuestro Salvador, el Cristo que resplandece de gloria en la tierra y en los cielos y al corazón del cual sólo se llega por la gracia de la Virgen de Luz: Mariah, cuyo nombre sea bendito.*

No terminaré estas páginas, que tan dulces las hace mi reconocimiento, con el recuerdo de las injurias y de los sarcasmos que los sabios, los satisfechos, los críticos, lanzaron sobre el Maestro. El los ignora, los perdona y ruega por ellos. Esto basta.

Este hombre de cuyo exquisito carácter acabo de hacer una semblanza y cuya elevación vemos con tanta ceguedad como vimos también la de su precedente, no es un mito, un ser nebuloso perdido en el fondo de un país inaccesible. Es un ser de carne y hueso, que ha vivido la vida social, en la que asumió todas las cargas más pesadas. Recordemos que, salvo en el ayuno del desierto, el modelo de la Raza Blanca, Cristo vivió, durante su vida terrestre, el régimen mixto de la mayoría de los hombres; así el maestro vivió como todos sus humanos hermanos.

Tampoco he de hablar más que de obras humanas y dejaré en silencio los transportes de otras fases de su existencia; las comunicaciones instantáneas, fuera del tiempo y del espacio y la dirección de los espíritus. Un hombre verdaderamente libre es el único que tiene derecho a escribir en el libro de la vida; los demás no hacen más que leer en él. Aprended a leer, si es que queréis escribir.

* * *

No es necesario, repito, adscribirse a una sociedad cualquiera para aprender ocultismo; cada uno puede llegar a ello por sí solo, y las sociedades no pueden ni deben servir más que para indicar la ruta que se ha de seguir después. Este Tratado bastará, a pesar de sus imperfecciones, para comprender a los modernos autores de Ciencia oculta.

Se verá que las leyes que la antigüedad nos ha transmitido por medio de símbolos, no son vanas y que, desde la política a la filosofía, lo activo y lo pasivo, la autoridad y el poder, la fe y la ciencia, se oponen para unirse mejor en el renacimiento de la síntesis científica, social y religiosa.

Siempre el poder ha comprendido que no podía gobernar a los hombres sino amparándose en la intelectualidad. Hacer servir la enseñanza en provecho exclusivo de las ideas, tal es el fin de todo despotismo.

Siempre han existido protestantes oponiendo la enseñanza de la unidad integral a la enseñanza parcial del déspota. Impedir la facultad de videnciar la iniciación, tal es el objeto eterno de la autoridad. La lucha de la autoridad y del poder, he ahí la clave de la historia. El poder, sintiendo que la autoridad se opone a su dominación, la persigue donde quiera que puede hallarla. La autoridad, bajo las persecuciones de los déspotas, rodea sus enseñanzas del más profundo misterio.

La antigüedad nos muestra reyes despóticos, esforzándose vanamente en luchar contra la ciencia enseñada en los misterios egipcios. Más tarde, los sacerdotes judíos, discípulos del sacerdote egipcio Moisés, no comprenden la verdad integral de la que son sus depositarios, y quieren oponerse a las enseñanzas del Hijo de Dios. Luego es la Iglesia la que se apodera del poder. En nombre de la fe, la Inquisición persigue como herejes a todos los que quieren salir de su recinto.

La autoridad representada por los templarios, químicos y alquimistas y luego por los fracmasones, opone sus misterios a las persecuciones de la Iglesia. Con la Revolución francesa, la fracmasonería llega al poder. El ternario cristiano: Fe, Esperanza y Caridad se reemplaza por equivalente masónico: Libertad, Igualdad y Fraternidad. Y fiel a la eterna ley la francmasonería lucha hoy contra la Iglesia en nombre de la ciencia, queriendo hacer desaparecer cuanto se opone a ella.

Desgraciadamente, los que quieren las dos inseparables: la Ciencia y la Fe, los fanáticos de la fe, lo que se apoya sobre la ciencia, y los fanáticos de éstas, lo que autoriza la fe. Y sin embargo, ¿no se unen siempre la luz y la sombra en la penumbra; el hombre y la mujer en el amor?

La historia entera nos dice que nunca el Palacio oprimirá al Templo, que jamás éste subsistirá si quiere ejercer simultáneamente el poder y la autoridad. En el cuerpo humano, resumen del mundo, el poder se ejerce por el corazón y la autoridad por el cerebro. El corazón no cesa de funcionar y se substrae a la influencia nerviosas. El papa que une a lo temporal lo espiritual, y el rey que une a la realeza la religión son monstruosidades ante la naturaleza y su obra, tarde o temprano, es herida de muerte.

Los monstruos no producen sino tristes engendros.

En el umbral de nuestra historia se alza un sacerdote de Osiris encargado por la Providencia de dar un nuevo culto a la eterna religión; Moisés, fiel a las enseñanzas recibida en los templos, anuncia así la ley de la política. «Al Imperio arbitrario sucederá el imperio arbitrario, cuyo nombre característico es Nimerod, el Cesarismo. Este tipo gubernamental quiere dominar por la violencia militar el estado social terrestre como el polo norte domina sobre el planeta. En este tipo, el polo gubernamental, el poder anárquico o personal, se opone al Reino de Dios, al orden social, que es la cara de IEVE en la humanidad. De ahí este axioma de los ortodoxos: Nimerod, el arbitrario gubernamental, el poder personal y todo lo que lleva consigo, es el opuesto, el antípoda del Reino de Dios, el adversario impidiendo que el rostro de IEVES se refleje en el estado social.[12]

Hoy, como siempre, hay hombres que comprenden la unidad de las ciencias y la unidad de los cultos. Se alzan sobre todos los fanatismos religiosos, demuestran que todos los cultos son la traducción de una sola y única religión. Se elevan sobre todos los fanatismos filosóficos y demuestran que todas las filosofías no son más que la expresión de una sola y única ciencia.

Cuando han mostrado al católico, al judío y al indio que sus cultos tienen en el fondo los mismos símbolos, vivificados por el Cristo, cuando hacen comprender que Jehová, Júpiter, Osiris, Alá, son diferentes presentaciones de un mismo y único Dios y han proclamado la unidad de la fe, se dirigen a los filósofos y muestran a los materialistas que sólo han visto un lado de la naturaleza, pero que sus observaciones son justas; y a los idealistas que análogamente han visto otra parte, teniendo también razón.

Idealizando el materialismo y materializando el idealismo,

12 Sain-Yves d'Alveydre, *Mission des Juifs*.

proclaman la unidad de la ciencia en el equilibrio que resulta de la analogía de los contrarios. Luego, elevando más, muestran que el politeísmo y el monoteísmo y el idealismo lo son de una ciencia única. De ahí que la Ciencia y la Fe no son sino dos concepciones diferentes de la única y eterna Verdad y que proclamen la unidad de la Religión y de la Filosofía en una misma síntesis que encomian en esta divisa: LO QUE ES ARRIBA, ES COMO LO QUE ES ABAJO PARA CUMPLIR EL MILAGRO DE LA UNIDAD.

BIBLIOGRAFIA METODICA DE LAS CIENCIAS OCULTAS

Creo prestar un verdadero servicio a los investigadores al terminar este tratado con una bibliografía de las Ciencias ocultas, ordenada de una manera especial.

Habría sido más fácil copiar una lista de obras que tratan de ocultismo, tomándola de los catálogos corrientes, pero eso no habría servido de nada.

Hemos dispuesto la lista de los autores antiguos de tal manera que los asuntos más felices puedan estudiarse desde luego, y que en cada asunto particular, las obras menos oscuras vayan las primeras. Así el lector, deseoso de profundizar una cuestión especial, como la Cábala, por ejemplo, puede estudiarlas siguiendo el orden de las citas. El libro de Lenain bastará para adquirir las nociones elementales y las obras siguientes darán los detalles más numerosos y fáciles de comprender tras las lecturas precedentes. En fin, la Cábala estudiada por Franck, permite al lector llegado a este punto juzgar con todo conocimiento de causa la opinión de este filósofo. Tal es el método generalmente seguido en la exposición bibliográfica.

Hemos creído un deber citar con preferencia las obras más útiles, remitiendo para las demás a los diccionarios bibliográficos.

HISTORIA

FABRE D'OLIVET. – Vers dorés de Pythagore. – De l'etat social de l'homme. – La langue Hébraïque restitué.

DUTENS. – Decouvertes des anciens attribuées aux modernes.

MORCAU DE DAMMATES. – Traité sur l'origine des caracteres alphabétiques.

COURT DE GEBELIN. – Le monde primitif.

SAINT-YVES d'ALVEIDRE. – Missions des Juifs. – Missions des Souverains. – Mission des Français.

ARNOLD. – Histoire de l'Eglise et de ses Hérésies.

AUCLERC. – La Thréicie.

X... – Recherchez sur les fonctions providentielles des dates et des noms.

FRACMASONERIA

BARON DE TSHOUDIS. – L'Etoile flamboyante. – Le Thuileur des 33 degrés de l'Ecossisme.

RAGON. – Thuileur général. – Maçonnerie occulte. – Rituels des divers grades.

MARCONIS. – Le Sanctuaire de Memphis. – Le Rameau d'Or d'Eleusis. – Le Mentor des Initiés. – L'Hierophante.

JUGE. – Hiérologues sur la Franc-Maçonnerie et l'ordre du Temple.

KAUFFMANN ET CHERPIN. – Histoire philosophique de la Franc-Maçonnerie.

DESCHAMPS. – La Franc-Maçonnerie. – Les Sociétés secrètes.

AUBER (Abbé). – Histoire et théorie du symbolisme religieuse.

NEUT (Armand). – La Franc-Maçonnerie.

LENOIR (Alexandre). – La Franc-Maçonnerie rendue a sa veritable origine.

ECKERT . – La Franc-Maçonnerie en elle même et dans ses rapports avec les autres sociétés secrètes de l'Europe.

COMTE LE COULTEUX DE CANTELEU. – Les Sectes et les Sociétés secrètes.

GUILLEMAN DE SAINT-VICTOR. – Histoire critique des mystères de l'Antiquité.

F.T.B. CLAVEL. – Histoire pittoresque de la Franc-Maçonnerie (*Historia de la Francmasonería*, Edicomunicación, Barcelona.)

APLICACION DE LAS CIENCIAS OCULTAS

LUCAS (Louis). – Acoustique nouvelle. – Chimie nouvelle. – Médicine nouvelle.
WRONSKI (Hoené). – Le Messianisme ou reforme du Savoir humain.
MICHON (Abbé). – Système de graphologie. – Méthode practique de graphologie.
PARACELSO. – Liber Piramirum. – Les 40 livres des Paragraphes (incluido en *Obras completas*, Edicomunicación, Barcelona)
KIRCHER. – Arithmologia sive de occultis numerorun musteriis.

ENCICLOPEDIA DE OCULTISMO

AGRIPPA. – Philosophie oculte. (*La Filosofía Oculta*, Kier, Buenos Aires.)
KIRCHER. – Œdipus Ægyptiacus.

OCULTISMO EN GENERAL

DE FOIX DE VANDOLE. – Poymandre d'Hermés.
DE TAAGE. – La Science du Vrai.
J. CARDAN.– De la Subtilité.
LACOUR.– Les Eloïm.
GAFFAREL.– Curiosités inouïes.
J.B. ROBINET. – Considerations Philosophiques sur la gradation naturelle.
WRONSKY (Hoené). – Œuvres.
LANDUR. – Œuvres.
SAINT-MARTIN (Claude de). – Tableau Naturelle. – Le Crocodile. – Des nombres. – Esprit des choses. – L'aurore naissante de Jacob Bœhm. – Des trois principes de Jacob Bœhm.

BALANCHE. – Essai de Palingénésie sociale.
LACURIA. – Harmonies de l'Etre.
DE TOURREIT.– Religion fusionne.
AUGE (Lazare). – Notice sur Hœné Wronsky.
LEPELLETIER (de la Sarthe).– Traité complet de Physiognomonie.
MENARD (Louis). – Hermés Trismégiste.(*Los Libros de Hermes Trismagisto*, Edicomunicación, Barcelona.)

MAGIA

ELIPHAS LEVI. – Dogme et Ritual de haute magie (*Dogma y Ritual de la Alta Magia*, Edicomunicación, Barcelona.).– Histoire de la Magie. – Clefs des grands mystères.
GOUGENOT DES MOUSSEAUX. – Magie au XIX siècle.
MAURY. – Magie astrologique dans l'antiquité et au moyen âge.
DR. SALLAH BEN ABDALAH. – Le Magisme.
SCHOTT. – Magie universelle, naturelle et artificielle.
PORTA. – Magie naturelle.
DELRIO. – Dissertations magiques. – Enrichidion du Pape Léo. (*El Enchiridión*, Edicomunicación, Barcelona.)
CASTILLO. – Historia y magia natural.
COLLIN DE PLANCY. – Dictionnaire infernal.

CABALA

LENAIN. – La Science cabbalistique. – Kabbala denudata. – Sepher Jerisah. – Articabalisticae scriptores ex biblioth. Pistorie.
PAPUS. – La Cabbale.
R.P. ESPRIT SABBATHIER. – L'Ombre idéale de la sagesse universelle.
GAFFARD. – Abdita divinae cabalae mysteria.
WELLING. – Opus Mago-cabbalisticum veterum Sophorum Sigilla et imagines magicae.
PICO DELLA MIRANDOLA. – Conclusiones cabalisticae.
REUCHLIN. – De Verbo mirifico. – De arte cabbalistica Salomonis claviculae et theosophia pneumática.

ABENDAMA.— Cuzari (Amsterdam, 1423)
L'HERBEU (Léo).— Dialogues d'Amour.
FRANCK.— La Kabbale

ALQUIMIA

HEIFFER. — Histoire de la Chimie.
CAMBRIEL.— Cours de Philosopie hermétique.
CYLIANI.— Hermés devoilé.
SALOMON.— Bibliotèque des philosophes chimiques.
LENGLET DU FRESNOY. – Histoire de la philosophie hermétique.
AUREA CATENA. – Homeri.
JEAN DE MEHUN. – Le miroir d'Alchimie.
KUNRATH. – Amphitheatrum sapientice aeternae.
P.LELORRAIN. – La Physique oculte.
BASILE VALENTIN. – Les douce clefs. – L'escalier des sages. – Abrége de la doctrine de Paracelse. – Le gran Olimpe.
LEPELLETIER DE RONES. – L'Alkaest. – Archives mito-hermétiques. – Clef du Grand Œuvre.
G. LEDOUX. – Dictionaire hermétique.
FIGUIER. – L'Alchimie et les alchimistes.

ASTROLOGIA

J. BELOT. – Œuvres.
O. FENIER. – Jugements astrologiques sur les nativités.
CHRISTIAN.– L'Homme rouge des Tuilleries (*El Hombre Rojo de las Tullerías*, Obelisco, Barcelona.) .– Histoire de la Magie.
ANT. DE VILLON. – L'usage des éphémérides. – Speculum astrologic.
JULIUS FIRMINUS MATERNUS. – Traité des mathématiques celestes.
MORINUS.– Astrologia gallica.

MAGNETISMO

H.DURVILLE. – Cours de magnétisme. – La physique magnétique.

P. MILLET. – Cours de magnétisme.
GAUTHIER. – Traité practique de magnétisme.
RICARD. – Œuvres.
DELEUZE. – Œuvres.
PUYSEGUR. – Œuvres.
DU POTET. – Magie devoilée.
MORIN. – Le magnétisme et les sciences occultes.
CHARDEL. – La nature humaine.
L.A. CAHAGNET – Magie magnétique. (*Magia magnética*, Edicomunicación, Barcelona.)

FISIOGNOMIA

CARDAN. – Le Métoposcopie.
J.B. PORTA. – De humana physiognomia.
DELESTRE. – Physiognomie.
SHACK. – Physiognomie.

ONEIROMANCIA

SYNESIUS. – Traité sur les songes.
S. THIBAULT. – La physiognomie des songes.
A. JULIAN. – De l'art et jugement des songes.
GABDORRHAMAN. – Doctrine des songes selon les Arabes.
HERVEY DE SAINT-DENIS. – Les rêves et les moyens de les dirigier.

QUIROMANCIA

La Chiromancie de Patrice Fricasse des Cerisais. – La Science curieuse ou Traité de Chiromancie de Peruchio.
BELOT (Jean). – Œuvres.
DESVAROLLES. – Mystères de la Main.

ESCRITURAS OCULTAS

TRITHEME. – Polygraphie. – Sténographie.
KIRCHER. – Pholygraphie.

POSTEL.– Linguarum duodecim characteribus differentium alphabetum.
VAN HELMONT (François). – Alphab natur hebraïci detinea.
MURNER. – Lógica memorativa.

DIVERSOS

ABBE DE VILLARS. – Le Comte de Gabalis.
BECKER. – Le Monde enchanté. – Le Palais des curieux.
BODIN. – Démonomanie.
VINCENT (de l'Yonne). – Traité de l'Idolatrie chez les Anciens et les Modernes.
ETTEILLA. – Collection sur les hautes sciences.
GILLAUME DE LA TEYSSONNIERE. – La Géomancie.
SWEDENBORG. – La Clef des Arcanes. – Traité des représentations et des Correspondances.

APENDICE

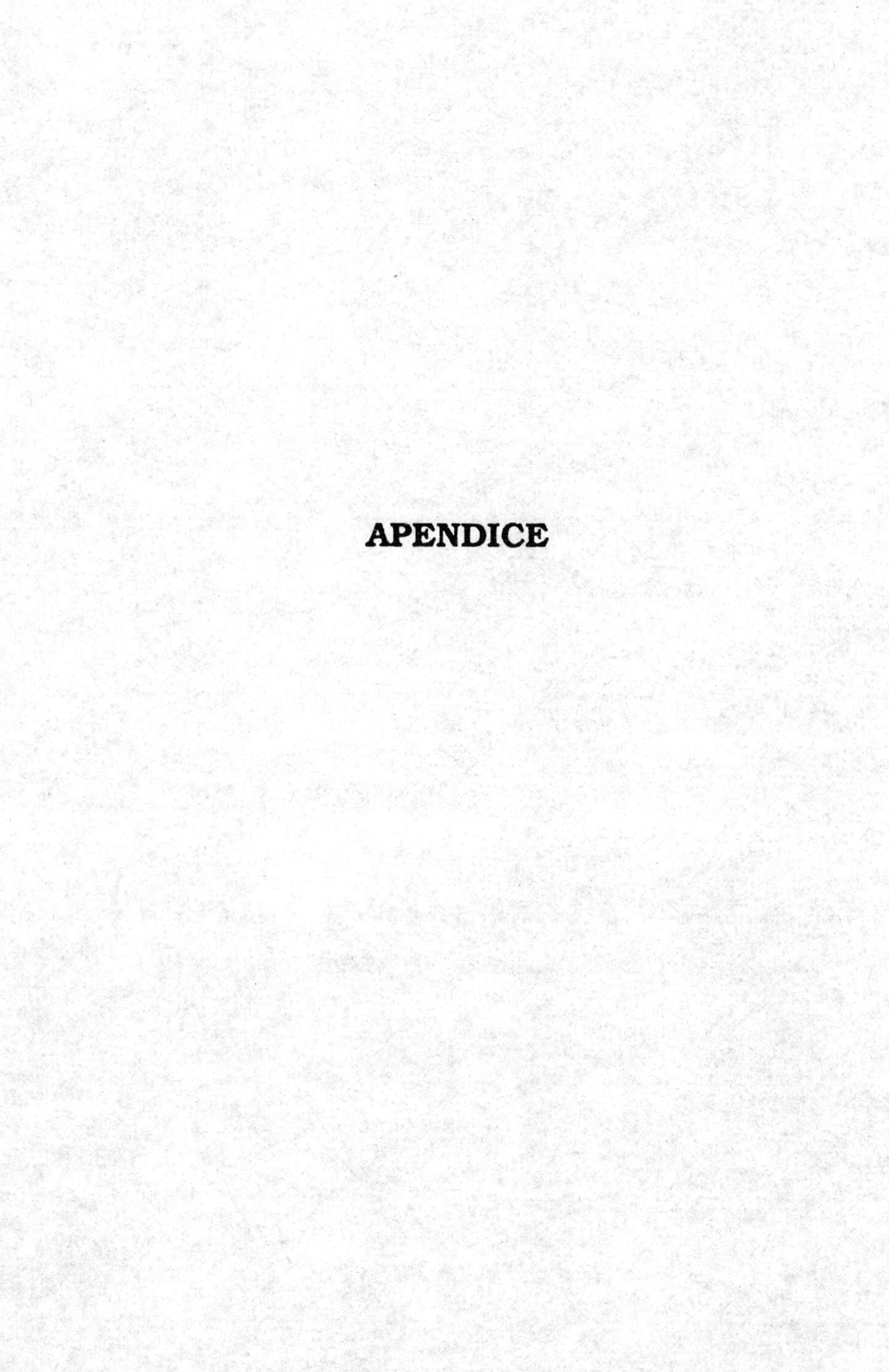

COMO ME HICE MISTICO

A Camille Flammarion

Muchos escritores independientes, algunos filósofos y algunos cronistas, han preguntado frecuentemente cómo era posible que algunos jóvenes educados en los principios de la «sana raza», al abrigo «de la superstición», abandonaban de pronto esas enseñanzas positivas para lanzarse a los estudios místicos e interesarse en los problemas religiosos y filosóficos más que en las evoluciones políticas, llevando su extravagancia hasta las investigaciones sobre las ciencias ocultas y la Magia, denotanto, si no una aberración total, al menos cierta debilidad de sus facultades mentales.

Este movimiento hacia el misticismo de la juventud contemporánea inquieta a los hombres maduros y desconcierta sus esperanzas. ¿Se quiere permitir a un antiguo partidario de las doctrinas materialistas, a un médico educado en los principios queridos del positivismo, referir algunos detalles de su evolución intelectual, y mostrar al menos un caso de esa extraña intoxicación mística, vivida desde su origen hasta la crisis aguda? Si los filósofos no se interesan en esta observación, quizás aproveche a los alienistas, puestos que se ha convenido en ciertos medios en considerar a todos los espiritualistas como degenerados o enajenados por lo menos.

Es la primera vez que abordo mi autobiografía intelectual y

me esforzaré en ser lo más conciso posible. Así prevengo en principio a todos los correligionarios que puedan ser llamados a seguir mi observación de que yo jamás estuve en contacto con profesores religiosos; advierto también que, por el contrario, todos mis estudios, a partir de la primera enseñanza hasta el doctorado en la Facultad de Medicina, pasando por todos, tanto certificados de primeras letras, certificado de Gramática y todos los demás, fuéronme otorgados en escuelas lacias o en el colegio Rollin. Así, pues, no se puede hablar, de predisposiciones creadas por las enseñanzas de la infancia.

En 1882 comencé mis estudios de medicina y me encontré que en la Escuela de París, todas las cátedras estaban ocupadas por materialistas que enseñaban las doctrinas que constituían su credo, bajo la etiqueta de evolucionismo. Como consecuencia, yo me hice un ardiente «evolucionista», participando y propagando de la mejor buena fe el credo materialista,

Y cierto es que existe una fe materialista, que yo creo necesaria a toda inteligencia que trata de evolucionar en determinado momento. El materialismo que nos enseña a trabajar por la colectividad sin esperanza alguna de recompensa, ya que sólo el *recuerdo* de vuestra personalidad es lo que puede subsistir detrás de vosotros; esta doctrina que deseca el corazón y enseña a no considerar más que a los fuertes en la lucha por la vida, tiene, no obstante, una poderosa influencia sobre la razón y ésta retiene un poco sus violencias y sus peligros. Bien sabemos las ventajas que el materialismo supo sacar de la doctrina de la evolución, y a pesar de ello, mi estudio profundo de la evolución es el que hubo de demostrarme la debilidad de las teorías del materialismo y sus errores de interpretación.

Se me dijo: «Estas sales minerales y esta tierra, lentamente descompuestas y asimiladas por la raíz del vegetal, tienden a *evolucionar* y convertirse en células del vegetal. Ese vegetal, a su vez, transformado por las secreciones y los fermentos del estómago del animal, se convertirá en kilo y se transformará en células de ese animal». Pero pronto la reflexión me hizo comprender que se olvidaban en la doctrina uno de los factores más importantes del problema a resolver.

Sí; el vegetal digerido se convierte en la base material de una célula animal, pero a condición de que la sangre y la fuerza nerviosa (es decir, las fuerzas superiores en la escala de la evolución), se sacrifiquen por la evolución de la célula vegetal y de su transformación en kilo.

En suma, todo superpuesto en la serie, toda evolución reclama el sacrificio de una y frecuentemente de dos fuerzas superiores.

La doctrina de la evolución es incompleta. No representa más que uno de los aspectos del hecho y descuida el otro. pone a la vista la *ley de la lucha por la vida*, pero olvida la *ley del sacrificio* que domina todos los fenómenos.

Poseso de esta idea que acabo de exponer, resolví profundizar cuanto me fuera posible en mi descubrimiento y persiguiendo este fin, paséme los días en la Biblioteca nacional.

Por entonces, era alumno externo de los hospitales; un año de trabajo, a lo sumo dos, me eran precisos para lograr ser interno y conseguir que quizá fuese, de este modo, fructuosa mi carrera de médico.

Me consagré por entero al estudio de las obras de los alquimistas, de los viejos grimorios mágicos y de los elementos de la lengua hebraica. Durante estos años, mis compañeros se dedicaron al estudio de lo stratados de la facultad; desde este momento se vislumbró claramente mi porvenir.

El descubrimiento que yo creí haber hecho lo hallé en las obras de Luis Lucas; luego en los textos herméticos, y por fin, en las tradiciones indias y en la Cábala hebraica. Sólo el lenguaje era distinto; donde nosotros escribimos HCL, los alquimistas dibujaban un *león verde*,y donde nosotros escribimos:

$$2\ HCL + Fe = Fe\ Cl^2 + 2\ H,$$

los alquimistas dibujaban un guerrero (Marte, el Hierro), devorado por el león verde (el ácido).

En algunos meses, esos famosos grimorios éranme tan fáciles, en su lectura, que las obras, bastante más obscuras, de los pedantes químicos contemporáneos.

Cuanto más me adiestraba en el manejo de este maravilloso

método analógico, tan poco conocido de los filósofos modernos, más claro aparecía a mis ojos la síntesis común de todas las ciencias, demostrándonos que los antiguos han sido vilmente calumniados, en el aspecto científico, por una incalificable ignorancia histórica de los profesores de ciencias de nuestros días.

* * *

Estudiando los libros herméticos, tuve las primeras revelaciones de un principio de acción en el ser humano, por el que nos es fácil comprender todos los fenómenos hipnóticos y espiritistas.

Había aprendido en la Escuela de medicina que toda enfermedad corresponde a una lesión celular y que ninguna función puede realizarse sin un trabajo celular. Todos los fen[omenos ps[iquicos, todos los hechos de volición e ideación, todos los hechos de memoria, corresponden a un trabajo de ciertas células nerviosas, y la moral, las ideas de Dios y del Bien, era el resultado mecánico producido por los efectos de la herencia o del medio sobre la evolución de las células nerviosas. En cuanto a los filósofos llamados «espiritualistas» y a los «teólogos», debían ser considerados, sea como gentes ignaras, desconocedoras de la antomía y de la fisiología, o bien como perturbados, más o menos enfermos, según los casos.

Un libro de fisiolog[ia carecía de valor si no estaba escrito por un médico, y si este médico no pertenecía a la Escuela de las gentes «instruídas» y razonables, es decir, a la escuela materialista oficial. Y se les solía decir a los ingenuos que creían de buena fe en el alma, que «el alma jamás había sido hallada bajo su escalpelo». He aquí en pocas palabras el resumen de las opiniones fisiológicas que se nos enseñaba.

Yo tuve siempre la peligrosa manía de noa ceptar una idea sino después de haberla estudiado por mí mismo bajo todos sus aspectos. Deslumbrado al principio por la enseñanza de la Facultad, compartí, como dije al principio, sus doctrinas, pero poco a poco fueron surgiendo dudas que yo trataba de aclarar.

La Facultad nos enseñaba que no se llevase a cabo nada sin

poner en juego la mayor cantidad posible de órganos, porque la división del trabajo se establece mejor en el organismo. Así, cuando se incendió el HôTEL-DIEU; tuvimos ocasión de ver paralíticos cuyas piernas estaban completamente atrofiadas y cuyos nervios habían perdido completamente su condición de órganos, recobrar, de pronto, el uso de sus miembros, hasta ese momento inútiles. Pero esto aún solo podía ser un débil argumento.

Las experiencias de Floureus demostraron que nuestra células se renovaban todas en un espacio de tiempo que para el hombre no excedía de tres años. Cuando yo veía a un amigo tras un interregno de tres año, ya en mi amigo no había *ninguna* de las células materiales que antes tenía, y no obstante *las formas* del cuerpo se conservabanm tanto que los rasgos que me permitían distinguir a mi amigo de las demás personas, permanecían. ¿Cuál era, pues, el *órgano* que presidía esta conservación de las formas, así que ningún órgano de su cuerpo escapaba a esa ley de renovación descrita por Floureus? Este argumento es uno de los que más me inquietaron.

Pero iremos aún más lejos.

Claudio Bernard. estudianto las relaciones de la atividad cerebral con la producci[on de la idea, dedujo que el nacimiento de cada idea provocaba la muerte de una o varias células nerviosas, aunque esas famosas células nerviosas, que eran y son aún el baluarte de la argumentación de los materialistas, después de largas investigaciones vuelven a su verdadero papel, que es el de *instrumentos* y no el de agentes productores. la célula nerviosa es el medio de manifestación dc la idea y no puede, de ningún modo, generar por sí misma esta idea. Todas las células del ser humano son reemplazadas en un tiempo determinado. Así, cuando rememoro un hecho ocurrido hace años antes, la célula nerviosa que en aquella época hubo registrado este hecho ha sido reemplazada, ciento, mil veces, y si esto es así, ¿cómo el recuerdo del hecho se ha conservado intacto a través de esa hecatombre celular? ¿A qué queda reducida la teoría de la célula generatriz?

Y hasta esos elementos nerviosos a los que se hizo juzgar tan importante papel en los actos del movimiento, son tan indispensables a ese movimiento, que, como la embriología nos enseña, el grupo de células embrionarias que más tarde ha de constituir el corazón, late rítmicamente cuando aún los elementos nerviosos del corazón *no se hallan constituidos*.

Estos pocos ejemplos tomados al azar entre una gran cantidad de hechos, me condujeron a constatar que hasta aquel momento el materialismo conducía a sus adeptos por un falso camino, confundiendo al instrumento inerte con el efectivo agente de acción.

La prueba de que el centro nervioso fabrica la idea –nos dice el materialismo– está en que toda lesión del centro nervioso repercute sobre los hechos de ideación y si una lesión se produce en la tercera circunvolución frontal izquierda, provocará una afasia, y esta afasia será de un carácter particular, según el grupo de células nerviosas atacado por la lesión.

Este razonamiento es, sencillamente, absurdo, y para demostrarlo vamos a aplicar iguales razonamientos a cualquier hecho; por ejemplo, al telégrafo:

La prueba de que el aparato telegráfico fabrica el despacho es que toda lesión del aparato telegráfico repercute en la transmisión del despacho, y si se corta el hilo telegráfico el telegrama no podrá circular.

He aquí el valor de los razonamientos materialistas: *Se olvidan del telegrafista*, o hacen como que ignoran su existencia.

El cerebro es respecto de un principio espiritual que en nosotros existe, exactamente igual a lo que es el aparato transmisor al telégrafo. La comparación es ya vieja, pero siempre es excelente.

El materialista viene a decirnos: «Supongamos que el telegrafista no existe, y razonemos como si no existiera». Sentado esto, hace una afirmación dogmática: «El trasmisor telegráfico marcha solo y produce el despacho después de una serie de movimientos mecánicos provocados por los reflejos». Sentada esta afirmación el resto va solo, y el materialista concluye alegremente por *demostrarse* que el alma no existe y que el cerebro por sí mismo produce las ideas, como el aparato telegráfico produce el telegrama. No ataquéis a este razonamiento: es un *dogma positivista* tan sectariamente definido y enseñado como cualquier dogma religioso.

Yo sé cuánto me ha costado el descubrimiento de la vacuidad de tales razonamientos. He sido acusado de *superchería* porque se ha supuesto que, un materialista que se convierte en místico, no puede ser más que un *embaucador* o un loco. Sólo me queda darles las gracias a mis adversarios, por tales conceptos, pero sigamos.

Del mismo modo que podemos constatar que las células materiales del cuerpo son simplemente los útiles de *alguna cosa* que conserva la forma del cuerpo a través de las desapariciones de esas células, podemos ver también cómo los centros nerviosos no son más que *instrumentos* de alguna cosa que utiliza esos centros como instrumentos de acción o de recepción.

El anatomista armado de su escalpelo nunca descubrirá el *alma*, disecando cadáveres, como tampoco un mecánicos armado de sus pinzas podrá nunca descubrir al telegrafista desmontando un aparato telegráfico, o al pianista desmontando un piano.

Me parece inútil seguir demostrando la vacuidad de tales ideas, que diariamente oponen los llamados filósofos positivistas, a sus adversarios.

Antes de terminar estas líneas deseo llamar la atención de los lectores sobre dos «trucos» de razonamiento, utilziados por los materialistas en las discusiones, y de los cuales echan mano generosamente en cuanto se sienten inferiores en la controversia.

El primer «truco» consiste en indicar al ingenuo adversario, como documentación, «Ciencias especiales y memorias obscuras» que se suponen desconocidas del contrincante.

¿Cómo osa usted, señor, hablar de las funciones cerebrales, e ignora usted la cristalografía?

¿Se atreve usted a abordar estas cuestiones y no ha leído usted la última memoria de M. Tartempion sobre las funciones cerebrales del hombre de la edad terciaria y del pez rojo? Vaya usted a la escuela, caballero, y no vuelva usted a discutir conmigo en tanto no *sepa* los elementos de la cuestión que trata de abordar.

Estos señores, que de tal modo se conducen, por lo general, son alumnos brillantes de la Facultad de Medicina, que sólo conocen de la psicología y de la filosofía el nombre... ¡y gracias!

El segundo «truco» consiste en anonadarnos con el ridículo, por haber tenido la audacia de emitir una «opción» contraria a las ideas sustentadas por M.X... *quien*–suelen decir– *tiene más títulos que nosotros.* ¡Cómo es posible! Usted es un simple doctor en medicina, y trata usted ya de discutir las opiniones de M.O... catedrático auxiliar, o de M.Z... ilustre profesor.

¡Primero sea usted *lo que ellos son*, y después, ya veremos!

Todo esto no son más que salida de tono, pero empleadas con tanta frecuencia, que se han utilizado recientemente con B. de Brunetiére, quien osó hablar de CIENCIA, él que ni siquiera era médico... ¡¡¡Horror!!!

Y cuando se es médico, hace falta ser auxiliar; y cuando se es auxiliar, es preciso ser catedrático; y cuando se es catedrático, académico; y cuando un miembro de la Academia de Ciencias, se atreve a afirmar su fe en Dios y en la inmortalidad del alma, como lo hizo Pasteur, suele decirse que es *viejo* y que sólo la decrepitud puede inspirar tales doctrinas.

Tales son los fuegos del artificio de que se valen los materialistas, pero basta conocerles para relegarlos a su justo valor.

Tampoco sería justo decir que la fe es una gracia especial concedida a algunas criaturas; estoy persuadido, desde lo que yo llamaría mi *evolución* personal, de que la fe se adquiere con el estudio, como todo lo demás.

Pero el tránsito materialista tiene, no obstante, una gran importancia; permite abordar la psicología, existe un principio intermediario encargado de establecer las relaciones entre los dos extremos y que está fuera del dominio de la fisiología. Este principio, conocido hoy con el nombre de vida orgánica y que ejerce su acción exclusivamente sobre sus órganos de fibra lisa, por el intermediario del nervio gran sinpático, tiene, a mi juicio, una existencia bien definida y no niega nada de las deducciones metafísicas.

Los antiguos herméticos llamaban a este principio, *cuerpo o formador*, cuerpo astral, y a él es al que se le atribuían la conservación y sostenimiento de las *formas del organismo.* Así, puedo decir que el estudio de ese cuerpo astral que yo he proseguido hasta hace unos diez años, me permite dar una explicación muy científica de esos extraños fenómenos hipnóticos y espiritistas que tanto desconciertan en la actualidad a algunos profesores de la Facultad de París.

Además, un serio examen de todas las teorías expuestas, para explicar esos hechos, me permiten afirmar que la teoría del hermetismo sobre la constitución del hombre, toería que no ha variado desde la XVIII dinastía egipcia, o sea desde hace treinta y seis siglos, es la única que de una manera lógica y satisfactoria explica todos los hechos observados.

Podemos también abordar el problema de la muerta y el de la supervivencia de la personalidad al otro lado de la tumba, y este estudio debe tener bastante interés, puestp que muchos «jóvenes» contemporáneos, pertenecientes a la intelectualidad, prefieren estas investigaciones a las cominerías de la política y a la lucha de los partidos.

En otra ocasión hablaré de mi vida esotérica.

Por el momento, sólo he deseado simplemente presentar al lector el camino seguido esotéricamente, desde mis convicciones materialistas hasta mis estudios místicos actuales.

INDICE

Nociones preliminares.–La Triunidad 7

PRIMERA PARTE

Cap

I. La ciencia de los antiguos 13
II. El método en la ciencia antigua 29
III. La vida universal 55

SEGUNDA PARTE

IV. La expresión de las ideas 75
V. La expresión analítica de las ideas 105
VI. De la expresión sintética de las ideas 131

TERCERA PARTE

Introducción a la tercera parte 151
VII. La Tierra y su historia secreta 155
VIII. La raza blanca y la constitución de su tradición 179
IX. Constitución del hombre 223
X. El plano astral 253
XI. La ciencia oculta y la ciencia contemporánea 281
Bibliografía metódica de las ciencias ocultas 299
Apéndice. Cómo me hice místico 309

· *Colección Sendero* ·

· TÍTULOS DE LA COLECCIÓN ·

1. **El libro de los espíritus,**
Allan Kardec

2. **Libro egipcio de los muertos,**
Versión poética de A. Laurent

3. **El libro de los médiums,**
Allan Kardec

4. **El libro de oro,**
Conde de Saint Germain

5. **La ciencia de los espíritus,**
Eliphas Lévi

6. **Tratado elemental de ciencia oculta,**
Papus